多维视角下的经济发展战略研究

左燕薇　李墨溪　刘　虔◎著

吉林科学技术出版社

图书在版编目（CIP）数据

多维视角下的经济发展战略研究 / 左燕薇，李墨溪，
刘虔著. -- 长春：吉林科学技术出版社，2021.6
ISBN 978-7-5578-8115-3

Ⅰ．①多… Ⅱ．①左… ②李… ③刘… Ⅲ．①中国经
济—经济发展战略—研究 Ⅳ．①F120.4

中国版本图书馆 CIP 数据核字(2021)第 103057 号

多维视角下的经济发展战略研究

著	左燕薇 李墨溪 刘 虔
出 版 人	宛 霞
责任编辑	李永百
封面设计	金熙腾达
制 版	金熙腾达
幅面尺寸	185mm×260mm 1/16
字 数	331 千字
印 张	14.25
印 数	1—1500 册
版 次	2021 年 6 月第 1 版
印 次	2022 年 5 月第 2 次印刷

出 版	吉林科学技术出版社
发 行	吉林科学技术出版社
地 址	长春市净月区福祉大路 5788 号
邮 编	130118

发行部电话/传真 0431-81629529 81629530 81629531
        81629532 81629533 81629534

储运部电话 0431-86059116

编辑部电话 0431-81629518

印 刷	保定市铭泰达印刷有限公司

书 号	ISBN 978-7-5578-8115-3
定 价	58.00 元

前言
Preface

　　由于改革开放后经济高速增长，中国由一个农业国初步转变为工业国，进入中等收入国家的行列。这是中国经济发展进程中重要的里程碑。在新的发展阶段，发展环境、发展要素、发展问题都发生了显著的变化，我们面临新的挑战、新的发展目标和新的发展任务，所以需要新的发展动力。对中国经济发展战略的研究既是理论界的重大课题，同时也是政府关注的一个实践问题。回顾中国的经济发展战略，我们曾经走过了以重工业化为核心的赶超战略、优先发展东部的梯度发展战略、沿海沿边沿江开放战略、以劳动密集型为主的比较优势战略、可持续发展战略、西部大开发战略等。21世纪中国经济如何发展，中国经济发展的战略又如何，这些，引起了国人的广泛思索。

　　经济转型与创新驱动是中国当前经济发展的重大议题，也是国家持续关注和重视的问题。本书尝试全面系统地从多维视角研究中国经济发展战略，共分为八章，分别是经济发展的背景、内涵与功能、经济发展战略问题、政府引导的发展战略与经济发展的关联逻辑、城镇化战略与区域协调发展战略、智能城市经济发展战略、海洋经济发展战略、全球化背景下我国的对外经济战略、未来经济发展任务及改革创新要点。

　　在本书的撰写过程中，尽管我们做了大量的准备和积累，并投入了极大的热情，但由于学识有限，不足之处在所难免，企盼同行专家和读者的批评、斧正。

目录
Contents

第一章　经济发展的背景、内涵与功能

"任何社会的实存状态,总是游走于有序和无序之间,它常常呈现为一个由各种利益关系所组成的复合群像和不断整合的复杂情境。"在当今中国,社会结构的调整与转型,市场经济的发展,地方政府经济的相对独立性,决定了在区域经济发展中必然会形成一个多元化的利益配置模式和利益格局,其中区域经济发展的失衡便是利益格局扭曲的典型表现。当然,在笔者看来,问题的关键并不在于区域经济发展失衡的严重程度,而在于能否找到有效的方法对这种失衡现象进行有效的排解或消除。而对区域经济发展失衡的考察,对区域经济协调发展功能的认知,以及对当下我国区域经济协调发展政策框架的全面梳理,构成了矫正区域经济发展失衡的前提性工作。

第一节　新时代区域经济协调发展战略实施的时代背景

一、新时代区域经济协调发展战略实施的国内背景

第一,我国区域经济发展中存在严重的失衡现象。区域经济发展的失衡是我国区域经济协调发展战略实施的首要经济背景。多年以来,党和国家为区域经济的协调发展给予了规划和政策安排,我国的区域经济协调发展也取得了巨大的成就。但由于多种原因,我国区域经济发展失衡的情形依然较为严重。首先,截至 2015 年,我国地区之间尤其是东西部地区之间的发展水平差距依然较大,不同地区之间和不同区域之间的人均财政收入和人均占有财富的指标依然在两极分化,差距在不断拉大。如果用国际上通用的 GDP 最高和最低的行政区比重的数据来衡量,美国的数据是 2.41 倍,日本是 2.62 倍,作为发展中国家的印度是 3.61 倍,但是在我国,全国 2013 年的人均 GDP 最高的天津市,和人均 GDP 最低的贵州省相

比,差距为 4.4 倍。其次,我国的区域人口分布和经济活动之间的关系存在严重的失衡,其中人口分布和产业布局之间的失衡尤为明显。比如,从三大产业群来看,当前京津冀城市群、长三角经济群和珠三角城市群的地区生产总值占全国 GDP 的 61%,人口则不足全国人口的 50%。再次,当前我国的城镇化发展差距还在拉大,东部地区的城镇化程度明显高于中西部地区。有学者做过统计:2015 年,我国东部地区的北京、天津、河北、辽宁、上海、江苏、浙江、福建、山东、广东和海南城镇化率分别为 86.5%、82.6%、51.3%、67.4%、87.6%、66.5%、65.8%、62.6%、57.0%、68.7% 和 55.1%,除河北、海南的城镇化率低于全国平均水平外,其他东部地区城镇化率均高于全国平均水平;中部地区内蒙古、山西、吉林、黑龙江、安徽、江西、河南、湖北和湖南的城镇化率分别是 60.3%、55.0%、55.3%、58.8%、50.5%、51.6%、46.9%、56.9% 和 50.9%,只有内蒙古、黑龙江和湖北的城镇化率略高于全国平均水平;西部地区四川、重庆、贵州、云南、西藏、陕西、甘肃、青海、宁夏、新疆和广西的城镇化率分别是 47.7%、60.9%、42.0%、43.3%、27.7%、53.9%、43.2%、50.3%、55.2%、47.2% 和 47.1%,只有重庆的城镇化率高于全国平均水平,其他地区的城镇化率都未达到全国平均水平。可见,中西部地区城镇化水平明显低于东部地区。最后,我国的区域基础设施建设和公共服务水平,在全国各地区之间的分布也不平衡。在基础设施建设方面,北京、上海、广州、深圳等国家中心城市和东部地区具有较强的财政投资能力,教育、医疗资源丰富,基础设施水平明显高于中西部地区。2015 年,东部地区全社会固定资产投资规模分别超出中部、西部和东北地区 88999 亿元、91691 亿元和191301 亿元。在义务教育、医疗卫生、社会保障等基本公共服务方面,中西部地区与东部地区差距依然较大。再以 2016 年为例,2016 年我国人均 GDP 为 53817 元,天津最高,为115053 元,甘肃最低,为 27458 元,中国的最大区域差率(即天津的人均地区生产总值为甘肃的倍数)为 4.19 倍;GDP 增速全国为 6.7%,重庆最高,为 10.7%,辽宁最低,为-2.5%,重庆与辽宁的增速差为 13.2%。这一事实是我国区域经济协调发展战略实施的第一个时代背景。

第二,我国经济进入"新常态"的事实。较之于过去,我国经济发展出现了新趋势和新变化,我国经济已经进入发展的新阶段,对此我们常以"经济发展新常态"称之。按照美国学者Erian 的提法,经济新常态是"低增长、高失业以及投资回报低的长期态势",其表现是多方面的,最为典型的特点主要包括以下几个方面:首先,经济增速的减缓。按照我国相关部门的统计,自 2012 年起,我国经济结束了近 20 年超过 10% 增长速度的状态,进入了增速换挡期和调整期。近年来,我国经济大致保持 7% 的年均增长速度。从发展形势的角度讲,经济下行的压力较大。具体来说,自 2008 年以来,源于美国的金融危机对世界经济产生了显著的影响,对我国经济的发展和运行造成了较为严重的冲击。为此,我国从多个方面进行了经济刺激方案并取得了显著成效,但是随着刺激政策效用的逐渐减弱,我国经济的增速又呈现出下行的趋势。再加上国际经济形势的缓慢复苏和全球经济增速的下滑,这些因素的叠加导致我国经济发展速度的减缓。诚如有学者所论,"经济发展新常态是一种现实经济条件下的新兴态势,它的出现和形成必然有其历史和现实根源"。我们更应该从目前和期待的角度来分析我国的应对措施和变革方案。在笔者看来,我国经济发展的新常态不仅仅是经济增速的减缓,它为我们提供了更多的发展机会,也是优化我国经济结构的最佳契机。在未来的经济发展过程中,我们更应该注重经济增长动力的多元化,从资源驱动等要素驱动、经济结构的优化升级来保障经济发展前景的稳定,通过产业结构由中低端向中高端的转换来促成我国经济结构的优化,等等。这些措施和未来经济发展方案,构成我国区域经济协调发展战略实施的又一时代背景。

第三,供给侧结构改革。经济新常态下的供给侧改革,是当下我国宏观经济运行最重要的政策方向之一,也是我国经济结构性改革的关键举措。从区域经济协调发展而言,供给侧结构改革对区域经济协调发展的意义在于:首先,区域经济协调发展着力解决的是经济发展不均衡的问题。针对经济发展的不均衡,需要从供给侧结构改革入手,比如,从供给的角度来促进各区域产业的协同和经济的协调,从而推进区域经济的发展。其次,供给侧结构改革可以视为调整中央和地方、地方和地方关系,以及政府和市场关系,充分发挥市场在资源配置中的决定性作用和发挥各级政府经济统筹作用的重要依托。事实上,供给侧结构改革根本目的,在于解决和优化经济发展中的一系列问题,供给侧改革的有效推进,能够增加区域经济发展中的制度供给和制度创新,并促进制度与经济发展长期目标的匹配,进而推动区域经济转型升级,促进区域经济协调发展。供给侧结构改革提出的目标,是增强我国经济供给体系的效益和质量,生产契合市场需要的产品,提高我国经济在区域、产业、制度和产品等领域的竞争力。因此从目标上来看,区域经济协调发展和供给侧结构改革有诸多契合之处。再次,从供给侧改革的基本内容上来看,供给侧改革的目标更主要的是对经济存量的调整,也就是说,供给侧改革强调在经济增长过程中优化经济结构尤其是投资结构,要求将投资行为和经济发展的阶段、形态以及社会需求等因素结合起来,在产业结构上,强调开源节流,物尽其用,在经济持续、协调发展的过程中,保证人民生活水平的不断提高。同时供给侧改革注重产权结构的优化,在保证充分发挥市场作用的同时,优化国家的宏观调控,处理好市场和政府的关系,促进资源配置的优化。从经济运行的产出来讲,供给侧通过产品结构和产品质量的重点关注,来保障人民日益增长的物质生活的满足和丰富。更为关键的是,供给侧改革要求优化经济分配的结构,实现公平分配,使消费成为拉动经济增长的关键动力,而不再把拉动经济发展的发展动力寄托于投资和出口,最后,供给侧改革要求对区域之间的流通结构予以优化和调整,节约经济运行中的成本,提高经济总量。由此可见,供给侧结构改革和区域经济的协调发展具有普遍关联性,两者互为条件,供给侧结构改革既是区域经济协调发展的时代背景,也是区域经济协调发展应该依托的手段和方式。

二、区域经济协调发展战略实施的国际背景

前文已提及,2008年的世界金融危机,对世界各国的经济发展产生了显著的影响,也在一定程度上重构了世界经济格局。随后的2010—2011年,欧债危机爆发,进一步造成全球经济的动荡。尽管近两年以来,全球各主要经济体出现了稳定增长的态势,国际贸易也趋于回暖,但持续危机的阴影一直笼罩着全球经济。在经济一体化的今天,世界经济态势必然会作为一个重要因素影响到我国经济的发展,这种影响既会对整体经济发展形态产生作用,也会对组成整体经济的个体、区域的经济运行产生影响。具体而言,我国区域经济协调发展战略实施的国际经济背景可归纳为以下几点:

第一,我国对外出口压力不断增大,亟须通过经济协调发展战略拉动内需,寻求新的经济增长点,实现经济的持续增长。尽管我国经济对外出口形势整体上乐观,但"国际市场需求减少、劳动力成本、原材料和其他成本上升仍是影响出口增长的前三位因素"。在当今国际市场,一方面,世界经济依然面临诸多的不确定性,决定了当今全球经济依然错综复杂,资本市场的高度不确定性和货币战的潜在风险,加剧了国际金融市场的震荡;由于劳动力要素供给的下降和生产技术水平发展的有限性,全球经济 GDP 增长率持续下降的事实客观存在,全球经济运行的不确定性风险实质上在不断增加。另一方面,全球投资不足、融资存在约束,各国经济政治政策的不确定性以及部分国家投资壁垒的存在,使得世界主要经济体的投资增速不断放缓。面对国家疲软的市场需求,一些国家和地区的各种贸易保护主义不断抬头,局部贸易战时有发生,其对我国经济必将产生广泛而深远的影响,外向型经济风险不断加大。在我国改革开放的初期,外向型经济可以成为支撑我国经济发展的重要力量,外向型经济发展模式对国外市场具有高度依赖性,国际经济形势的不利变化本身就构成一种潜在的风险而增加本国经济的隐患。而且,"长期过度依赖外向型经济发展模式不利于产业结构的升级、调整,不利于产业的合理布局,不断拉大区域产业份额差距,严重影响区域经济的协调发展"。在出口压力日益增大和不确定的情况下,通过区域经济协调发展战略的实施,加快欠发达地区的发展,是拉动内需,实现我国经济快速增长的重要动力。

第二,当前国际经济形势使得我国欠发达地区的经济呈现出新的特征,这些特征构成了当下我国区域经济协调发展战略实施中必须考虑的因素。有学者认为,在当下的国际经济形势中,由于欠发达地区的经济基础不够牢固,抗击风险的能力不强,因此,即便欠发达地区的经济不以出口为主,其依然会受到国际经济形势的严重影响,并使得原有的经济呈现出一

些新的特征,比如:经济发展固然还处于加速扩张的阶段,但增长的势头在减缓,欠发达地区的工业化进入了中期初始阶段,但较多的企业出现了运行困难。另外,对外开放的水平处于不断提升的阶段,但随着竞争的日益激烈,招商引资和项目建设的难度在不断扩大。还有,在国际经济形势的影响下,欠发达地区的特殊资源虽然进入了加速开发利用和转化的阶段,但是特殊资源的产业升级依然困难重重。最后,虽然欠发达地区的外贸进出口有所增长,但质量和水平亟待提高。这些因世界经济形势对我国欠发达地区经济形态的影响以及所形成的新特征,是我国区域经济协调发展实施的条件,因此,无论是区域经济协调发展战略理念的设计,还是具体的制度构造,必须契合当下这些经济发展的新特点,否则,区域经济协调发展战略实施的成效会大打折扣,甚至南辕北辙。

第三,全球产业结构调整对我国区域经济协调发展中的产业结构规划产生深刻影响。首先,国际金融危机爆发后直至今天,发达国家和新兴经济体在新能源、节能环保、生物技术和信息技术等新兴产业发展上注入更多的精力和成本,全球产业变革势不可当,互联网、物联网、云计算、大数据等信息技术以及生物技术,必将成为新兴产业发展的重点领域,成为推动产业革命的关键力量。我国区域经济发展过程中产业的战略调整,必须以国家产业结构调整为依据。其次,资源和环境成为制约全球经济发展的一个关键问题。全球人口增速有所放缓,但整体而言,人口增长的趋势不可能改变。根据联合国有关机构的预测,到2025年,全球人口将从2015年的73亿上升至81亿,到2050年,全球人口有可能达到96亿。在人口增长趋势不变的情况下,人类对资源和能源的需求会进一步增加,资源短缺将成为经济发展的主要制约因素。因此,在区域经济协调发展战略实施中如何瞄准新能源产业、可再生资源产业,发展绿色经济和低碳经济,如何充分利用中西部地区丰富的资源,是区域经济协调发展战略实施必须思考的问题。最后,实体经济受到普遍重视和关注。现代经济是实体经济和虚拟并存的二元经济时代,虚拟经济能够解决资本要素有序的自由流动和高效利用问题,可以在更高层次上完成社会资源的优化配置。但是,如果运筹管理不当,虚拟经济也可能对实体经济发展产生负面作用甚至巨大的破坏作用,其典型就是引发泡沫经济和金融危机,当今时代的金融危机大都源于虚拟经济,是虚拟经济弊病的集中爆发和总反应。虚拟经济运行中的高风险性凸显了以制造业为代表的实体经济的重要意义,在实践中,世界各国都开始对实体经济予以重视。美国政府为了摆脱次贷危机所造成的不良影响,2009年底,时任美国总统奥巴马就提出,美国经济要转向可持续的增长模式,提出了"制造业回归美国"的口号,特朗普在总统竞选时的一个重要承诺就是制造业的回流。不仅美国,众多的发达国家以及新兴国家和新兴市场都开始注重发展以创新为基础的实体产业和实体经济,把培育制造业的竞争优势和统领能力作为参与未来国际经济竞争的重要依托和工具,这意味着世界经济开始向实体经济回归,实体经济的复兴和重返世界经济舞台是历史的必然,实体产业发展必将受到特殊的重视。这种现象,构成了我国区域经济发展的又一国际经济背景。

第二节　区域经济协调发展战略的内涵再认识

随着区域经济协调发展战略的提出及发展,我国学界对区域经济协调发展战略内涵的归纳和梳理,有代表性的观点主要有:

国家发改委经济研究院地区课题组的研究认为,区域经济协调是一个综合性、组合式的概念,其基本内涵由五个部分构成:一是各地区的比较优势和特殊功能都能得到科学、有效的发挥,形成体现因地制宜、分工合理、优势互补、共同发展的特色区域经济;二是各地区之间人流、物流、资金流、信息流能够实现畅通和便利化,形成建立在公正、公开、公平竞争秩序基础上的全国统一市场;三是各地区城乡居民可支配购买力及享受基本公共产品和服务的人均差距能够限定在合理范围之内,形成走向共同富裕的社会主义的空间发展格局;四是各地区之间在市场经济导向下的经济技术合作能够实现全方位、宽领域和新水平的目标,形成各区域、各民族之间全面团结和互助合作的新型区域经济关系;五是各地区国土资源的开发、利用、整治和保护能够实现统筹规划和互动协调,各区域经济增长与人口资源环境之间实现协调、和谐的发展模式。彭荣胜认为,区域经济协调发展是区域之间相互开放、经济交往日益密切、区域分工趋于合理,既保持区域经济整体高效增长,又把区域之间的经济发展差距控制在合理、适度的范围内并逐渐收敛,达到区域之间经济发展的正向促进、良性互动的状态和过程。杨保军把区域经济协调发展理解为四个方面:(1)遵循区域经济发展的规律;(2)适应区域经济一体化发展趋势和要求;(3)建立有效的协调机制,从自然整合走向制度安排;(4)通过良性竞争实践科学发展观。周绍杰等认为,区域经济协调发展的内涵包括三个方面:实现经济要素的有效配置,促进经济整体的发展,即经济发展目标;实现经济发展与环境保护的和谐统一,促进可持续发展,即环境保护目标;缩小地区间的发展差距,实现区域间经济发展的均衡性,即均衡发展目标。

还有学者从区域经济协调发展战略形成原因的角度,对区域经济协调发展战略的目标期待进行了研究。如,皮建才在对区域经济非协调化发展的机理进行研究的基础上,认为适应问题、协调问题和政治晋升问题会使得地区之间的博弈变成囚徒困境博弈,区域间完全没有协调的策略会成为占优策略。探索区域经济协调发展的内在机制必须从如何打破囚徒困境入手,让每个地区都选择完全协调策略成为一个纳什均衡。再如,范恒山结合我国经济发展的新形势提出了区域协调发展内涵的五个方面,即区域之间的人均 GDP 差距应当控制在合理的范围之内,不同地区居民享受的基本公共服务是均等化的,各区域可以充分有效地发挥其经济比较优势,区域之间的相互关系是良性互动的,人与自然之间的关系是协调的发展的。金碚认为,当前世界已进入经济全球化 3.0 时代,我国区域经济发展将呈现出前所未有的新趋势。一方面,世界各国包括我国各地区经济的比较利益关系发生极大变化,信息技术和互联网发展将对产业业态和地区环境产生革命性影响;另一方面,区域经济利益格局也正发生演变,不同经济体之间利益边界截然分明的状况变为利益交织、相互依存的格局。龚勤林等认为,当前区域经济发展呈现三个特点:一是区域经济增速地区分化加剧;二是区域空间版图呈现多点多极支撑发展;三是区域发展动力更加依赖创新驱动。总之,对区域经济协调发展的研究已较为充分,多位学者从不同角度已对其进行了全面深入的论证,这些成果对于本书的研究具有重要的指导和启示价值。

从学科发展的角度看,区域经济协调发展的概念是经济学界最早提出的。结合上文诸位学者对区域经济协调发展内涵的论述,本书认为,区域经济协调发展是随着市场经济的发展,在区域经济间联系日益紧密、相互依赖日益加强的前提下,不同区域之间基于各种原因造成了发展上的差异和不均衡,由此需要外力加以干预,以促成一个国家或地区经济和谐发展、相互协调的状态追求。诚如有学者所言,要研究区域经济协调发展,首先应明白"协调"的概念,而"协调"具有"和谐""平衡"之意。以此为依据,本书将从以下几方面对区域经济协调发展的概念进行解析。

(一) 区域经济协调发展意味着经济布局的和谐与秩序

"和谐是一个古老而又经久不衰的跨学科概念,具有美学本源、哲学基础、社会科学基础和实践意义。"在中国古代典籍中,"和"的概念出现很早,在甲骨文和金文中都有"和"字。在《易经》"兑"卦中,"和"是大吉大利的征象;在《尚书》中,"和"被广泛地应用到家庭、国家、天下等领域中去,用以描述这些组织内部治理良好、上下协调的状态。随后孔子提出的"和而不同",便是一种有差异的统一,其所包含的和谐与秩序思想,不证自明。墨家提出的"兼爱"思想将爱与利相结合,要求人与己相关联,其所包含的和谐秩序思想可以直接契合于区域经济的协调发展。"兼相爱"强调每个人都作为爱的主体和受体,在享受自爱权利的同时也要尽到兼爱他人的义务;"交相利"也不是鄙视合理正当的自身利益,而是力求将自利与公利结合起来,在争取自身利益的同时实现利他。在西方,早期思想家们就把和谐思想应用于民主进程,还用它来改革社会制度。柏拉图认为世界一切事物都会从"无秩序变成有秩序",在他的理想王国中,人们各守其德,各司其职,秩序井然,由此形成和谐和秩序状态。马克斯·韦伯在《新教伦理与资本主义精神》一书中说："理性、克己、勤俭、救赎、节制"等能够产生"真正的资本主义精神"，也正是这种精神才使得疯狂的资本主义社会得以自我完善，修正补充，延续至今。随后卢梭的社会契约理论，奠定了社会和谐和社会秩序的道德基础；孟德斯鸠设计的三权分立机制，确立了国家权力运行的平衡、和谐与秩序；约翰·密尔在私权和公权的界定基础上，设计了公民和政府和谐相处和有序运行的制度框架。在笔者看来，这些思想尽管是从一般意义上对社会和谐、秩序的理念构造和制度设计进行指引，但其对于区域经济发展中的秩序与和谐，无疑具有重要的指导意义。

"和谐的本质，在于统一体内多种因素的差异与协调"，而"秩序表达的是社会生活中的某种稳定性，即在某种程度上长期保持它的形式"。秩序化倾向源于人类自身对生活安排的连续性要求，是人的一种本性，这种连续性倾向与人们要求在相互关系中遵守规则的倾向是一致的。前文已论，由于多方面的因素，我国经济与社会发展在快速发展的同时依然存在诸多不和谐的情形，这些不和谐业已引发了诸多社会问题，其中区域经济间的不和谐和失序状态便是其中重要突出的社会问题之一。著名学者孙立平教授就曾指出："在 80 年代，一般来说，经济增长会带来社会状况的自然改善，但到了 90 年代，经济增长在很大程度上已经不能导致社会状况的自然改善。在经济增长的成果和社会成员的生活之间，经济增长和社会状况的改善之间，出现了断裂。"本书认为，这种断裂不仅体现在城乡之间、阶层之间，区域经济发展的失衡也是其重要表现。从政策层面的角度讲，改革开放初期，我国提出了"先富带动后富、最终实现共同富裕"的政策指导思想，在经济增长模式上"按照效率优先、兼顾公平"的增长极理论和经济发展梯度推移理论的要求，在 1978—1990 年十余年的时间里，按照向东部沿海地区倾斜发展的不平衡发展战略，将经济发展划分为"东部、中部和西部"的三大地带，无论是国家的重大基础设施投资建设，还是国家的产业规划、产业布局都向东南沿海地区倾斜；在中西部地区，经济政策导向则以能源、原材料的加工和提供为基本思路。在此政策导向下，我国的经济取得了较快的发展，尤其是经济特区、沿海经济技术开发区、沿海经济开放区，作为支撑我国经济增长的重要一极，形成了"珠三角""长三角""环渤海地区"等经济发展中心区域。由于对我国中西部地区的发展缺乏政策上的支持，导致了我国区域间生产力布局的不合理和协调发展的不充分、不和谐。这种不和谐在诸多方面均有体现。比如，衡量区域经济协调程度的重要指标之一——公共服务的水平和质量问题。随着我国医疗体制改革、教育体制改革的纵深发展，改革重心一度越来越多地加入市场化内容，公共产品的商品化现象严重，而且在区域之间分配极不合理，面向欠发达地区的社会福利服务严重不足，使欠发达地区的福利服务缺乏可获得性，成为导致我国区域经济失序，区域在人才、资源吸引力上存在显著差异的重要原因之一。再比如，在我国经济市场化的改革中，政府及其代理人承担公共服务和社会福利职能的责任弱化,但缓慢发育的社会并未像政府希望的那样承担起社会服务的责任。于是,社会公平与社会和谐受到严重伤害,这种不公平、不和谐反射到经济发展中去,进一步加剧了区域经济的失衡发展。总之,经济增长的不和谐在转型时期的我国尤为突出,在相当长的一段时间里,区域经济分工尽管提高了经济效率,区域经济发展又扩大了劳动分工,但没有一定限度的区域经济分工又可能造成分工异化和人性异化,地区间的收入和财富差距急剧扩大,欠发达地区并未享受到社会发展成果,经济固然在迅速发展,但社会矛盾和不公正现象已逐渐积累和日益严重。

区域经济协调发展战略正是对上述经济不和谐和失序情形的纠正。首先,从当前我国区域经济协调发展的政策文件来看,从国家到地方,从都市区到城市内部,都规定了区域经济协调发展的内容。在全国范围内,区域经济协调发展战略将基于统一市场的要求和不同区域的比较优势,分工合作,优势互补,协调统一,构建和谐有序的经济发展方案和模式。对于中西部等欠发达地区,将进行倾斜性的支持和照顾,并通过兄弟省份之间的帮扶,实现共同发展,经济发展领域中的中央和地方、地方和地方的关系由此得以理顺。在都市区,城市群发展战略要求构建以经济增长带为依托的区域经济整体发展模式,这对于协调同一区域内不同层级城市的发展并保障其和谐有序状态的形成,具有关键意义。其次,从目标追求来看,其将实现区域经济的和谐与有序为最高任务。区域经济协调发展战略预设的价值体系是效率、公正和可持续的统一。从效率的角度讲,通过区域经济的协调发展,全国统一的市场得以形成,可降低不同区域间资源配置和资源流动的交易成本。区域经济协调发展战略要求消除区域之间、地方政府之间的行政壁垒和贸易保护,促进区域之间经济要素的自由流动,这一切都为推动整体经济效率的提升提供了基础和保障。再次,从公平的角度来讲,前文已论,我国区域经济协调发展战略的核心内容,是对欠发达地区经济发展的支持,以及对欠发达地区民生问题的强调,其公平价值自然不证自明。最后,从可持续发展的角度讲,区域协调发展战略从强调发展的持续性和有序性,注重资源的持续利用和生态环境的保护,按照主体功能区的不同,确定不同区域的发展方向和发展重点,明确经济发展与资源利用、环境保护之间的关系,这一切都为区域经济布局和发展的和谐及有序,奠定了坚实的基础,提供了充分的保障。

(二)区域经济协调发展意味着经济布局的合理、公正

协调是明确和处理某个组织内外的各种关系,为一个有机的组织正常运转创造良好的条件和环境,进而促进组织目标实现的过程。协调既是一种行动,也是一个过程,更是一个结果。区域经济协调发展是一个诸多要素之间相互关联、高度动态化的复杂系统,需要系统

内各要素之间相互依赖和相互驱动。具体而言,区域经济协调发展主要表现为产业结构的协调,"区域产业结构一般是指区域经济中各类产业之间的内在联系和比例关系","区域产业结构配置,实质上是通过区域主导产业的确立,围绕主导产业的产前服务,协作配套和产后深度加工、资源综合利用等发展关联产业,组成结构紧凑、各具特色、相互依存、相互促进的高效率的区域经济结构有机体"。区域产业协调具体表现在以下三个方面:第一,微观意义上的区域内部产业布局和协调合理,就区域内部而言,主导产业、优势产业和辅助产业之间的状态应协调有序。主导产业的发展应能为优势产业和辅助产业的发展提供支持,确保相互之间形成有机的整体。同时,辅助产业应围绕优势产业和主导产业展开,为之提供原材料、燃料、动力、零部件,为主导产业和优势产业提供中间产品的进一步深度加工服务和产后服务,以适应消费的需要。区域内主导产业、优势产业和辅助产业的协调关系,是区域经济协调发展的微观基础和保证。第二,中观意义上主体功能区的明确和细化。2011 年我国制定了《全国主体功能区规划》,从经济的角度,将我国划分为优化开发、重点开发、限制开发和禁止开发四大类主体功能区,将经济比较发达、人口比较密集、开发强度较高,但同时资源问题比较突出的区域,确定为优化开发区域,优化发展区域应该优先实施工业化、城镇化的开发,最终发展为城市化地区;对于经济发展具有一定的基础,资源和环境承载能力相对较强,后发优势明显,发展潜力巨大,具有足够的潜力吸引和集聚人口的区域划分为重点开发区;对于农产品的主产区和重点的生态功能区,确定为限制开发区;而对于依法设立的各类自然保护区、文化资源保护区,则确定为禁止开发区域。该规划所确立的主体功能区对于实现我国区域经济协调发展具有重要的指导意义。实践中,根据主体功能区的定位,明确各个区域的开发方向,控制必要的开发强度,推动区域经济的协调,规范开发秩序,进一步细化主体功能区的内容,促进人口、经济和环境的协调发展,自然是区域经济和谐发展的应有之义。第三,宏观意义上的区域互动。所谓区域互动,是指在微观区域产业结构合理和主体功能区明确设定之后,区域之间相互协调、相互促进、相互协作、优势互补、共同发展的动态过程,这是区域经济协调发展的最终归宿和最高形态。要实现区域经济的互动,首先,需要一个健全的市场机制,市场是迄今为止人类发现的最具有效率价值的资源配置方式。在价格的作用下,市场机制可实现各类生产要素在区域之间的自由流动,引导产业合理布局和资源优化配置。其次,国家和社会的外力促成,也是区域经济互动的关键,通过国家的调控、激励和引导,实现区域间经济协作,围绕技术和人才,为区域间经济互动提供要素保障,最终形成东部带动西部,各区域共同发展的良好格局,实践中,发达地区要采取对口支援、社会捐助等多种形式,帮扶欠发达地区的发展。亦即,通过市场自发的力量和政府的力量,实现有形之手和无形之手的结合,这都是健全区域协调互动的主要手段和重点内容。

此外，还有区域经济发展中的经济正义。作为一个跨越哲学、伦理学、经济学、法学等多个学科的概念，经济正义的思想被中外思想家广泛论述。亚里士多德从"公正"的角度对正义做了论述，他说："所谓'公正'，它的真实意义，主要在于'平等'。"印度经济学家阿马蒂亚·森认为，所谓的正义，是"受到支持和拥护的每一个关于社会正义的规范理论，都要求在某些事物上实现平等……尽管这些理论极为纷繁多样，而且相互之间会产生争论，但它们都具有在某些方面要求实现平等的共同特征"。在笔者看来，罗尔斯里程碑式的经典著作《正义论》及其《作为公平的正义——正义新论》可作为区域经济协调发展中经济正义最有力的理论基础。罗尔斯认为，我们需要制定一个规章制度、一个社会制度来缩小不平等的差别状况。他事先假定，我们在制定正义制度的时候，这些人对自己的境况是一无所知的，"不知道他在社会中的地位，他的阶级出身，他也不知道他的天生资质和自然能力的程度，不知道他的理智和力量等情形"。在这种"无知之幕"下，罗尔斯认为，作为正义的社会结构不能只是在"需要打破僵局时才诉诸平等"，而要建立一种具有"差别"属性的基本社会结构，差别原则要求"除非有一种改善两个人状况的分配，否则一种平等的分配就更可取"，"从差别原则看，不管其中一人的状况得到多大改善，除非另一个人也有所得，不然还是一无所获"。较差状况的人的较好前景将作为这样一些刺激起作用："使经济过程更有效率，发明革新加速进行。最后的结果则有利于整个社会，有利于最少得益者。"而之所以建立这样的差别原则，除了上述功能上的意义之外，他认为是由于每个人在制定规则的时候都会尽可能地获取自己的利益，制定规则时就要想这个规则的内容怎么样才能保证自己的最大利益，但在对自己的优点和专长一无所知、对别人的优点和专长也一无所知的情况下，我们谁也不能保证以后自己不会处于最弱势的状况，这就是我们应该偏向弱势状况的原因。由此，我们可以得出的结论是，区域经济协调发展并非追求绝对的平等，它是一种承认"差别"的经济结构，但是通过制度促进区域经济协调发展所要达到的目标是"至少让境况更差的人直到得到最多的改善"。实践中我们可发现，我国区域经济协调发展战略实施的基本框架和方案，均是在这种正义观的指导下进行的。比如，我国为了扭转区域经济发展失衡而进行的西部大开发、中部崛起和振兴东北老工业基地等，均是国家通过资源、项目上的倾斜性分配，以及财政、税收、价格、信贷等手段对欠发达地区的支持，从而实现我国经济在区域间分布的合理化，其目的均为"让境况更差的人获得更好的改善"，最终实现区域经济发展中经济正义的目标。

（三）区域经济协调发展意味着经济的发展与持续

世界环境与发展委员会在《我们共同的未来》一书中，把持续发展界定为："持续发展是既满足当代人的需要，又不对后代人满足其需要的能力构成危害的发展，它包括两个重要的概念：'需要'的概念，尤其是世界上贫困人民的基本需要，应将此放在特别优先的地位来考虑；'限制'的概念，技术状况和社会组织对环境满足眼前和将来需要的能力施加的限制。"经济区域是一个不断发展变化的多层次的时空系统，人口、资源、环境、经济、社会、文化之间是联动的，区域经济的协调能确保一国经济发展所需要的各种要素的科学衔接，成为促进经济发展的关键力量。

首先，区域经济协调发展是决定我国经济能否持续发展的关键力量。美国管理学家彼得曾提出过短板理论，该理论认为，水桶由多块木板构成，水桶的价值在于盛水量的多少，但是决定木桶盛水量的不是最长的那个木板，而是最短的那个木板，因此，要想增加盛水量，更关键的是把木桶的短板补齐。一国经济中，欠发达地区就类似于木桶的"短板"，要实现经济的持续发展，就必须强化和促进欠发达地区发展。在我国，中西部地区作为欠发达地区，长期以来在经济发展过程中处于被"边缘化"的地位，无论是资本投入的数量，还是人均国内生产总值的增长，抑或人均收入的变化，以及产业结构的调整和演进、对外开放的指数，都远远落后于东部发达地区。但是，中西部欠发达地区是我国经济持续增长的重要支撑，其拥有丰富的自然资源和产业基础。通过区域经济协调发展战略，对欠发达地区经济发展的战略性调整，从产业结构、需求结构和要素结构等入手，优化我国区域经济的组合并实现区域间的良性互动，健全欠发达地区的产业体系，发展优质、高效、生态和安全产业，优化产品结构，提高产品质量，是推动我国未来经济的关键力量。

通过区域经济协调发展战略，释放欠发达地区的后发优势，也是促进我国区域经济协调发展的重要路径。所谓后发优势，最早是分析落后国家可能具备的经济追赶能力的一种理论。传统的后发优势力量认为，落后的国家可以利用后发优势来追赶领先国家，从而缩小与领先国家之间在经济总量和生产效率上的差距。这是因为落后的国家可以从国外知识的外溢中受益，由此，一个国家越落后，其可能获得的外溢知识就越多。经过多年发展，我国中西部的经济发展水平明显落后于东部地区是不争的事实，但是这种落后可能又会因为"后发优势"的存在而具备赶超的可能性。具体来说，在当下我国，区域经济协调发展战略继续向纵深推进，我国正在进行的乡村振兴战略得到了广泛的响应和普遍共识，城市群在快速发展，成为区域经济协调发展的新动力、新方向，相关部门和各地方政府出台多项政策予以鼓励、支持和落实，城镇化建设也在稳步推进，规模化、集约化和信息化的乡村建设正在稳步发展。另外，中西部地区还有明显的成本优势，按照制度经济学的解释，制度的创设存在成本，因此，和发达地区的制度创设不同，后发地区可以通过制度学习来避免制度的"试错"成本，对于实践中运行良好的制度，可以无须自己创设而直接借鉴。此外，后发地区可以充分利用发达地区的经验和教训，对于符合经济发展规律并取得成效的制度加以借鉴，对于制度变迁和经济发展过程中的挫败和教训,能保证做到引以为戒,少走弯路,减少机会成本,从而促进经济更快更好发展。

最后,区域经济的协调发展,可以保证经济发展中"整体优于部分之和"态势的形成。一国经济由各个区域经济构成,整体经济离不开区域经济,区域经济也离不开整体而独立存在,离开整体经济,区域经济也就失去了意义。整体和部分是现实经济普遍联系的一种形式,两者相互依存,不可分割。区域经济本身构成了一个共生系统。"共生"一词的概念,起源于生物学,具体是指不同种属的生物一起生存的状态和事实。在自然界,动植物会互相利用自己的特性和对方的特性,形成一个生态系统,相互关联,"相依为命"。在我国古老的中医学说中也有相关的学说,认为人的身体构造系统也存在"相生相克"的"共生现象"。由此可见,系统思想更是源远流长,但是作为一门科学的理论,其是由美籍奥地利人、理论生物学家贝塔朗菲所创立的一种系统理论。1968 年贝塔朗菲发表的专著《一般系统理论:基础、发展和应用》,确立了这门科学的学术地位。这本专著被公认为是这门学科的代表作。他认为,"一般系统论是对整体和整体性的科学探索"。系统中的各个要素除了具有因果上的联系之外,还有系统联系、功能联系、结构联系以及起源联系等多种联系方式。系统论所关注的重点,是一个系统中的特定部分和其他部门在纵向关联和横向关联中所形成的独特的内在联系。结构联系则表达了系统要素的诸变量之间所形成的各种耦合关系和结合方式。功能联系是系统和外部介质之间的关键,是外部的物质、能量和信息与内部的物质、能量和信息相互交换的过程,反映的是系统的输入和输出关系。起源联系是系统产生和发展的过程中,系统内部的各要素之间,以及系统各要素和环境之间所形成的一种关系。系统论通过对事物联系的类型化分析,丰富和深化了唯物辩证法普遍联系的观点和思考方法。

众所周知,在一国的经济系统中,自然要素、环境要素、经济要素和人文要素是构成系统的内在因素。在区域经济系统中,自然要素、环境要素、经济要素、人文要素等是系统共生的,由此也就决定了共生性体现在以下几个方面:第一,区域经济系统是一个整体性的系统。组成区域经济的各个要素或者子系统,是一个相互关联、相互依托、相互作用、相辅相成和不可分割的有机整体,不是要素之间的简单相加或者机械堆积。第二,区域经济系统是一个综合的系统。这种综合性是由市场的运行机理所决定的,在统一的市场环境中,区域经济的协调发展会造就整体经济功能的最优发挥,从而使整体经济形势产生质的飞越,这就是所谓的"结构质变"。整体在作为功能统一体的时候,其功能必然会大于部分的总和,"一盘散沙永远只是一盘散沙,不会出现什么奇迹。同样是一定数量的砖头,既可砌成平砖门,又可砌成砖拱门,后者负重力显然比前者大得多,原因在于后者的结构信息量大"。一个客观存在的事实是,我国不同区域社会经济发展存在非均衡性,自然资源禀赋也存在显著的差异,如果缺乏合理的布局,区域经济没有得到统筹安排,就难以产生"整体优于部分之和"效应。区域经济协调发展战略在本质上是一种管理理念、管理方法和管理手段,通过该战略的实施,根据不同地区经济发展的形态、资源禀赋和比较优势,实现区域经济结构和要素的有机有序,必然会促成整体经济更好更快发展,这既是区域经济协调发展的目标,也是区域经济协调发展充分实现的必然结果。

第三节　新时代我国区域经济协调发展战略实施的政策框架

党和国家基于区域经济发展不均衡、不协调的这一背景和事实,自 20 世纪 90 年代以来,先后出台了若干政策以促进区域经济协调发展。早在我国"八五"计划(1991—1995)期间,我国提出"促进地区经济朝着合理分工、各展其长、优势互补、协调发展的方向前进";"九五"计划(1996—2000)和 2010 年远景目标纲要明确要求:促进和引导区域经济协调发展,形成若干各具特色的经济区域,促进全国经济布局合理化,逐步缩小地区发展差距,最终实现共同富裕。同时,"九五"规划还对区域协调发展的实施路径给予了设计:要按照统筹规划、因地制宜、发挥优势、分工合作、协调发展的原则,正确处理全国经济发展与地区经济发展的关系,正确处理建立区域经济与发挥各省区市积极性的关系,正确处理地区与地区之间的关系。"十五"(2001—2005)期间的发展规划,有针对性地提出了"实施西部大开发战略,加快中西部地区发展,合理调整地区经济布局,促进地区经济协调发展"的战略。要求打破行政分割,重塑市场经济条件下的新型地区经济关系。改变追求经济门类齐全的做法,发挥比较优势,发展有市场竞争优势的产业和产品,防止结构趋同。通过区域规划和政策,引导和调动地方的积极性,形成各具特色的区域经济,并先行在生态功能保护区、专业化农产品生产基地、旅游经济区等方面取得突破。

"十一五"(2006—2010)发展规划比较完整地提出了区域经济协调发展战略思路:坚持实施推进西部大开发,振兴东北地区等老工业基地,促进中部地区崛起,鼓励东部地区率先发展的区域发展总体战略,健全区域协调互动机制,根据资源环境承载能力、发展基础和潜力,按照发挥比较优势、加强薄弱环节、享受均等化基本公共服务的要求,逐步形成主体功能定位清晰,良性互动,公共服务和人民生活水平差距趋向缩小的区域协调发展格局。"十二五"(2011—2015)规划纲要进一步指出,实施区域发展总体战略和主体功能区战略,构筑区域经济优势互补、主体功能定位清晰、国土空间高效利用、人与自然和谐相处的区域发展格局,逐步实现不同区域基本公共服务均等化。充分发挥不同地区比较优势,促进生产要素合理流动,深化区域合作,推进区域良性互动发展,逐步缩小区域发展差距。"十三五"(2016—2020)规划纲要明确指出,以区域发展总体战略为基础,以"一带一路"建设、京津冀协同发展、长江经济带发展为引领,形成沿海沿江沿线经济带为主的纵向横向经济轴带,塑造要素有序自由流动、主体功能约束有效、基本公共服务均等、资源环境可承载的区域协调发展新格局"。

在党的十九大上,中国共产党人基于建党 90 余年、执政 60 余年经验的总结,基于对我国社会发展现状、国内外形势的变化以及世界发展潮流的认识,基于对当今我国和世界发展责任之承担,基于对具有中国特色社会主义社会建设任务和建设目标的追求,党中央从历史和战略的高度,提出了中国特色社会主义已进入新时代,认为我国社会主要矛盾已经转化为人民日益增长的美好生活需要和不平衡不充分的发展之间的矛盾;并指出要实现"两个一百年"奋斗目标、实现中华民族伟大复兴的中国梦,要实现中华民族的伟大复兴,就必须贯彻新发展理念,建设现代化经济体系。其中,实现区域间的协调发展,是贯彻新发展理念,建设现代化经济体系的关键举措。党的十九大报告指出:要加大力度支持革命老区、民族地区、边疆地区、贫困地区加快发展,强化举措推进西部大开发形成新格局,深化改革加快东北等老工业基地振兴,发挥优势推动中部地区崛起,创新引领率先实现东部地区优化发展,建立更加有效的区域协调发展新机制。党的十九大报告有关区域经济协调发展的战略思想,是促成我国区域经济均衡化发展的行动纲领,是我国区域经济协调发展建设路线、方针、政策制定的重要依据。

近年来,为促成区域经济的协调发展,我国出台了一系列的政策和制度,其中最具代表性的战略和方针,应属于当下我国"四大板块""三个支撑带"主体功能区战略和城镇化战略,其中"四大板块"包括"东部率先""西部开发""中部崛起""东北振兴","三个支撑带"包括"京津冀协同发展"战略、"一带一路"倡议、"长江经济带"战略。由于主体功能区建设笔者在前文中已有论及,而城镇化的路径只是政策框架中的一种行为方式,"四大板块"和"三个支撑带"均须通过城镇化的路径来成就自身,因此,笔者仅对"四大板块"和"三个支撑带"的政策框架进行简要介绍。

一、"四大板块"战略

(一)"东部率先"战略

东部地区属于我国发展较为成熟的地区。早在 20 世纪 80 年代,邓小平就提出了"两个大局"的战略思想,其中的一个"大局",即让东部沿海地区充分利用自身的有利地理条件,加快改革,实施对外开放,率先发展起来,要求中西部地区,顾全这个"大局",支持这个"大局"。另一个"大局",就是发展到一定阶段后,国家拿出更多的力量来支持中西部地区发展的时候,东部沿海地区也要照顾另外一个"大局"。经过二十多年的发展,前一个"大局"的目标已经基本实现。我国东部地区基本实现了小康社会的目标,基本具备了追赶中等发达国家和地区的条件。当前,我国东部地区是综合实力最强,开放型经济最为发达,开放程度最高的地区,经济充满了活力。自我国加入世贸组织以来,东部地区深度融入了国际经济体系,通过实施经济国家化战略,形成了全方位、多层次、宽领域的对外开放格局,外资、外贸、外经、外智和外包"五外齐上"、相互渗透融合,开放型经济发展站在了新的历史起点上。在"十三五"规划编制的过程中,习近平总书记就提出"干在实处永无止境,走在前列要谋新篇",统筹区域协调发展,并非以牺牲东部的快速发展为代价,"协调发展"并非"平均主义",更不可能要求东部停滞不前。

东部地区经济发展的基础为"东部率先"战略提供了条件,东部地区要继续发挥经济发展的领头羊作用。首先,通过经济增长的"速度型"向"效益型"转变,经济增长主要依靠技术进步和科技支撑,提高劳动生产的效率,提升资源的利用效率,提高产品质量,降低消耗和成本,充分挖掘经济发展的内部潜力来实现经济的增长和再生产的规模。其次,经济增长应从外延型向内涵型转变,充分发挥原有的物质技术基础,充分利用生产要素的效能,既实现扩大再生产的目的,又从根本上实现对人力、物力和财力的节约,提高宏观经济绩效。再次,通过东部率先战略的实施,发挥东部地区的示范效应,东部现代化的过程,不仅会节约中西部地区经济发展过程中的探索成本和试错成本,还会对中西部地区的现代化建设起到催化剂的作用,对中西部地区的示范作用意义重大。

（二）"西部开发"战略

自新中国成立以来,西部地区的发展始终是党和国家高度关注的问题,前文所论及的两个"大局",作为统筹我国经济发展的战略,尽管提出了"东部先行"的方针,但始终没有放弃对西部的关注和重视,两个"大局"的第二个"大局",就是在特定时段建设西部、发展西部的战略方案。1997年,党的十五大报告中提出："国家要加大对中西部地区的支持力度,优先安排基础设施和资源开发项目,逐步实行规范的财政转移支付制度,鼓励国内外投资者到中西部投资。进一步发展东部同中西部多种形式的联合合作,更加重视和积极帮助少数民族地区发展经济。从多方面努力,逐步缩小地区发展差距。"根据这一战略方案,我国开始了历史上针对西部建设规模最大、影响最为深远的西部大开发战略。当前我国针对西部开发的政策和制度,概括起来主要有：

第一，加强资源型产业的开发和建设。从广义上讲，资源型产业包括以生物、土地和矿产为依托的，针对上述资源的勘探、开发、保护和利用为基础的产业，其对资源具有高度的依赖性。从狭义上讲，资源型产业是与矿产资源的开发和初步加工为主的产业，基本集中于原材料产业、电力和热力的生产和供应。国家通过投资倾斜，提供政策型贷款、税收优惠和财政支持，激励和规范西部地区资源型产业的发展。第二，加强西部地区的基础设施建设。通过西部地区和中东部地区交通枢纽站点的建设，促成西部和中东部地区经济贸易的往来，加强西部地区中心城市基础设施的建设和完善，发挥其辐射带动作用。通过财政转移支付，同时实现投资主体的多元化，创新融资模式，引入竞争机制，通过合资、合作和特许权经营等模式，实现西部地区基础设施的跨越式发展。第三，加快西部地区的扶贫开发和精准扶贫战略。2015 年，我国做出"打赢脱贫攻坚战"的战略决定，明确"到 2020 年现行标准下贫困人口全部脱贫，贫困县全部摘帽，解决区域性整体贫困"的目标，全面实施精准扶贫方略。构建了省、市、县、乡、村五级扶贫机制，要求责任落实具体、明确，完善扶贫治理格局，注重从六个精准来抓扶贫落实。具体包括：扶贫对象精准，要求扶贫对象的确认必须符合国家政策，项目安排精准，实施有针对性的扶贫方案；资金使用精准，严格项目资金的使用过程和方案；措施到户精准，根据贫困原因、家庭情况和发展意愿设计脱贫方案；因村派人精准，根据具体情况选择合适人选，拒绝形式主义，强化组织保障；脱贫成效精准，创新扶贫开发机制，确保各项政策落到实处。第四，西部基本公共服务水平的均等化。基本公共服务是最为典型的公共产品，它覆盖全体公民，能够满足公众对公共资源的最低需求，具体包括义务教育、医疗卫生、基本住房保障、社会保障等方面的基本需求，具有基本权利的属性和公平性、普遍性、公益性等特点。长期以来，我国西部地区和中东部地区在收入水平、经济总量、发展速度和质量等方面有显著差距，延伸到地方政府的财政能力和公共服务水平上，差距也异常明显，这种差距还在以相当快的速度逐年拉大，这种情况对于西部地区的发展，甚至对全国的发展都极为有害。因此，加强对西部地区公共服务的财力保障，设立公共服务发展基金，加强对西部地区公共事业机构的扶持力度，以现代网络技术为载体，提高西部公共服务的有效性，是落实西部基本公共服务水平均等化的基本路径，也是我国"西部开发"的核心内容。

(三)"中部崛起"战略

早在 2004 年，时任国务院总理温家宝在《政府工作报告》中首次提出"促进中部地区崛起"；2006 年，我国"十一五"规划中再次提出"促进中部地区崛起"；2006 年 4 月，国务院正式出台了《关于促进中部崛起的若干意见》；2008 年初，国务院办公厅印发《关于中部六省实施比照振兴东北等老工业基地和西部大开发有关政策的通知》；2009 年，国务院通过了《促进中部地区崛起规划》;2010年,国务院颁布《关于中西部地区承接产业转移的指导意见》;2012年,国家出台了《国务院关于大力实施促进中部地区崛起战略的若干意见》;2014年,《晋陕豫黄河金三角区域合作规划》获批;2015年,《长江中游城市群发展规划》获批;2016年,国务院办公厅《关于加快中西部教育发展的指导意见》出台,国务院审议通过了《促进中部地区崛起"十三五"规划》。自"中部崛起"战略实施以来,我国中部地区的经济实力明显增强,在全国经济版图中的地位和作用日益突出。同时,中部地区的产业结构调整效果明显,现代农业规模明显壮大,工业结构明显优化,新兴工业不断兴起壮大,现代服务业发展迅速,已成为重要的支柱型产业。而且,随着"中部崛起"战略的实施,中部地区的基础设施和公共服务能力也有较大幅度的提升,铁路里程迅速增加,公共医疗和教育水平明显提升,创新能力明显增强。城镇化迅速推进,郑州、武汉、长沙、南昌、太原、合肥等中心城市的规模不断增大,中原城市群、武汉城市圈、长株潭城市群、皖江城市带、太原城市群已成气候。同时,中部地区在发展过程中,坚持生态文明的发展理念,强化生态环境的保护工作,生态和环境质量有较为明显的改善。在此基础上,中部地区人民的生活水平有显著提高,获得感不断增强,和东部地区的差距在日益缩小。

作为我国区域经济协调发展战略实施的成功经验,"中部崛起"和"西部开发"等一样,为我国经济的快速发展做出了卓越的贡献,其对于保障我国区域经济的和谐与有序更是功不可没。未来"中部崛起"战略的实施,应重点围绕以下几方面的内容来进行:通过国家的财政税收制度以及金融制度,以培育自我发展、自我提升的能力为重点,主要针对中部地区的城市化水平和规模、产业规模和技术水平、物流基础设施和管理水平、中部地区的市场规模和市场效益、信息化水平和信息资源的开发利用等领域,进一步深化改革,实现经济发展从量变到质变的跨越式发展,促成我国区域经济的协调发展和总体经济质量的提升。

(四)"东北振兴"战略

作为老工业基地,中华人民共和国成立以来,东北地区为我国经济发展尤其是工业化进程做出了巨大的贡献,但是由于经济结构和产业结构等方面的原因,自20世纪80年代以来,东北地区的经济发展严重滞后于全国,国有企业普遍缺乏活力,民营经济和外商投资经济的发展速度较为缓慢,工业尤其是制造业的竞争力明显下降,导致东北老工业基地经济增长乏力和不景气,个别地区甚至出现了经济衰退的现象,下岗职工比重大,社会矛盾突出,成为我国经济发展不协调的重要表现。为此,我国提出了"振兴东北"战略,其作为我国区域经济协调发展战略的重要构成部分,对于促成我国区域经济协调发展战略的最终实现,具有异常关键的意义。

具体而言,振兴东北老工业基地,可能成为拉动我国经济增长的关键一极。首先,东北具有特殊的地理位置和区位优势,战略地位异常重要。东北三省"北上可达俄罗斯、西伯利亚及远东地区和蒙古,东进可经丹东进入朝鲜、进而抵达韩国和日本,既沿海沿江又沿边,因此是环渤海经济区的重要力量、东北亚经济区的重要组成部分和沟通欧亚两大洲的大陆桥"。这种优越地理位置不仅是争取周边地区资源、技术的重要通道,也是扩大我国产品出口,推动我国经济增长的重要依托之一。其次,从效率上看,加快东北工业基地经济结构和产业结构的调整,加快东北地区经济形态的改造和振兴的步伐,不仅是我国经济一个新的增长极,更为重要的是,其可降低老工业基地因为改变原有的产业结构而形成的巨大的沉淀成本,对于盘活东北老工业基地的工业基础设施,意义重大。再次,从区域经济发展公平的角度来看,通过振兴东北战略的实施,国家通过产业转移、产业改造等多种手段援助老工业基地,可以有效解决历史遗留问题,还可以缓解东北地区的历史包袱,缓解因破产、下岗、贫穷等引发的社会隐患和社会问题,实现区域间经济的公平发展,社会的和谐稳定。

作为区域经济协调发展中的重要手段,"振兴东北"战略实施的过程中,我国政府制定了一系列的政策和方针。在项目投资上,国家发展和改革委员会实施了振兴东北老工业基地的改造国债资金和高新技术产业发展专项投资,以及改造和重点行业结构调整专项、国家预算内专项资金等,有力地支持了东北老工业基地的振兴和发展;在财税政策领域,从2004年7月1日起,国家针对东北地区的石化、冶金、船舶、汽车、军工、农产品加工、装备制造和高新技术,进行增值税改革的试点,尽管试点工作随后在全国推广并全面推行,但其对于东北地区经济发展的支持愿景,显而易见。在金融领域,允许东北商业银行进一步采取灵活措施处置不良资产和自主减免贷款企业表外欠息。另外,还在社会保障、国企改革、沉陷区治理等领域,都有支持东北经济快速发展的诸多政策出台。未来我国应在深化政府管理体制改革、制造业振兴、地区技术创新的推动、国有企业改革的深化、资源型城市的转型发展,以及与其他地区的协同发展和进一步对外开放等方面,继续推动东北振兴战略的实施,推动我国区域经济的协调发展。

二、"三个支撑带"战略

(一)"京津冀协同发展"战略

2015年4月,中央审议通过了《京津冀协同发展规划纲要》,京津冀协同发展战略正式成为国家战略。京津冀地区有丰厚的自然资源,而且区位优势突出,交通运输便利。尤其是首都北京,不仅是全国的政治经济文化中心,更是全国交通运输枢纽,陆上交通、航空运输具有明显的优势。另外,京津冀地区具有非常丰厚的人力资源,"京津冀地区汇集了全国 1/5 以上的高素质人才,全国高等院校中,112 所 '211' 院校,京津冀地区占据 28 所,占比为 25%;39 所 '985' 高校中,京津冀地区占据 10 所,占比为 25.64%。教育资源的高度集中给京津冀地区带来了较高的创造力"。其次,京津冀地区拥有得天独厚的资本条件,其中北京作为金融决策中心,资本的凝聚力远远超过了我国其他地区。这些因素决定了实施京津冀协同发展,是落实我国创新驱动战略的重要抓手之一,是打造首都经济圈,推动区域经济协调发展和协调机制创新的重要依托,也是探索完善我国城市群布局、城市群形态,为区域协调发展提供示范和样板的关键路径,其对于促进人口、资源和环境相互协调,实现城市群优势互补,促进区域经济协调发展战略的实施,具有异常重要的意义。

在区域经济协调发展的背景和要求下,京津冀协同发展战略应围绕以下几方面重点内容来落实:第一,加快缩小地区间贫富差异。"京津冀内部存在较大的发展差距是一个普遍受到关注的问题:"所谓的 '环京津贫困带' 有 270 多万贫困人口;2013 年北京和天津人均 GDP 分别为河北的 2.4 倍和 2.6 倍,城镇居民人均可支配收入分别超过河北 18000 多元和 10000 多元,人均财政支出分别为河北的 4.7 倍和 3.3 倍。",这种现象不仅制约了京津冀协同化发展的继续推进,也不符合区域经济协调发展的目标期待。第二,实施交通运输一体化,就当下京津冀交通运输系统而言,尽管总量上有较为丰富的交通运输资源,但协调性不够,综合交通运输网络尚未形成,交通运输一体化和协同化,既是京津冀协同战略落实的重点内容,也是区域经济协调发展的关键所在。第三,公共服务的一体化,通过教育、医疗、卫生、保险和就业等公共服务一体化的建设,缩小京津冀地区公共服务水平的差距,建立公共服务共建共享机制的形成,为区域经济协调发展提供公共服务保障。第四,产业一体化,创建新的经济分工格局,实现区域内的优势互补和协同发展。总之,通过京津冀一体化战略的实施,探索跨区域经济合作的有效路径,为我国区域经济协调发展的体制和机制寻求更有效的方法,是京津冀区域一体化战略实施的关键意义和价值所在。

(二) "长江经济带建设" 战略

长江经济带建设的提出并不是一个新近的话题。早在 20 世纪 80 年代,有研究机构就提出了"长江产业密集带"的概念,提出经济局域规划中,可将长江流域中的若干超级城市和特大城市作为中心,通过这些城市的辐射作用、吸引作用和连接作用组成一个经济区,带动各中小型城市和广大农村的协同发展。在 20 世纪 90 年代,随着上海浦东的开发和三峡工程的开工建设,在 1992 年中央专门召开了"长三角及长江沿江地区经济规划会议","长三角及长江沿江地区"的战略构想正式提出。2014 年 4 月 28 日,李克强在重庆主持召开座谈会,研究依托黄金水道建设长江经济带;2014年9月25日,国务院发布《关于依托黄金水道推动长江经济带发展的指导意见》及《长江经济带综合立体交通走廊规划》(2014—2020年),"长江经济带建设"战略正式实施,成为发展我国区域经济并实现整体经济协调的关键举措。

从战略意图上讲:第一,"长江经济带建设"横贯我国大陆,加快"长江经济带"的建设,可实现我国东、中、西三大区域的关联和联动,构建我国区域经济协调发展的新基础,是我国经济实现可持续发展的新动力。第二,"长江经济带建设"可以实现长江经济三角带城市群、长江中游(武汉)城市群和成渝经济群的联动,由此撑起三大发展区域的骨架,形成具有世界意义的长江沿岸城市带。第三,它实现了国家"两带一路"的国家区域战略,东部出海口和西部的云南口岸通过长江经济带加以连接,把对东部的开放和对西部、西南部(中印半岛和印缅)开放,以及通过渝新欧大通道与对中亚、西亚乃至东欧地区的开放连接起来。第四,长江经济带还有利于发挥上海自贸区的功能,从功能拓展和制度引领两方面,来带动内地经济的发展,为区域经济的协调发展贡献力量。在未来的发展中,长江经济带要建立长江综合立体交通走廊、长江产业集聚走廊、长江新型城镇集聚走廊和生态城市带、长江经济带协同发展体制等机制,促进产业之间的有序衔接和积聚式发展,以及先进制造业、战略性新兴产业、现代服务业的优化升级,打破行政区划壁垒,建立竞争有序、充满活力、统一开放的现代市场体系,促进区域间的互动和合作机制,实现长江经济带的带动和辐射作用,促进我国区域经济的协调发展。

(三)"一带一路"倡议

"一带一路"是"丝绸之路经济带"和"21世纪海上丝绸之路"的简称。"一带一路"不仅是致力于建立全球贸易体系和开放型世界经济体系,实现亚非欧大陆和附近海洋之间互联互通,促成国家和地区间伙伴关系的重要战略,也是促成我国区域经济协调发展的重要路径。

在我国中西部地区较为落后的情况下,中西部地区的对外开放和进一步发展,是我国促进区域经济协调发展的重要内容。首先,"一带一路"倡议着眼于国际和国内两个市场,有效连接了沿线各国的利益契合点,也为各沿线省区提供资源、参与项目提供了条件,各沿线省区有了更为广阔的空间开发外贸市场,促进沿线外贸的发展,完善基础设施建设,建立更高水平的经济贸易平台。而且,随着"一带一路"倡议的进一步推进,参与地区、企业会越来越多,国内区域经济间的关系会因为"一带一路"的顶层设计而更为顺畅,国内区域间也会因为"一带一路"而有更为广阔的合作基础。其次,"一带一路"建设的思路和方案,和区域协调发展战略的思路和方案具有诸多的重合之处。"一带一路"要求沿线交通大动脉的形成以便利物流运输,降低交易成本,"一带一路"建设将形成新的市场类型和市场组织格局,要求沿线省区结合自己的产业优势,形成优势产业,打造有国际竞争力的产业链,这些都是区域经济协调发展的必然内容,两者有充分的契合点。再次,在"一带一路"背景下,我国各沿线省区已经制订了自身的定位与发展规划,具体如下:

新疆:中央定位为"丝绸之路经济带核心区",自身定位为"丝绸之路经济带上重要的交通枢纽、商贸物流和文化科技中心";陕西、甘肃和宁夏:中央定位为"面向中亚、南亚、西亚国家的通道、商贸物流枢纽、重要产业和人文交流基地",自身定位上陕西为"着力建设丝绸之路经济带重要支点,形成我国向西开放的重要枢纽",甘肃为"打造'丝绸之路经济带'黄金段,构建我国向西开放的重要门户和次区域合作战略基地",宁夏为"丝绸之路经济带战略支点";青海和内蒙古中央层面尚未明确定位,自身定位上青海为"对俄蒙全方位交流合作平台,东部陆海丝绸之路经济带",内蒙古为"向北开放桥头堡";中央对东三省的定位为"向北开放的重要窗口",自身定位上黑龙江为"对俄蒙全方位交流合作平台,东部陆海丝绸之路经济带",辽宁为"中蒙俄经济走廊建设的重要节点",吉林为"向水开放的省口,打造车水点丝绸之路";广西:中央定位为"一带一路"有机衔接的重要门户,自身定位为"面向东盟区域的国际通道";云南:中央定位为"面向南亚、东南亚的辐射中心",自身定位为"大湄公河次区域经济合作新高地";西藏:中央定位为"推进西藏与尼泊尔等国家边境贸易和旅游文化合作",自身定位为"加快建设南亚大通道,积极对接'一带一路'和孟中印缅经济走廊,推动环喜马拉雅经济合作带建设";东南地区:福建,中央定位为"21世纪海上丝绸之路核心区",自身定位为"打造'一带一路'互联互通建设的重要枢纽、海上丝绸之路经贸合作的前沿平台和海上丝绸之路人文交流的重要纽带";上海:中央定位暂时空缺,自身定位为"全球投资贸易的核心节点城市,外资企业进入中国乃至亚洲的桥头堡";广东:中央定位暂时空缺,自身定位为"21世纪海上丝绸之路的桥头堡";海南和浙江:中央定位为"'一带一路'特别是21世纪海上丝绸之路建设的排头兵和主力军",自身定位上海南为"南海资源开发服务保障基地和海上救援基地的两大国家定位,打造海上丝绸之路的门户战略支点",浙江自身定位为"打造推动'一带一路'倡议的经贸合作先行区、'网上丝绸之路'试验区、贸易物流枢纽区,构筑陆海统筹、东西互济、南北贯通的开放新格局";江苏:中央定位暂时空缺,自身定位为"建设'一带一路'交汇点,'一带一路'出海口,打造陆海双向开放新格局,新亚欧大陆桥东桥头堡";山东:中央定位暂时空缺,自身定位为"'一带一路'海上战略支点和新亚欧大陆桥经济走廊的重要沿线地区";重庆:中央定位为"西部开发开放重要支撑",自身定位为"丝绸之路经济带的重要战略支点、21世纪海上丝绸之路的产业腹地、长江经济带的西部中心枢纽"。

内陆的成都、长沙、南昌、武汉、合肥、郑州,中央定位为"内陆开放型经济高地",成都自身定位为"'一带一路'倡议的重要交通枢纽和经济腹地,陆上丝绸之路和海上丝绸之路的交汇点",武汉自身定位为"长江经济带沿岸中心城市和'一带一路'倡议重要节点城市"。

另外,上海、天津、宁波、舟山、广州、深圳、湛江、汕头、青岛、烟台、大连、福州、厦门、泉州、海口、三亚等沿海十五港口城市,中央定位为"节点城市,共同建设通畅安全高效的运输大通道",自身定位为"海上丝绸之路先行区"。

这些定位和发展规划的充分落实,不仅是维护全球自由贸易体系和开放型经济体系,打造开放、包容、均衡、普惠的区域经济合作架构的重要举措,也是缓解我国当下产能过剩、降低我国能源资源进口中的交易成本的重要路径,更是解决我国经济发展区域不协调问题突出,经济运行中的趋同现象严重,重复建设问题突出,建设目标缺乏关联且行为短期化的重要方案。

总之,区域经济协调发展需要外在条件和内在条件,其中,区域经济协调发展的方案和政策,决定着区域经济协调发展组织、区域经济协调发展章程、区域经济协调发展项目、区域经济协调发展指标等内容,也决定着区域经济协调发展的信息交互机制、区域经济协调发展的利益补偿机制、区域经济协调发展的评价激励机制、区域经济协调发展的行为约束机制等内容。完善区域经济协调发展的方案和政策,是保证区域经济协调发展的前提和基础。

第二章　经济发展战略问题

第一节　全面实施国家智能化发展战略

全球新一轮科技和工业革命正在蓬勃兴起,其突出标志就是信息化和智能化。在信息化快速发展的基础上,智能化正在成为未来发展的大趋势,这将对经济社会各方面产生革命性的影响。我们要紧紧抓住这一历史性机遇,像制定实施国家信息化发展战略一样,加快制定实施国家智能化发展战略,引领和带动整个国家实现跨越式发展。

一、全球智能化发展方兴未艾

电子计算机的出现,开启了人类信息化时代。随着计算机运算速度和存储容量的突飞猛进,其功能和应用迅速扩展到经济社会的各个方面。互联网的发展,特别是无线宽带和移动互联网的迅猛扩展,正在创造一个"互联网+"的世界。新一代信息技术如4G通信(未来5G通信、量子通信)、互联网、物联网、大数据、云计算、云服务等快速兴起,"万物互联互通"成为现实,掀起了一场波澜壮阔的信息化时代大潮。

在信息化汹涌澎湃的发展过程中,智能化应运而生并呈现蓬勃发展之势。智能机器人、3D打印、无人驾驶、智能手机、智能穿戴、智能家居、虚拟现实、增强现实等智能产品层出不穷。移动手机成为一个高度集成的智能终端,已经具有并将不断增加越来越强大的功能,包括打电话、看电视、发微信、看新闻、玩游戏、拍照片、录视频、听音乐、看电影、炒股票、存贷款、网上购物、移动支付、建立个人图书馆和数据库、阅览电子图书、全球实时地图等。手机可以做越来越多的事情,人们在生活中最离不了和高度依赖的就是手机了,通过手机建立起越来越广泛的信息网络、经济网络和社会网络,发展出"手机经济"和"手机社会"。人工智能发展的突出标志,就是谷歌公司生产的AlphaGo,它汇聚了有史以来著名围棋棋谱的海量数据,具备了认知和判断能力,继战胜韩国围棋顶尖高手李世石之后,又成功战胜世界围棋排名第一的柯洁,这成为人工智能发展史上的重要里程碑。智能化的发展已经扩展到经济社会的各个方面,包括智能制造、智能工厂、智能交通、智能电网、智慧城市、智能家庭等,"电脑"具有越来越多的"人脑"功能,承担起许许多多以前由人从事的重复性、复杂性工作,形成高度自动化、智能化的生产生活方式和经济社会模式,这已经并将不断带来经济社会的革命性变迁,产生极其广泛而深远的影响。

世界主要国家都在抓紧新一轮科技和工业革命的机遇,应对智能化发展的挑战,制定实施国家发展战略,布局科技和产业发展重点,抢占未来经济发展的制高点,形成了新的竞争态势。

美国实施"再工业化"战略,制订了"美国制造业复兴计划",核心内容是依托美国工业技术优势,加快推进人工智能、数字制造、3D 打印、工业机器人等先进制造技术的突破和应用,推动全球工业生产体系向有利于美国的个性化制造、自动化制造、智能化制造方向转变,重塑美国制造业的竞争优势。美国政府大幅增加对先进制造技术的研发支持,建立了一批国家技术创新研发中心,如实施"国家机器人计划",组建由国防部牵头的数字制造与设计创新研究院、能源部牵头的智能制造创新研究院等,并行开展数字制造与智能制造两大领域创新研究。我们在考察美国"创新发展与新产业革命"时,布鲁金斯学会技术创新研究中心主任威斯特先生专门介绍说,美国现在非常重视三个领域:人工智能、机器人和大数据。美国高校、科研机构和企业发起成立了智能制造领导联盟,发布了《实施 21 世纪智能制造》报告,明确推进智能制造发展的目标和路径,提出为中小企业打造智能制造系统平台。到 2020 年将智能软件和系统成本降低 80%~90%。通用电气公司(GE)与 AT&T、思科(Cisco)、国际商用机器公司(IBM)和英特尔(Intel)发起成立了"工业互联网联盟",并推出 Predix 操作系统,建立起涵盖装备制造企业、用户企业和 IT 企业的工商共同体。IBM 继研发国际象棋超级电脑"深蓝"后,开发了人工智能计算机系统"沃森"(Watson),现在重点研究认知计算(Cognitive Computing)、深度学习、数据分析,并把这些成果广泛应用在智能交通、智慧能源、智慧城市管理中。苹果、微软、Facebook 等公司在语音识别、图像识别、虚拟和增强现实(VR/AR)等领域开始发力。谷歌则致力于研究人工智能(AlphaGo)、无人驾驶、图像搜索等技术,公司负责人说"人工智能将把谷歌从手机终端公司变成人工智能公司"。美国人认为,中国利用廉价劳动力和低成本制造优势,迅速崛起成为世界第一制造大国,而在新一轮智能制造发展中,中国的制造优势将被美国取代。美国竞争力委员会发布的《2016 全球制造业竞争力指数》报告提出,中国制造业竞争优势在未来 5 年到 2020 年将被美国彻底超越。

德国"工业 4.0"计划是其发展智能制造的总体战略。从建设"智能工厂"着手,深入开发运用工业机器人、射频识别传感技术、3D打印、虚拟现实和人工智能等,推动生产系统智能化。进而在"智能工厂"的基础上,借助大数据、物联网和云服务,将智能产品、智能物流、智能交通、智能建筑、智能电网等相互连接,引领国民经济体系的智能化发展。德国"工业4.0"的核心标志有两个,就是"信息化"和"智能化"。借助于自动化、数字化等成果,从供给一端到需求一端,各个链条和环节纵横方向都实现互联互通,虚拟世界和物理世界高度融通,进而推动智能制造、智能物流、智能管理和智能服务,实现智能化目标。可以说,"工业4.0"是德国政府为保持制造业世界领先地位而制定的国家战略,正在重塑德国工业制造体系,将带来一场智能化的工业革命。德国政府制定了《高科技战略2020》,规划布局了"工业4.0十大未来项目",加大了资金投入力度,提出了一系列促进制造业发展的创新政策。"工业4.0"倡导者瓦尔斯特说:"工业4.0"是德国政府推行的'新一代智能工厂'计划,正在带来一场以智能化为核心的第四次工业革命,确保德国在工业制造领域的世界领先地位。"他所创立的德国人工智能研究中心,研究方向覆盖人工智能的主要领域,包括机器人、人机交互、语音识别、图像理解、数据分析、知识管理等方面。

日本始终把发展高端制造业作为立国之本,充分利用其强大的工业制造能力和技术领先优势,牢牢占据世界制造业的高位。日本力图通过实施工业智能化战略,让日本重回国家竞争力全球第一的宝座。近期,日本政府制定"日本再兴战略",利用人工智能、大数据、机器人等技术,推进第四次工业革命,并把政策和投资重点放在实现移动革命、供应链升级换代等五大领域。日本把人工智能作为实现新的技术和工业革命的突破口,在工业制造业高度自动化的基础上,推进工业智能化。2015年1月日本制定了"新机器人战略",包括发展智能机器人、智能汽车、智能家电、智能住宅等一切智能化产品,并成立了官产学一体化的"机器人革命倡议协会",推动全国的人工智能技术开发与工商业模式创新。日本作为世界机器人王国,工业机器人一直保持领先地位。在全球十大工业机器人品牌中,有5家属于日本,包括发那科、爱普生、欧姆龙、川崎、安川。日本人对于人形机器人有着近乎狂热的追求,致力于发展各种人形工业和服务机器人。日本企业加快建设智慧工厂的生产线,实施智慧化管理。这起源于丰田的精益管理,现在已被企业管理广泛采用。以本田为例,通过采用机器人、无人搬运机、无人工厂等先进技术和产品,加之采用新技术减少喷漆次数、减少热处理工序等措施把生产线缩短了40%,并通过改变车身结构设计把焊接生产线由18道工序减少为9道,建成了全世界最短的高端车型生产线。日本产业界开始构建基于物联网的智能制造与服务体系,人工智能、物联网、大数据、云服务成为重点方向。大学和企业组织成立"工业价值链倡议",主要从技术角度推动智能制造发展。日本经济产业省还把3D打印列为优先政策扶持对象,实施名为"以3D造型技术为核心的产品制造革命"的大规模研发项目,重点开发世界最高水平的金属粉末造型用3D打印机,众多大企业参与了制定技术标准。

世界其他发达国家也都在布局跟进,发展中国家也在选择适合自己的方向和突破口。总体上来说,中国在世界智能化大潮中,面临着前有堵截、后有追兵的发展态势,不进则退,不能有丝毫犹豫和迟滞,必须抓住机遇,迅速行动,加快制定实施国家智能化发展战略,敢与强国竞争,善与强手过招,力争走在世界前列。

二、我国推进智能化发展的优势条件

近些年来,我国积极实施创新驱动发展战略,落实"中国制造2025",实行"互联网+"行动计划,推动"大众创业、万众创新",科技创新成果大量涌现,工业制造业特别是高端制造能力全面提升,具备了加快智能化发展的优势条件。

我国信息化建设发展取得突出成就。已经建成全世界最大规模的4G网络,正在研究布局5G通信,移动互联网用户超过9.4亿户。互联网的迅速普及,带动了"互联网+"产业的蓬勃发展。中国已经成为全世界最大规模的电子商务、移动支付市场。外国青年到中国感到最方便好用的"新四大发明",就是高铁、网购、移动支付、共享单车,这些都走在了全世界的前列。智能手机使得人们足不出户,就可以解决很多生活问题,促进了网络商店、网上贸易、移动服务、无现金社会、自主出行等不断发展。"互联网+"新产业、新业态、新模式的快速成长,创造出了新的生产方式、商业模式、金融规则和生活方式。

我国在一些信息科技前沿领域崭露头角。尤其是在超级计算机方面,保持了世界领先地位。2017年全球超级计算机500强排行榜显示,中国超级计算机"神威·太湖之光"和"天河二号"第三次携手夺得前两名,上榜计算机共有159个,占到总数的31.8%。中国的量子通信研究也走在世界前列,全球首颗量子通信卫星发射升空入轨运行。我国的研发投入占世界第二位,专利申请量已位居世界第一。

我国具备工业制造的强大综合性优势。作为世界第一制造大国,我国制造业产值占到全世界的20%以上,其中装备制造业产值所占比重超过1/3。加上基础设施完善,交通物流发达,产业体系完备,生产配套能力健全,这些奠定了中国制造的坚实基础。高速铁路成为中国制造的一张亮丽名片,目前高铁运营里程已超过2.2万千米,占到全世界的60%以上。大飞机、航空母舰都成为中国制造能力的突出标志。

我国在智能制造方面可以说异军突起。新一代通信设备、机器人、3D打印、智能电视、智能手机等产业发展势头迅猛。中国已成为全世界最大的机器人市场,工业机器人市场份额占到全世界1/4以上。2016年智能电视产量达到9310万台,智能手机产量超过15.4亿台,中国成为全球最大的智能手机生产国和消费国。

我国在创新发展中涌现出一大批创新型企业和人才。华为、中兴、阿里巴巴、腾讯、百度、小米、海尔、大疆、新松等，就是创新型企业的杰出代表。中国拥有全世界最大规模的人力人才资源，有1.7亿多受过高等教育的专业技术人才，在"双创"推动下全社会创业创新创富热情高涨，激发出巨大的创新活力和动力。世界知识产权组织发布的2016年全球创新指数排名中，中国首次跻身世界前25位最具创新力的经济体行列。瑞士洛桑国际管理发展研究院近期公布的世界竞争力排名显示，中国上升到第18位，比上次跃升了7位，是全球主要新兴市场中最具竞争力的经济体。

在美国考察时，我国人士与一些知名智库交流，到硅谷一些高科技公司访问，他们都对中国科技和制造业发展取得的成就刮目相看。布鲁金斯学会技术创新研究中心主任威斯特先生说，他对中国创新发展的成就深感震撼，在一些领域中国公司已经超过了美国同行，他特别举出阿里巴巴电子商务和华为智能手机的例子。苹果、谷歌、Facebook等公司负责人都说，中国同行在一些方面走在了前面，他们现在已开始学习中国的一些先进技术。这些都说明，中国在智能化发展方面，已具备了许多优势和条件，能够在一些领域与国外强手一争高下。

同时也要清醒地看到，我国经济发展呈现出发展中大国经济的典型特征，这就是地区、城乡、行业和产业之间发展很不平衡，呈现出多层次、复合型特征，既有快速发展的高端装备制造和新兴产业，也有量大面广的传统经济，总体上还处在国际产业链的中低端水平，"缺脑少心"的状况没有根本改变。这就更加需要我们加快实施国家智能化发展战略，培育壮大新动能，改造提升传统动能，推动新旧发展动能接续转换和经济转型升级。

三、全面实施国家智能化发展战略的政策建议

我国为推动国家信息化建设发展，早在1993年就设立国家经济信息化联席会议并下设办公室，1996年成立国务院信息化工作领导小组，2001年中共中央、国务院决定重新组建国家信息化领导小组，并设立国家信息化专家咨询委员会，先后制定实施了多个国家信息化发展战略。2016年7月，中共中央办公厅、国务院办公厅发布了《国家信息化发展战略纲要》，提出要以信息化驱动现代化，建设网络强国，增强国家信息化发展能力。

智能化与信息化既有联系又有区别，它以信息化为基础，以人工智能为核心，具有类人的记忆、识别、判断、选择等思维和行动能力，可以替代并超越人脑的一些功能，用以从事各种各样的复杂脑力劳动。这也是智能化与自动化的一个重要区别，自动化主要是代替人手的劳动，智能化主要是代替人脑的劳动。有人把工业革命以来科技和产业变革分为四个阶段，这就是：机械化、电气化、自动化和智能化。世界经济论坛主席施瓦布提出第四次工业革

命,就是指进入新世纪以来,在数字革命的基础上出现的与互联网和智能化相结合的经济模式。如果说以前的三次工业革命只是对人手和体力的不断替代,是一次又一次量变中间小的质变过程,那么这一次智能化革命则开启了对人脑和智力的替代进程,是一次大的革命性的质变,其巨大而深远的影响现在还言之过早。但毫无疑问的是,智能化已经成为新一轮科技和工业革命的突出标志,代表了未来科技、产业、经济和社会发展的大趋势。谁能赢得智能化,谁就能赢得产业变革的未来,走在世界经济和社会发展的前列。

中国在世界信息化大潮中没有落后,在智能化发展大趋势中也必定能够抢占先机。我们要像高度重视和推动国家信息化一样,高度重视和推动国家智能化,制定实施国家智能化发展战略,做出全面规划布局,选准突破重点,确保我国在世界智能化发展中占有领先地位。

(一)制订智能化发展重大科技规划,组织实施重点研发行动

智能化涉及许多重大科技前沿领域,必须充分发挥我国集中力量办大事的制度优势,举全国之力,集中优势兵力协作攻关,在一些方面取得突破性进展,占领某些科技制高点。人工智能是智能化发展的核心所在,许多创新企业家和专家学者都提出要制定实施人工智能国家战略。我们现在拿出"两弹一星"的精神,搞载人航天和登月工程,搞航空母舰和大飞机;也要用"两弹一星"的精神,来搞智能化战略特别是人工智能。要组织建设人工智能研究国家队,重点建设若干个人工智能国家创新中心,包括类脑研究、深度学习、语音和图像识别、虚拟和增强现实、智能机器人、3D打印、无人驾驶等方面,重点攻关共性关键技术。政府推动产学研结合,组建科研机构和行业、企业联合研究项目,推动基础研究和应用研究相互促进,为智能产业发展打下坚实的基础。

(二)加快发展智能制造,推动智能化产业发展

尽快研究制订《国家智能制造发展中长期规划》,建立国家智能制造创新中心,组建中国智能制造联盟,协同推进智能制造系统平台建设,为企业发展智能制造提供低成本、安全可靠的软硬件和系统解决方案。特别要重点实施工业机器人计划,集中力量在工业机器人领域取得突破性进展。推动建设"智能工厂",打造一批试点示范企业,引领我国工业智能化发展。以智能制造为基础,进一步发展智能服务,推动智慧农业,建设智慧产业、智慧经济,在经济信息化的基础上实现经济智能化。

(三)推进智能化管理,建设智能化社会

智能化将广泛渗透到经济社会的各个方面,影响到人们的生活方式和社会管理模式。

人们已经越来越多地感受到智能化的方便,共享单车就是一个典型案例。最简单的如自动取款机、自动售货机、自动购票机、自动电梯、自动停车场等,已经取代了人的劳动并提供了更便捷的服务。现在,智能交通、智能物流、智能电网、智能旅游、智能医疗、智能教育等都在快速发展之中,各地方也都开始建设智慧城市、智慧社区、智慧乡村。我们要加快推动智能化管理的应用和发展,建设现代化的智能社会。

(四)加强智能化基础设施建设,加快培养智能化人才

一方面,加强智能化硬件建设。特别是信息化、网络化基础设施,加快实施"宽带中国"战略,建设中国"信息高铁",推动我国互联网、物联网、大数据、云计算、云服务发展,建设覆盖全社会的超大规模智能终端和公共信息服务平台。另一方面,加强智能化软件建设。全世界智能化发展的竞争,说到底是高端人才的竞争。美国硅谷吸引了全世界的一流人才,使其成为全球科技创新的高地。我们在硅谷看到,许多清华、北大以及其他中国名牌大学毕业生都在这里工作,据说中国人在硅谷人才中占到1/10左右。我们要想方设法吸引中国人才回流,并吸引国外人才到中国来创新发展。我们要在应对智能化带来的产业变革的同时,也要应对好智能化所带来的就业变革,适应就业结构转换对学校教育和劳动者职业技能的要求,大学教育要尽快适应智能化发展趋势,建设世界一流的智能化学科专业,加快培养一流的智能化科技和工程创新人才。

第二节 实施梯度跨越"中等收入陷阱"发展战略

我国已进入中等收入国家的偏上水平,下一步要向高收入国家水平迈进。如何跨越"中等收入陷阱",是我国发展面临的重大挑战。从中国国情出发,实施分步梯度跨越的发展战略,是我们的现实选择和可行路线图。

一、我国已进入梯度跨越"中等收入陷阱"的发展阶段

经过改革开放四十多年的快速发展,我国已经成为世界第二大经济体、第一制造大国、第一货物贸易大国和全球成长最快的新兴大市场。2016年,我国经济总量超过74.4万亿元,按全年人民币平均汇率计算折合11.2万亿美元,占到全世界经济总量的14.8%。这里有几个比较数据,可以反映出我国经济总量的快速变化。1990年时,中国台湾的经济总量相当于中国大陆的43.8%,2016年下降到只有4.6%,深圳人均GDP已超过台湾,广州人均GDP

与台湾相当,这两个城市人口加起来 2700 多万人,超过了台湾的 2300 多万人。1991 年时,中国香港经济总量相当于中国内地的 20% 以上,2016 年下降为 2.8%,北京、上海的经济总量早已超过香港,广州、深圳接近香港。在金砖五国中,其他四国(俄罗斯、巴西、印度、南非)加起来,经济总量相当于中国的一半,也就是说中国经济总量占到了金砖五国的 2/3。东盟十国经济总量大约相当于中国的 22.7%;东盟十国加上日本、韩国,约相当于中国的 80%;东盟十国加上日本、韩国、印度,接近中国经济总量。

2016 年,我国人均国内生产总值达到 8100 多美元,按照国际货币基金组织发布的数据,处在全世界第 70 位。根据世界银行最新标准,人均国民收入低于 1005 美元为低收入经济体,在 1006 美元至 3955 美元之间为中等偏下收入经济体,在 3956 美元至 12235 美元之间为中等偏上收入经济体,高于 12235 美元为高收入经济体。一般情况下,人均国民收入与人均GDP 大体相当。我国人均国内生产总值处于中等收入国家的偏上水平。下一步,要向着全面跨越“中等收入陷阱”、迈向高收入国家水平的目标前进。

我国是一个人口众多、幅员辽阔的大国,区域发展很不平衡,各地区存在很大不同,平均数往往掩盖了内部差异。中国本身也存在着发达地区、发展中地区和落后地区。从各地区发展情况看,现在已经有 9 个省市区总人口超过 4.7 亿人,人均 GDP 超过 1 万美元,其中天津、北京、上海、江苏 4 个省市总人口 1.4 亿,人均 GDP 达到 1.4 万美元以上,达到高收入国家水平的下限;浙江、内蒙古、福建、广东、山东 5 个省(自治区)总人口 3.3 亿,人均 GDP 接近高收入国家水平;其他还有 14 个省区市人均 GDP 在 6000~9000 美元,另外 8 个省区人均GDP 在 4000~6000 美元,全部进入中等收入偏上水平。

中国一个省区的人口、面积相当于国外一个国家,省域内各地城乡之间也存在很大差距。如果以地级城市来看,则有 77 个城市人均 GDP 超过 1 万美元,其中有 31 个城市人均GDP 超过 1.5 万美元,有 10 个城市人均 GDP 超过 2 万美元,这些地方都达到了高收入水平。如最高的鄂尔多斯市人均 GDP 超过 3.3 万美元,克拉玛依市人均 2.7 万美元,深圳市人均2.6 万美元,广州市、苏州市人均 2.2 万美元。在县级市中,江苏昆山市人均 GDP 达到 3 万美元,张家港市、江阴市人均 2.8 万美元,太仓市人均 2.5 万美元。可以说,随着划分区域的缩小,各地的差异更大,总体上各地发展呈现出多点开花、竞相超越的格局。

从全国大的经济区域来看,有几个区域已经进入高收入水平。一是京津唐地区,以北京、天津两大城市为代表,包括唐山市。二是长江三角洲地区,包括上海、江苏和浙江杭州、宁波、舟山、绍兴、湖州等地区。三是珠江三角洲地区,包括广州、深圳、珠海、东莞、佛山等地区。四是胶东半岛地区,包括济南、青岛、烟台、威海、淄博等地区。五是内蒙古呼和浩特、包头、鄂尔多斯、锡林郭勒等地区。六是其他如长沙、武汉、大连、沈阳、郑州、南昌等地区。可以看到，区域性跨越"中等收入陷阱"正呈现出蓬勃发展之势。

到 2020 年全面建成小康社会，实现国内生产总值和城乡居民人均收入比 2010 年翻一番，经济年均增长 6.5% 以上，届时我国经济总量将达到 96 万亿元，按汇率不变价计算，约合 14.8 万亿美元，我国人口按年均增长 0.5% 计算，则全国总人口达到 14 亿人，人均 GDP 超过 1 万美元。按此发展速度，预计到 2024 年，或者说到 2025 年前，可以跨越中等收入国家的最低门槛，迈入高收入国家的行列。

二、梯度跨越"中等收入陷阱"是符合中国国情的现实选择

改革开放以来，我国的现代化建设走的是一条差异化梯度发展道路，由东部沿海地区率先发展，带动广大中西部地区发展起来，进而实现总体跨越发展。实践证明，这是一条符合中国国情的成功道路。

对于我国这样一个地区差别很大的发展中大国来说，各地发展不可能齐头并进，相对落后的地方也不可能都达到平均水平，而会有先有后、各显其能。必须从各地实际出发，发达地区率先发展，发挥示范引领作用，带动其他地区发展，发展中地区充分发挥后发优势，加快发展步伐，形成各地区你追我赶、竞相前进的"雁阵"发展格局。

我国东部一些地方提出了"两个率先"的发展目标，率先全面建成小康社会，率先基本实现现代化。2010 年 6 月，国务院批准实施《长江三角洲区域规划》，提出到 2015 年，长江三角洲地区率先实现全面建成小康社会目标，人均地区生产总值达到 8.2 万元，按当年汇率折合 1.2 万美元，核心区（主要是上海）达到人均 10 万元，折合 1.47 万美元，应该说这个目标已经实现。到 2020 年力争率先基本实现现代化，人均地区生产总值达到 11 万元，折合 1.6 万美元，核心区达到 13 万元，折合 1.9 万美元，目前已接近实现这一目标。江苏省提出，到 2020 年基本实现现代化，达到中等发达国家水平，苏南一些地方提出提前基本实现现代化的目标。北京、上海、天津、广东等地，也不同程度提出了率先基本实现现代化的目标。

到 2020 年全面建成小康社会之时，我国人均 GDP 超过 1 万美元，将有更多地区和人口人均 GDP 超过 12736 美元，跨越"中等收入陷阱"，进入高收入国家行列。下一步，要持续接力，全面迈上高收入国家水平。

我国跨越"中等收入陷阱"的基本路线图就是：由局部跨越，到大部跨越，再到整体跨越。在全面建成小康社会之后，继续向高收入国家水平迈进，建设一个"富裕社会"，部分地区率先基本实现现代化，为全国基本实现现代化奠定更加坚实的基础。

需要说明的是，即使到 2024、2025 年之后，我国实现整体跨越"中等收入陷阱"，也只是全国人均 GDP 达到 12736 美元以上，并不是所有地区所有人口都达到了这一水平，还会有

相当多的人口低于平均水平。同时，高收入国家的标准也在不断提高，现在全世界人均 GDP 平均水平已超过 1 万美元，高收入国家和地区平均水平已接近 4 万美元，如美国人均 5.7 万美元，新加坡人均 5.3 万美元，德国人均 4.2 万美元，日本人均 3.9 万美元，韩国人均 2.75 万美元，中国香港人均 4.35 万美元，中国台湾人均 2.25 万美元。即使我国整体跨越了"中等收入陷阱"，也只是刚刚迈进高收入国家的门槛，与其他高收入国家和地区水平仍然存在着很大差距。对此，我们必须保持清醒认识，不断向着实现中华民族伟大复兴的目标迈进。

三、实施梯度跨越"中等收入陷阱"发展战略的重点任务

跨越"中等收入陷阱"，迈上高收入国家水平，必须实施综合性的国家战略，采取一系列重大举措。重点突出以下几个方面：

第一，牢牢抓住发展第一要务不放松，保持中高速增长，防范化解经济风险。世界上不少国家之所以长期陷入"中等收入陷阱"而难于自拔，最重要的原因就是发展出了问题，发展的停滞是陷入"中等收入陷阱"的最大危险。拉美地区和东南亚一些国家是陷入"中等收入陷阱"的典型代表。如委内瑞拉、秘鲁、哥伦比亚、阿根廷、墨西哥等国家，长期受困于"中低收入陷阱"。阿根廷 1960 年就进入中等收入国家行列，被称为拉美首富，然而此后经济长期处于停滞状态，有 16 年人均国内生产总值负增长。菲律宾 1980 年人均国内生产总值达到 2671 美元，2014 年仍只有 2865 美元。与此相对照，"亚洲四小龙"成功实现了由中等收入向高收入的跨越，创造了"东亚奇迹"。如韩国 1987 年人均 GDP 超过 3000 美元，1995 年达到 11469 美元，2014 年更是达到 28101 美元，进入高收入国家的行列。只有经济持续稳定发展，才能成功跨越"中等收入陷阱"。我国经济发展由过去的高速增长，转入中高速增长的新常态，必须做到减速不失势，保证经济增速在 6.5% 以上，这是跨越"中等收入陷阱"的基本条件。为此，必须创造一个稳定的经济环境，特别注意防止拉美国家出现的通货膨胀、债务风险以及严重的经济危机，有效防范和化解财政金融风险，尤其要管理好股市、汇市和房市，及时处置资产泡沫，打好实体经济发展的坚实基础，创造经济长期稳定发展的良好环境。

第二，实施创新驱动发展战略，从根本上转变经济发展方式，更多释放人力人才资源红利。一些落入"中等收入陷阱"的国家，在经济发展到一定阶段后，既丧失了与低收入经济体在制造业方面的竞争优势，也没有能力同发达经济体在高技术领域展开竞争，无法实现由依靠廉价劳动力或能源资源优势向依靠科技创新的高生产率增长模式转变，错失了经济转型升级的重要契机。这以拉美国家为典型代表，长期享受自然资源红利，实施进口替代战略，始终未能形成中高端制造能力，反而使"举债增长"难于维持。我国经济发展已到了一个重要关口，从 2011 年开始劳动适龄人口相对减少，2014 年开始劳动适龄人口绝对减少，已经出

现农村劳动力从无限供给到有限供给的"刘易斯拐点"。劳动力成本上升,人口红利日趋减少,依靠廉价劳动力生产大量低端产品的增长模式无法长期持续下去,高投资、高消耗、高增长、低效益的粗放式发展方式难以为继。中国的劳动生产率仅相当于美国的20%、韩国的30%多,还有很大的提升空间。必须把经济发展真正转变到更多依靠创新驱动和人力人才资源的道路上来。实施创新驱动发展战略,加大教育、科技投入,加快人力人才资源开发和科技研发,不断提高全社会劳动生产率。一方面,加快发展高水平教育,全面提高劳动者素质。目前中国教育支出占GDP的比重达到4%,韩国超过5%,美国长期稳定在5.5%左右。要适应产业迈向中高端的需要,加快发展中高等教育和职业技术教育,培养更多高技能人才,创造出新的更大的人才红利。另一方面,加快推动科技创新,提高科技进步贡献率。我国的研发投入占到GDP的2%,相比美国的3%、韩国的3.36%、日本的3.4%,仍然存在不小差距。对中国这样快速发展的大国来说,通过学习发达国家现有技术所形成的后发优势是逐步递减的,经济发展对科技进步和自主创新的需求越来越大。我国的根本出路在于科技创新,要加快建设教育强国、人才强国、科技强国,成为创新型国家。

第三,加快发展新经济,培育壮大新动能,打造经济增长新的发动机。在经济发展不同阶段,经济增长的动力机制是不同的。如果把经济发展比作一列火车,过去的动力是蒸汽机,后来是内燃机,现在则是高速动力。许多落入"中等收入陷阱"的国家,恰恰是在发展动力方面出了问题,过去是用蒸汽机,后来仍然是用蒸汽机,自然动力不行了。归根到底是从低端制造无法升级到中高端制造,经济转型失败所致。拉美国家至今除了向外大量出口农产品和能矿资源外,其工业制成品在国际市场没有强大竞争力。东亚韩国则不同,在发展中成功实现了经济转型升级,跃升到了国际产业分工的中高端领域。一个国家能否在中等收入阶段成功转换增长动力机制,打造经济增长新的发动机,是其能否跨越"中等收入陷阱"的关键。中国正处在新旧发展动能接续转换的重要关口,必须紧紧抓住新一轮科技和工业革命的历史性机遇,大力发展以互联网、物联网、大数据、云计算、智能制造、新能源、新材料、生物技术等为代表的新经济,加快从跟跑到并跑到领跑的转变,不断推动产业迈向中高端水平,形成牵引经济发展的强大新动能。

第四,坚定不移推进改革开放,着力破除体制机制障碍,更大程度释放制度红利。一些陷入"中等收入陷阱"的国家,受利益集团的羁绊,政治内斗不止,改革难以推进,市场配置资源的功能严重扭曲,腐败现象蔓延,社会矛盾积重难返。中等收入阶段,也是一个各方面矛盾积累、风险隐患增加的阶段,需要国家拥有强有力的主导掌控能力,超越不同社会集团的利益,以国家发展利益为最高原则,驾驭和处理复杂局面。这是跨越"中等收入陷阱"的必要条件,也是我国的最大优势所在。我们要按照"四个全面"战略布局要求,坚定不移推进改革开放,特别是加强供给侧结构性改革,解决好经济结构性矛盾和问题,坚决破除阻碍经济社会发展的各种障碍,形成推动科学发展的新体制、新机制,为跨越"中等收入陷阱"提供强有力的制度保障。

第五,有效解决收入差距扩大问题,壮大中等收入群体规模,促进社会公平正义与和谐稳定。"中等收入陷阱"中的"拉美陷阱",一个重要特征就是收入差距扩大,贫富分化严重,导致社会矛盾尖锐化,从而引发社会动荡。如拉美一些国家,基尼系数大多在 0.5 左右,高的在 0.6 以上,大片的贫民窟就是其突出标志。世界上没有一个国家能够在贫民窟大量存在的情况下,发展成为高收入社会。而成功跨越"中等收入陷阱"的国家和地区,发展成果更多惠及普通民众,收入差距不断缩小,社会公平得到较好体现。日本 20 世纪 60 年代实施"国民收入倍增计划",韩国 20 世纪 70 年代推行"新社区运动",缩小了城乡和居民收入差距,使初次分配更趋均衡,为跨越"中等收入陷阱"创造了较为稳定的社会环境。缩小收入分配差距,不仅关系到社会公平,也有利于培育规模越来越大的中等收入群体,建设现代消费型社会,为经济社会发展提供持久动力。中国经过四十多年的快速发展,积累起巨大的社会财富,人们对如何更加公平合理分配高度关注,社会分配不公已经成为一个突出问题。在跨越"中等收入陷阱"的过程中,必须下决心解决收入差距扩大的问题,加强国家对收入分配的宏观调控,建立起有利于调节收入分配的新机制,限制部分社会成员不当过高收入,打击和取缔非法收入,扩大中等收入群体规模,提高低收入群众生活水平,促进公平正义,建设和谐社会,实现国家长治久安。

总的来说,我国正在由中上收入国家向高收入国家迈进,已经有不少地区率先跨越了"中等收入陷阱",今后还会有越来越多的地区不断跨越"中等收入陷阱"。实施梯度跨越"中等收入陷阱"发展战略,我们完全有信心有能力到 2025 年左右整体跨越"中等收入陷阱",进入高收入国家行列,并且向着实现中华民族伟大复兴的中国梦的宏伟目标不断前进。

第三节　把加快发展新经济作为重大战略举措

全球新一轮科技和工业革命正在蓬勃兴起,由此带来的新产业、新经济加快成长,为中国经济转型升级、跨越"中等收入陷阱"提供了难得的历史性机遇。我们必须紧紧抓住这一机遇,从战略的高度谋篇布局,加快发展新经济、培育壮大新动能,实现新旧发展动能接续转换,打造经济增长新的发动机。

一、新经济发展正在带来经济社会的革命性变革

新经济是伴随新一轮科技和工业革命而产生的经济形态。早在 20 世纪 90 年代，美国就提出"新经济"的概念，主要是指随着信息技术革命和全球化的发展，美国经济出现了长达 10 年时间的高增长、低通胀、低失业率、低财政赤字的现象，当时人们认为这将打破过去的经济周期。我们现在提出的"新经济"，与此既有联系，都与信息技术革命有关；又有很大不同，是在新一轮科技和工业革命取得新的重大突破的情况下发展起来的经济形态。美国学者里夫金认为，第三次工业革命就是互联网与新能源的结合，将带来一种新经济模式。瑞士世界经济论坛主席施瓦布提出第四次工业革命，是指进入新世纪以来，在数字革命的基础上出现的与互联网和智能化相关的经济发展。总的来说，新一轮科技和工业革命以信息技术和智能制造为代表，包括互联网、物联网、云计算、大数据、4G 通信等信息技术，智能机器人、3D 打印、无人驾驶、柔性化生产、自动化管理等智能技术，以及以纳米技术为代表的新材料，以清洁能源和可再生能源为代表的新能源，以基因技术为代表的生物工程等。与此相关的产业发展，都属于新经济的范畴。

一提起新经济，人们自然想到的就是高新技术产业，还有战略性新兴产业，它们有什么联系和区别？应该说，新经济包含了高新技术产业和战略性新兴产业，这是新经济的主体；新经济又是与传统经济相区别的一个概念，是指在传统经济基础上发展起来的新的产业和经济形态。

新经济的突出标志就是信息化和智能化，表现为与新的科技和工业革命相联系的新技术、新产业、新业态、新模式。随着互联网、物联网技术日新月异的发展，我们已进入一个"万物互联"的时代。电脑和手机成为"万物互联"的智能终端，可以迅速连通全世界经济社会的各个方面。新经济以 4G 通信(未来 5G 通信、量子通信)和互联网(移动互联网)等新一代信息技术为基础，加速向第一、二、三产业以及各行各业渗透扩展，融合生成许多新的产业形态。随着新一代大容量、高速度电脑技术的发展，智能装备在农业、工业、服务业各领域，不仅替代人手劳动，而且越来越多地替代人脑劳动，形成智能化、自动化的生产生活方式和经济社会模式。

新经济的发展正在带来一场影响深远的革命性变革。新经济以其颠覆性技术、创造性破坏，不断催生经济新模式，呈现出高智慧、轻资产、零成本、微行为、众力量等新特征，在互联网经济发展中，高智力的人才资源越来越重要，实物资产的价值相对下降，大量分享互联网信息资源使成本变得微不足道，微信、微博、微贷、小批量个性化定制等微行为正在兴起，众创、众筹、众扶、众包等大众参与型分享经济蓬勃发展。"互联网+"、智能制造等广泛应

用,虚拟与实体深度融合,正在形成新的生产方式、产业形态、商业模式等新的经济形态。与此同时,传统产业更多地与互联网、智能化相结合,加快改造升级步伐,实现脱胎换骨般的新变化。新经济正在创造人们的新生活,催生新的社会管理方式,越来越多的人融入数字化新生活之中,网上定购、电子支付、网络互动、远程教育医疗等正在改变人们的生活方式。电子政务、智能交通、智慧城市、智能家居等日益发展,正在创造新的社会管理模式。

二、我国新经济发展面临的机遇和挑战

人类经历过几次科技和工业革命,都推动了生产力的大发展,带来了经济社会的革命性变化。令人痛心的是,中国在历史上几次错失了科技和工业革命的机遇,陷入落后的境地。经过四十多年的改革开放,我国的经济实力、科技水平大幅提高,一些领域已经处于世界领先水平。特别是与新一轮科技和工业革命相联系的新经济发展,正呈现方兴未艾的良好态势。中国已成为全世界最大的智能手机生产国和消费市场,移动电话用户超过 13 亿户,移动宽带用户 7.85 亿户,建成全球最大规模的 4G 通信网络,4G 用户超过 3.8 亿户。中国已成为全世界最大的电子商务和电子支付市场,去年全国网上零售额达 3.88 万亿元,增长 33%以上,占社会消费品零售总额比重超过 10%。中国成为全球最大的机器人和新能源汽车消费市场。以中车、华为、中兴、小米、阿里巴巴、腾讯、海尔、新松、大疆等一大批创新型企业为代表的新经济,展现出日益强大的国际竞争力。新一代通信网络、高端装备、智能制造、机器人、3D 打印、无人驾驶、新能源汽车、智能电视等新产业快速发展。

我国正处在新旧发展动能接续转换的关键阶段,旧的发展动能趋于弱化,新经济、新动能在加快成长。由于中国经济的多层次、复合性特征,既有新经济的蓬勃发展,也有量大面广的传统经济;既有工业 4.0 的新领域,还有大量的工业 2.0、3.0,甚至还有工业 1.0 的传统产业。新经济在整个经济中所占比重还不大,短期看还不足以弥补和替代传统经济的下降,但新经济形虽弱而势渐强,正是未来中国经济发展的希望所在。

中国经济由过去的高速增长转入中高速增长的新常态,要突破发展的瓶颈约束和增长的"天花板",成功跨越"中等收入陷阱",必须紧紧抓住新一轮科技和工业革命的历史性机遇,实施"弯道超车"战略,勇当新浪潮中的"弄潮儿",加快发展新经济,培育壮大新动能,改造提升传统动能,打造经济增长新的发动机。

我国具备加快发展新经济的各方面优势条件。中国已经成为世界第二大经济体、第一制造大国,成为世界第二研发大国,研发投入强度居全球第二。拥有全世界最大规模的人力人才资源,有 1.7 亿多接受过高等教育的专业技术人才。以高铁、核能、通信等为代表的高端装备制造业,处于世界领先位置;超级计算、量子通信、光伏发电、基因工程等,都在世界高

技术领域占有一席之地。我国还拥有市场规模优势,随着中等收入群体的不断扩大,已成为全世界最具活力和成长性的新兴大市场。全国已经有 10 个省区市、人口超过 5 亿人,人均 GDP 超过 1 万美元,居民购买力和消费水平引起全世界的关注。我国的产业配套体系完整,基础设施发达,拥有发展新经济的综合性比较优势和众多支撑条件。

三、加快发展新经济的重点举措

面对新一轮科技和工业革命,党中央、国务院不失时机地做出重要部署,提出了建设创新型国家和世界科技强国、制造强国的目标,实施创新驱动发展战略,制定并实施《国家创新驱动发展战略纲要》、"中国制造 2025"、"互联网+"行动计划、国家大数据战略等,推动大众创业、万众创新,出台了一系列政策措施。这些都对推动新经济发展,起到了重要促进作用。在此基础上,还要进一步实施新经济发展战略,采取以下几个方面的重点举措。

(一) 加快发展新经济和改造提升传统经济并举,打造经济发展"双引擎"

经济发展需要不断注入新动力。在经济发展不同阶段,经济增长的动力机制是不同的。如果把经济发展比作一列火车,过去的动力是蒸汽机,后来是内燃机,现在进入高铁时代需要高速动力。新经济是创新经济、信息经济、智慧经济、分享经济。新经济是创造出来的,可以"无中生有""一生二,二生三,三生万物",如微信、Facebook、优步、滴滴出行等,都是这样。我们要加快发展新经济、创造新经济,推动新技术、新产业、新业态、新模式不断成长,推动分享经济、微创经济竞相发展。同时,加快运用信息网络和智能化新技术,改造提升传统产业,重塑产业链、供应链、价值链,为传统产业插上腾飞的翅膀。通过发展新经济和改造提升传统经济,形成新的强大混合动力,推动中国经济再上新台阶,实现转型发展。

(二) 重点突破发展主导产业,培育壮大新经济产业集群

发展新经济,要选择好突破口。重点在两个方面:一方面,大力发展"互联网+"经济,也就是信息经济、网络经济、数字经济。充分运用互联网(移动互联网)、物联网、大数据、云计算等信息技术,与各行各业融合发展,实现网上与网下、虚拟与实体相结合,加快发展电子商务、电子金融、互联网工业、互联网服务业,打造新的农业、工业、服务业新模式和新产业体系。另一方面,大力发展智能制造产业,包括智能机器人、3D 打印、柔性制造、无人驾驶、工业自动化等产业。特别是智能机器人,包括工业机器人、农业机器人、服务机器人,具有无限的发展空间,如阿尔法狗,将会在广泛的领域获得应用,带来生产和生活的全新变化。当然,也要高度重视新材料、新能源、生物技术领域的突破性发展。

(三) 以点带面推广创新技术、经验和管理模式，引导新经济发展大趋势

现在，新经济的发展如雨后春笋般层出不穷，创新技术和模式超出人们的想象，一些创新产品充满奇思妙想，令人匪夷所思。华为创造了高科技制造企业发展的中国传奇，牢牢掌握着众多前沿性专利技术，华为手机已经稳居国内市场首位。小米独辟蹊径，实现了制造与消费的无缝对接，消费者参与产品设计定制，在智能手机行业异军突起。阿里巴巴建立起全世界最大的电子商务帝国，淘宝和支付宝从根本上颠覆了传统的商业和金融模式，马云正在尝试建立电子世界贸易组织(EWTO)计划，试图重写"芝麻开门"的奇迹。各级政府管理部门和领导干部都应当多到火热的新经济发展第一线走一走、看一看，深入调查研究，及时发现典型事例经验，并加以总结推广，制定实施有效的鼓励支持政策，促进新经济发展从小到大、由弱变强，创造中国经济发展新的奇迹。

(四) 进一步简政放权，推动"大众创业、万众创新"向纵深发展

这几年简政放权和"双创"成效明显，有效激发了市场活力和社会创造力，新增市场主体呈井喷式增长，为稳增长、保就业发挥了重要作用。发展新经济，必须创造更加宽松的良好市场环境。社会各方面反映，现在政府管理中束缚还是太多，管了不少不该管、管不了、管不好的事，而市场监管和服务又没有跟上，影响到了创新发展。必须大力推进简政放权、放管结合、优化服务改革，进一步发挥好市场配置资源的决定性作用，政府要加强市场监管和服务，严格保护知识产权，严厉打击假冒伪劣行为，为新经济发展培土施肥、加油助力。深入推动"大众创业、万众创新"，既大力发展高端创新产业，又积极发展大量微创经济，形成科技研发机构、企业和个人共同参与、创业创新创造蓬勃发展的新局面。

(五) 加强信息基础设施建设，打造数据高速公路

发展新经济，建设覆盖全社会的公共信息平台至关重要。目前，我国宽带网速与发达国家相比差距很大，制约了"互联网+"经济发展。要全面实施信息高速公路建设工程。一方面，加快建设光网城市，推进光纤进村入户，实现城乡宽带网络全覆盖。另一方面，在加快普及4G通信的同时，及时研究布局5G通信规划建设，着力研究量子通信技术，要像建设高铁一样，确保中国"信息高铁"走在世界前列。

为了及时监测和评估新经济发展，还要改进统计方法，建立新经济的统计指标体系，为制定有效政策措施，促进新经济发展提供科学依据。

第三章 政府引导的发展战略与经济发展的关联逻辑

如前所述,发展战略在经济发展中的作用极为突出。而中国处于典型的政府引导型市场经济体系中,研究经济发展问题更应该关注政府引导的发展战略。近年来,中国经济运行进入新常态,经济增长下行压力巨大、结构性问题日益突出,因此制定和推行适当的主导发展战略,对于改善中国经济长期以来一直存在且持续累积的结构性矛盾,进而促进中国经济可持续平衡增长显得尤为迫切和必要。

事实上,经济发展结构性失衡问题由来已久。自 1978 年改革开放以来,通过以经济建设为中心的政策导向,社会各界把国内生产总值的快速扩张作为发展经济的首要目标任务。在此目标的激励之下,一方面中国经济取得了举世瞩目的增长奇迹,另一方面中国经济的市场化转型之路因其独特的渐进方式也存在着明显的与改革不同步、不协调的特征。具体来说,为了快速追赶上其他先发国家,中国经济实际上采取了某种非平衡的增长方式和发展战略,这导致产业结构不平衡状况持续存在、国民收入分配结构失衡的问题日渐明显,总供给和总需求长期不匹配现象突出。近年来,为适应经济发展新常态,供给侧改革在社会各界达成共识。

为了化解中国经济长期存在的一系列结构失衡问题,从根本上解决习近平总书记在党的十九大报告中指出的人民日益增长的美好生活需要和不平衡、不充分的发展之间的矛盾,必须要从结构性转变上下功夫。本章从政府和市场关联性的角度分析政府发展战略与经济发展的关联性,并分析中国政府推行的发展战略对经济结构失衡的作用机制。

第一,通过梳理古典政治经济学、新古典经济学、凯恩斯主义以及新自由主义经济学派关于政府与市场关系的有关理论,揭示政府引导经济发展战略的理论渊源;通过分析史料和当代学术研究,研究政府引导的发展战略的理论与现实意义。

第二,在分析中国经济发展中的结构性矛盾的基础上,通过国际比较,具体分析中国政府引导经济发展战略的理论及实践。

第三，从深层的产业结构失衡、中层的国民收入分配失衡和表层的需求结构失衡三方面开始讨论，通过对现有文献的研究和整理，层层递进，深入揭示政府发展战略与经济结构失衡的关联性。国内学者主要从中国政府治理结构的某些特征、中央—地方治理结构相关制度、政府的发展战略对本国产业结构的影响等角度分析产业结构失衡成因；从中国的国民收入分配谈判机制，从中国政府治理结构特征等角度分析国民收入分配结构失衡成因；从财政政策、政府支出等角度分析需求结构失衡成因。

第四，总结我国经济发展过程中政府引导和推行发展战略的特征性事实，即1978年以来，在市场经济转型的过程中，政府一直积极干预经济，采取赶超发展战略以保证经济的增速。在政府的积极干预和治理下，虽然中国在经济增长方面表现卓越，但也在通胀和通缩、过热和过冷之间交替往复，频繁出现的经济波动背后隐藏的结构性问题不言而喻。

第五，本书选取适当的国家或经济体和经济结构指标，以期全面客观地分析比较中国和其他国家或经济体的结构性差异，这样有助于提出工业化后期阶段中国政府发展战略转型的政策建议，有助于中国的整体经济结构趋于平衡。

第一节　政府引导经济发展战略的有关理论

政府与市场的关系是内生于市场经济中的一对主要矛盾，因而，政府经济发展战略有关理论的分歧也就主要体现在政府与市场的界限和作用划分上。

一、古典经济学派的理论分析

古典经济学理论本质上是为自由竞争时期的资产阶级服务的经济理论，关注生产领域以及积累和消费在国民收入分配中的比例关系，强调资本积累对经济增长的重要性，同时承认了消费是社会再生产过程中的必要环节。因而，古典经济学派的理论基础可以集中地概括为萨伊定律，即供给创造需求、生产决定消费。

亚当·斯密以萨伊定律为基础搭建了较为完整的古典经济学理论体系。因为萨伊定律的基本观点是供给创造需求、生产决定消费，并且在经济尚不发达的国家和社会中，供给和生产的确占据决定性地位，所以这一学派的研究重点自然放在供给和生产方面，认为商业周期是对经济均衡的暂时偏离，经济能够依靠市场机制自动调节到充分就业的均衡状态，因此，古典经济学理论主张政府对市场经济采取自由放任的态度，政府只充当守夜人的角色。自《国富论》诞生的大约150年里，亚当·斯密的经济自由主义思想一直占据主流地位，甚至直到今天,经济自由主义作为一种重要的经济思想流派仍然得到持续传承。

亚当·斯密系统地论述和证明了市场的有效性,其基本逻辑是市场—分工—生产率提高—经济增长的良性循环。具体而言,市场的存在打破了人们自给自足的局面,商品交换促使分工的产生,市场规模越大分工越细;当劳动者集中精力只做某个生产工序或环节时,技术改良或创新的可能性就显著提高了,这有助于劳动生产率的提高;生产率的提高将直接促进经济产量的增加和财富积累,促进人民生活水平和福利的改善;国民收入的增加反过来又扩大了市场规模。如此循环往复。

基于以上理论分析,亚当·斯密在政策层面把政府的角色定位为市场经济的"守夜人"。其宗旨是维护自由和竞争的市场秩序,从而让"看不见的手"充分发挥配置资源的作用。政府要恪守自己的权利和义务边界,直接干预市场运行会损害市场效率,其职能应仅限定在国防、司法与行政、基础设施与公共事业等三个方面。

二、新古典经济学派的理论分析

新古典经济学派由 19 世纪末 20 世纪初在英国剑桥大学任教的马歇尔创立,也称为"剑桥学派",新古典经济学是在继承古典经济学派的基础上融入了边际效用论。简言之,古典经济学的根本关注点在于如何做大经济蛋糕,而新古典经济学的根本关注点在于如何分配既定的经济蛋糕。马歇尔所处的时代,资本主义生产过剩危机时有发生,因而当时继续坚称的供给创造需求、市场经济能够自行调节到充分就业的均衡的基本观点无论在理论上,还是在现实中都明显存在缺陷。为此,作为折中主义者的马歇尔把旧有的生产费用论(生产费用决定产品价值)和新的边际效用论(消费者的边际效用决定产品价值)相结合,形成新古典微观经济学的理论框架,其《经济学原理》突破古典经济学单纯关注生产、供给的传统,兼顾消费者需求和效用分析。

新古典经济学对古典经济学的发展主要体现在方法论上,它沿袭了古典经济学自由放任的基本经济思想,仍然认为市场经济和自由竞争可以自我调节并且认可萨伊定律的基础性地位,具体表现如下:

首先,充分就业是市场经济的常态,劳动力市场作为市场经济的一个重要组成部分,具备自我调节至充分就业状态的功能,在达到均衡时,劳动供给等于劳动需求,只存在"自愿失业"和因暂时转换工作岗位的"摩擦性失业"。

其次,自由资本市场下的利率能够随着资本供求双方力量的较量而自由涨跌,使得储蓄向投资转化的利率充分发挥调节作用。投资主要由资本需求决定,储蓄则是资本市场上的供给力量,利率对投资者来说是使用资金的成本价格,而对储蓄者来说是供给资金所获得的收益,自由涨跌的利率使得均衡状态下的资本需求(即投资)等于资本供给(即储蓄)。

最后,货币是中性的。货币数量的增加或减少并不能对宏观实际经济变量如实际产出、就业人数等产生影响,只能同比例地上调商品和工资的名义价格。

新古典经济学之"新"主要体现在方法论的进步上,形式上采用数学语言和逻辑来证明市场的有效性与均衡的存在。当然,为了便于形式化的分析,新古典经济理论建立在许多极为严格的假设和前提条件上:市场经济中人人皆理性并同质;不存在外部性;可供选择的技术是企业所共知的;信息在市场主体之间是对称的;等等。

三、凯恩斯主义学派的有关理论

凯恩斯的有效需求理论强调总需求对国民收入的决定作用,其理论构建以收入的边际消费倾向递减、资本的边际收入递减、流动性偏好等三个基本心理规律为基础。因为边际消费倾向,有效需求总是不足的,而且总需求决定了社会产品价值的实现程度,所以实际国民生产总值总是低于充分就业时的国民生产总值。因此,凯恩斯主张必须对社会有效需求进行调控和管理才能使国民收入达到市场均衡水平。

凯恩斯经济学的兴起引来众多追随者,其中,两个影响力较大的分支是新古典综合学派(新古典微观经济学和凯恩斯宏观经济学的综合)以及新剑桥学派。具体而言,凯恩斯在分析消费投资的适宜比例时,须建立在定义消费和收入之间关系的基础上,凯恩斯最初的绝对收入假说认为居民消费取决于当前收入,而新古典综合学派则发展了绝对收入假说,提出生命周期假说,认为居民消费的决定会考虑长期收入,即居民个人会在更长的时间范围内分配其收入;而新剑桥学派对消费和收入关系的假说则从总量分析转向结构分析,认为消费率取决于两个重要基础,即产业结构基础和收入分配结构基础。一方面,为了实现国民经济达到充分就业均衡,应当努力实现生产结构(投资品部门和消费品部门)与由劳动力结构决定的需求结构相匹配,以此来决定产业结构基础;另一方面,在国民收入总量一定的情况下,整体消费水平取决于国民收入在消费者之间的分配,因此,需要重视收入分配结构基础。

总体而言,凯恩斯经济学基于有效需求不足的理论思想,其基本政策建议是鼓励政府干预经济,以提升有效需求、促进产出增长和充分就业。政府一方面要扩大其支出,另一方面要带动私人投资和消费,如减税、增发货币等措施。此外,在财政政策与货币政策的选择上,凯恩斯更倾向于财政政策,尤其是赤字型的财政政策。

四、新自由主义经济学派的理论分析

20世纪70年代以后,凯恩斯主义学派所倡导的需求管理政策导致的滞胀问题凸显,新

自由主义经济学派的理论主张开始受到重视,新自由主义经济学派以现代货币主义理论和供给学派为主要代表。

现代货币主义针对凯恩斯的绝对收入假说,提出了生命周期与持久收入理论,经济主体的收入可以分为具有偶然和非连续性质的暂时性收入与持久性收入,相应地,当期消费也有暂时性消费和持久性消费之分,暂时性收入和暂时性消费之间往往不存在明确的关联关系,但持久性收入和持久性消费之间有着明确、稳定的关联关系。鉴于总体收入可以划分为消费和投资,相应地,消费投资比例也取决于持久性收入而非当期收入。

供给学派认为导致"滞胀"的根本原因在于依据凯恩斯经济学推行的扩张型需求管理政策,这些政策和措施在刺激消费需求的同时会抑制储蓄从而导致投资率下降,造成长期生产增长缓慢,因此,需求管理政策中宽松的货币政策最终造成通货膨胀失控,出现滞胀。在政策主张方面,供给学派不认同凯恩斯有效需求不足和需求决定供给的逻辑基础,反而强调供给侧的重要性,主张刺激供给和生产应当从两方面发力:一方面,促进经济主体可支配收入的增加,以提升生产要素投入量;另一方面,政府应提供更有效的激励机制,通过新的报酬方案来调动企业和工人的创造性与主动性,提高全要素生产率。

因此,从理论思想和政策主张来看,关于政府与市场关系的思想主要有以下四种:①古典经济学派主张政府对市场经济采取自由放任的态度,政府只充当"守夜人"的角色。亚当·斯密在政策层面把政府的角色定位为市场经济的"守夜人",该学派的宗旨是维护自由和竞争的市场秩序,从而让"看不见的手"充分发挥配置资源的作用。②新古典经济学派的基本经济思想还是沿袭了古典经济学派的自由放任,对古典经济学的发展主要体现在方法论上,该学派的宗旨是政府对市场听之任之。③凯恩斯主义学派的基本政策建议是政府干预经济,以提升有效需求。④新自由主义经济学派在批判国家干预主义的同时,主张重返古典经济学的市场自由主义,政府应提供更有效的激励机制,通过新的报酬方案来调动企业和工人的创造性与主动性,提高全社会的效率和效益。

第二节 研究政府引导的发展战略的理论与现实意义

历史研究表明,从250万年前至今的漫长时间隧道中,绝大部分时段里世界人均国内生产总值几乎呈水平状,但就在最近250年,奇迹发生了,世界人均国内生产总值出现了垂直式的增长,无论西欧国家、西欧衍生国家,还是后起之秀日本的经济发展历史都体现了这种增长,在中国这种奇迹发生得较晚,即发生在1978年改革开放后的四十多年。那么,垂直式增长奇迹的发动机是什么？人类智力提高、自然资源增加或其他解释似乎难以令人信服，一种可能的解释则是市场经济制度的建立。然而，马克思针对资本主义经济社会运行本质性规律的研究表明：市场经济运行本身孕育着内在矛盾。一方面，市场机制得以发挥和有效运行离不开政府对基本市场规则与秩序的维护；另一方面，如果政府干预，那么往往会影响"看不见的手"发挥其基础性调节作用，因此如何把握好市场力量和政府力量的边界是一个永恒主题。

什么是政府引导的发展战略呢？第二次世界大战后刚刚获得政治独立、经济不发达的国家急于探索如何发展本国经济，"战略"一词便进入经济领域，迄今为止，经济发展战略已经广泛用于概括各国的经济发展方针和基本原则方面。"战略"一词由军事领域到经济领域本质含义未变，只是适用对象发生了改变。同样，一个经济社会的经济发展全局由各种局部因素构成，通过分析这种局部因素之间的相互影响找出能够决定全局的局部因素和环节，并分析一系列的影响机制，在此基础之上才能做出战略决策。一个经济社会的发展因素错综复杂、相互交织，从地理空间视角看，它由各个地区的经济发展构成；从行业视角看，它由各个行业部门构成；从经济运行过程视角看，它由产出、收入、需求等相互联系、周而复始的环节构成。产业结构往往是在经济结构中起决定性作用的局部结构因素，它决定了国民收入分配结构，而国民收入分配结构又决定了需求结构，遵循此思路，应当把促进各个产业协调发展作为政府引导发展战略的核心内涵。

概括而言，迄今研究发展战略的学者从不同的角度赋予了发展战略不同的内涵，有基于对外开放视角的出口导向型发展战略和进口替代型发展战略，还有基于产业发展的先后顺序视角的全面工业化发展战略和部门优先发展战略等。其中，有学者把政府发展战略定义为对所有产业政策的总和的抽象与概括，按照产业政策对总体产业结构的激励方向与一国要素禀赋结构是否吻合，政府发展战略分为违背比较优势发展战略和比较优势发展战略。违背比较优势发展战略在后发国家通常表现为赶超战略：发达国家的核心发展结果即拥有大量领先和高端的产业更容易被观察到，后发国家经济落后的原因往往被简单归结为缺乏先进产业并把其作为赶超的主要对象，因而后发国家制定的产业政策在总体上不可避免地偏向激励超越当前要素禀赋结构的产业技术的发展。

研究政府引导的发展战略具有重要的理论与现实意义。

首先，深入研究政府引导的经济发展战略可为转型经济理论和发展中国家的宏观经济理论提供新的经验证据。一方面，政府本身可以视作一国最重要的制度，中国政府的经济发展战略转型对应着中国的经济体制转型；另一方面，在当前"调结构"的大背景下，中国不仅是市场经济转型国家，还是开放宏观经济环境的大国。因此，研究政府发展战略的经济结构效应不仅可以为转型经济理论提供新的经验事实,还可以为源自于发达国家经济实践的宏观经济理论中的开放宏观经济大国模型提供新的经验证据。

其次,产业的升级、收入分配的调整、消费和投资关系的协调长期以来都是西方主流经济理论所研究的重要领域。但是,基于发达国家的相关经济理论并不能充分解释中国的消费与投资比例持续失衡、收入分配"国富民弱"、产业结构升级动力不足等结构性失衡现象。从经济运行环境的客观背景条件看,这主要源于发达国家经济运行更多的是市场主导资源配置而非政府干预,因而,以西方发达国家经济运行规律所总结出来的相关经济理论,很少有从政府的角度来解释经济结构的变化的。相对而言,发展中国家尤其是中国政府干预经济的实践较多,关于政府扭曲经济结构的研究文献也较丰富,但现有的相关研究大多是从某类具体的政府行为出发来展开的,大部分研究者并没有有意识地甄别和选取能够影响经济全局的政府行为。但从中国经济的现实情况看,中国的经济结构失衡是系统性失衡并非局部失衡,用某些具体但并不能影响经济发展全局的政府行为来解释当前的经济结构失衡,显然是不全面和不科学的。

最后,深入研究政府经济发展战略也可为其他类似问题的研究提供有益借鉴。与中国的情况类似,许多转型中的发展中国家不仅面临深刻的经济结构调整乃至变革,还经历着持续的制度变迁。

第三节 政府引导的发展战略与中国经济发展的结构性问题

中国是典型的政府主导型市场经济体,在中国经济运行进入新常态的当前阶段,经济增长下行压力巨大、结构性问题日益突出,因而,制定和推行适当的政府发展战略,对于改善中国经济长期以来一直存在且持续累积的结构性矛盾,进而促进中国经济可持续平衡增长显得尤为迫切和必要。

自 1978 年中国政府开始推行市场经济体制改革以来,一方面,从总量的角度看,中国经济飞跃式发展,创造了举世瞩目的增长奇迹;另一方面,从结构的角度看,中国经济的增长是非平衡的,产业结构扭曲状况持续存在、国民收入分配结构失衡问题严重、总供给和总需求长期不匹配现象突出,导致中国经济在不同的阶段持续存在各种"病症",经济运行处于"亚健康"状态。具体而言,作为政府主导型的市场经济体,中国取得了举世瞩目的增长和发展成绩,2010 年中国国民经济总量跃居全球第二,在世界经济不景气的大环境下还保持了7.8%的高增长率。然而近年来,伴随着美国次贷危机爆发,外部因素叠加内部结构性因素影响之下,结构性矛盾也越来越凸显,中国经济运行逐渐步入增速换挡的新常态时期,与此同时,不同层面的结构失衡问题相互交织和相互影响。例如,中国经济中最明显的结构失衡问题是消费投资比例的不协调,即消费率过低、投资率过高,究其原因,本质上与消费主体(居民)和投资主体(企业和政府)的收入比例失衡有关,而收入结构的失衡往往可以追溯到生产结构的失衡,即生产结构过分偏向于资本密集型产业,这是更深层次的经济结构失衡。

在过去40年,因为较多地关注于经济总量扩张,所以往往忽视资源和环境的约束,中国经济长期运行在粗放式增长的路径之上,具体体现为供给端依靠大量要素投入、需求端依靠出口导向和各种人为刺激。在供给端,与已经基本实现完全竞争的商品市场形成鲜明对比,中国的要素市场依然存在明显的制度性障碍,离市场决定要素资源配置的要求还有很大差距,劳动和资本要素价格长期被压低,从而激励和支持着要素投入的急剧与持续扩张。在需求端,尽管政府长期倡导消费和投资双驱动,但因为居民消费更多地取决于居民收入和消费习惯,不直接受政策影响或者受政策影响较小,所以政府的需求管理很大程度上体现在对投资的刺激上,投资率的不断攀升拉动着总需求的持续增长。因此,政府对供给端与需求端的引导和管理与粗放式的增长模式存在密切的关联性,尽管也极大地促进了总量增长,但经济结构失衡严重,未来增长的可持续性前景令人担忧,主要表现为经济结构失衡使得这种增长模式越来越不可持续、受到的约束日益凸显。例如,持续低迷的消费越来越不能消化持续走高的投资所形成的产能,使得产能过剩;国民收入在各经济主体之间分配的不合理使得广大民众并未充分分享国家经济增长的成果,人民日益增长的美好生活需要和不平衡、不充分的发展之间的矛盾日益凸显;资源、环境、人口和创新等因素的束缚,使中国面临产业结构升级动力不足诸多问题,亟须转变发展战略。

关于中国经济发展中呈现出的结构性问题,不少研究认为作为典型的由政府引导和推动发展的转型市场经济国家,中国经济发展中出现的结构性失衡与政府引导的发展战略有着密不可分的关系。自1978年改革开放以来,中国经济开启了持续的市场经济转型和快速工业化之路,政府坚定地把国内生产总值的快速扩张作为发展经济的首要目标任务,国内生产总值"翻几番"是历次"五年计划"或"五年规划"的首要计划或规划目标。在此目标的激励之下,一方面,中国经济取得了举世瞩目的增长奇迹;另一方面,中国经济的市场化转型之路因其独特的渐进方式而存在着明显的改革不彻底问题。为了快速追赶上其他先发国家,中国经济实际上采取了某种非平衡的经济增长方式和发展战略,所以在此期间的中国经济积累了不少结构性问题。直到2008年美国金融危机全面爆发,中国经济增速换挡需要使得内在的结构性问题更加突出,"调结构"问题已经上升为中国经济转型过程中刻不容缓的任务,也成为当前中国政府经济工作的重中之重。

从整体的经济发展战略角度来看,中国政府引导经济的方式是推行某种旨在促进经济增长的发展战略。因此,中国政府引导发展战略的一个重要体现就是其在推动投资方面所扮演的重要角色(Duet al.,2013),在以国内生产总值增长为中心的发展战略指导下,与凯恩斯经济学派主张的政策措施类似,中国政府自上而下地推动了对基础设施建设的大量投资,既吸引了大量外商直接投资,也创造了对国内上游产业诸多产品(多为资本密集型产品)的需求。同时,因为国有企业是国家和政府意志的重要载体,所以直接投资于国有企业并通过多种方式主导国有企业发展,也是政府发展战略最直接的一个体现。相比之下,因为医疗、卫生、教育等领域的投入并不能立竿见影地拉动经济增长,所以投资支出中与社会福利相关的投资也相对有限,这也是中国政府在引导经济增长过程中广泛关注的一个问题,在很大程度上助推了中国经济中的需求结构失衡问题。

相比较而言,改革开放的前40年,如果中国经济中广泛存在的结构性失衡困境与中国政府所引导的旨在促进经济增长、对市场进行直接或间接性干预的发展战略有关,那么,同样以"强政府"著称的东亚模式国家在快速工业化和追赶先发工业强国的历程中,为什么不但经济增长成果显著,而且在经济结构方面没有出现像中国这样严重的失衡甚至其国内经济结构反倒呈现持续优化的趋势?一个可能的直观解释是,尽管同样是强政府主导本国经济增长模式,东亚模式的国家可能采取了与中国有不同侧重点的发展战略,换而言之,东亚模式中的相关国家采取的发展战略可能不同于中国政府的发展战略。那么,东亚模式中的国家又推行了何种不同于中国政府的发展战略?这种战略对于未来中国经济结构转型有何借鉴意义呢?为此,后面还将专门分析东亚模式中比较典型的日本经济发展。

第四节　政府引导发展战略与经济结构失衡的关联性

一国政府所推行的经济发展战略对该国经济发展前景和内部系统性经济结构起着决定性作用,如果一国的经济结构出现系统性失衡,那么在很大程度上可以归因于政府推行了不合理的经济发展战略。从经济运行过程视角看,经济是由产出、收入、需求等相互联系、周而复始的环节构成的,经济结构失衡分为以下三种:深层的产业结构失衡、中层的国民收入分配结构失衡和表层的需求结构失衡。因此本节从经济运行的三个基本环节即产出、收入、需求(支出)来考虑政府发展战略与经济结构失衡的关联性。

一、政府发展战略与产业结构失衡的关联性

对于究竟是政府还是市场决定一国的产业结构及其演变过程的争论问题,平新乔(2016)认为,产品分类决定产业,产业是由生产同类产品的企业所构成的,因此,产业的基本元素是产品及生产产品的企业。既然产品由企业选择,企业按市场价格和盈利原则选择产品生产的种类与数量,那么,作为企业集聚结果的产业,当然也可以基本上由市场价格机制来决定和调节。因而,产业结构应该由市场所主导。并且,政府在产业结构的塑造和重塑过程中,应该恪守公共服务的角色,政府对于产业投入应该主要限于国防工业、基础设施、战略新兴产业的早期研发和绿色环境工业等。与此同时,平新乔(2016)认为,政府可以为企业解决产业结构调整的滞后问题,以及在位企业因为既得利益抵制产业结构重塑的问题。

在产业结构失衡的成因方面,国内的很多学者从中国政府治理结构的某些特征入手进行分析。例如,白重恩等从地方保护主义在中国区域经济的广泛存在这一现实出发,认为地方保护主义导致了中国的产业结构扭曲地分布在不同区域。钟笑寒则更加中性地讨论了地方保护主义对于社会福利和效率的分析。有一部分学者分别从中国的中央—地方治理结构相关制度角度进行分析,例如,Young和陆铭等认为中央—地方财政分权制度是中国产业结构失衡的重要成因,其逻辑机制在于,地方政府倾向于选择价高利大的产业进行大规模投资,导致各地的产业结构趋同现象严重。也有部分学者认为中国地方政府的国内生产总值锦标赛竞争是产业结构扭曲的成因,其基本逻辑是,地方政府官员受限于政绩考核压力,可能会不顾本地区的比较优势而投资于能创造较大产值的产业,这种行为导致各地的产业结构趋同现象严重,典型的研究学者如周黎安(2004)等。而刘瑞明(2007)、王燕武和王俊海(2009)的研究则在一定程度上调和了财政分权和国内生产总值锦标赛竞争这两种研究视野的逻辑。王燕武和王俊海(2009)的分析表明,近年来导致中国产业结构趋同的关键因素并非地区间相对绩效竞争,而是由国内生产总值增长率等绝对绩效指标带来的晋升激励扭曲。而财政分权下的地方政府有极大的激励来追求对地方财政收益的控制权,这可能有利于地区产业结构的差异化。段国蕊和臧旭恒(2013)从制造业企业的省级面板数据层面,研究了中国式分权背景下地方政府干预对制造业部门资本深化的影响,认为制造业部门的投资行为在很大程度上受制于其所处的制度环境。财政分权确实对制造业部门的资本深化起到了推动作用。金融信贷的扩张和对国有企业的干预是地方政府干预制造业部门资本深化的主要途径,而且这种影响在中西部地区和东北地区表现得更为显著。

然而,仅仅从地方政府行为的角度分析可能会低估甚至忽略中央政府对一国经济结构的影响,因而,很多学者倾向于从更加宏大的研究视野出发,考虑一国政府的发展战略对本

国产业结构的影响。例如,陈斌开和林毅夫(2012)通过理论分析与数值模拟分析发现,政府发展战略是金融抑制和产业扭曲的根本原因。他们的理论逻辑是,一国政府为支持违背本国比较优势的资本密集型产业的发展,通过金融抑制的方式来降低这些产业的生产成本。赵秋运和林志帆(2015)从赶超战略下的金融抑制政策对产业结构扭曲的影响这一视角,分析这一机制对一国在进行经济追赶时陷入中等收入陷阱的影响,他们通过使用跨国面板数据实证检验,发现在政府实行赶超战略时,其更易采用金融抑制政策,这种做法使得本国的产业结构更加偏向于工业部门,从而造成本国的产业结构扭曲,对本国经济增长造成负面影响,从而使得一国易于陷入中等收入陷阱。

二、政府发展战略与国民收入分配结构失衡的关联性

庄巨忠和坎布尔拉维(2013)通过对亚洲各国过去 20~30 年的经济增长的分析,认为技术进步、全球化和市场取向的经济改革给许多亚洲国家创造了空前的发展机会与财富,但这些机会与财富并没有给亚洲各国的所有人带来同样的益处。其中,高技术工人、资本、城市与沿海地区相对于低技术工人、纯劳动力、农村与内陆地区得益更多。由制度缺陷、市场扭曲和社会歧视等造成的机会不均等使得技术进步、全球化和市场取向经济改革对收入分配的影响进一步扩大。政府应该采取财政政策等有效措施,通过消除机会的不均等来缩小收入差距。具体到中国层面,董法尧等(2016)认为在自由市场体制下,资本的回报率远高于劳动的回报率,贫者更贫、富者更富是难以避免的结果。因而,一方面,政府需要退出初次分配中对生产要素自由流动的干扰;另一方面,中国政府也要坚持社会主义分配正义原则,政府应当积极介入再次分配领域,规范和引导市场行为,确保居民收入差距保持在合理的范围内。刘长庚等(2016)则在包容性增长的理念下构建并测算了改革开放以来中国经济的"包容性增长指数",认为在改革开放过程中,中国在基本经济制度、市场经济体系和外向型发展模式三者的共同影响下,经济增长的包容性水平不断提升。蔡萌和岳希明(2016)使用中国家庭收入项目调查(Chinese Household Income Project Survey,CHIP)数据计算中国的居民市场收入基尼系数和可支配收入基尼系数,并与发达国家比较分析,发现政府收入的再分配政策效果不明显是我国居民收入分配差距状况比发达国家居民收入分配差距严重的主要原因。因而,需要从政府层面加大转移支付力度来改善这一问题。

在导致中国居民收入差距过大和居民消费在中国经济总需求中占比过低的因素分析方面,任太增(2011)认为,中国的国民收入分配谈判机制是在政府主导和企业偏向的制度环境下进行的。住户部门所占份额偏低,政府偏向、企业偏向严重是这种国民收入分配决定机制的必然结果。也有一部分研究从中国政府治理结构特征的角度对此问题进行了分析,例如,

马万里等(2013)考察了中央—地方财政分权制度对于收入分配差距的影响,分析表明中国式财政分权是收入分配差距的体制根源。第一,政治激励扭曲了地方政府的行为选择,使收入分配倾向于企业和政府,所以劳动的报酬下降;第二,财政激励进一步扩大了收入差距。上述两个机制的相互叠加使得中国的收入差距处于循环累积状态,进而陷入不断僵化的失衡陷阱。在这种理论逻辑下,要解决中国收入差距过大的问题必须先矫正地方政府的激励机制,理顺中央政府与地方政府之间财—事—权错位的情况。汪伟等(2013)使用 DSGE(dynamic stochastic general equilibrium)模型,从国有企业和民营企业在借贷约束与投资扭曲方面的差异角度出发,分析发现国有银行主导的体制内金融融资压缩了中小民营企业的信贷获得能力,导致其减少了对居民部门的利润分配,降低了家庭劳动收入的份额,进而导致居民消费的下滑,这可以解释中国的消费占国民收入比例持续下滑的现象。陈斌开和林毅夫(2012)通过理论分析与数值模拟分析发现,政府发展战略是金融抑制的根本原因。其逻辑在于,为支持违背本国比较优势的资本密集型产业的发展,政府通过金融抑制的方式来降低这些产业的生产成本。在此过程中,金融抑制导致穷人面对更高的贷款利率和更低的存款利率,造成金融市场的机会不平等,使得穷人财富增长更慢,甚至陷入贫困陷阱,故而拉大了居民的收入分配差距。但在比较优势发展战略下,"先富带动后富"的"涓滴"机制将发生作用,促使一国的收入分配格局改善;若政府推行重工业优先的发展战略,则个体财富收敛速度将减慢,收入分配趋于恶化,甚至造成长期两极分化的态势。

三、政府发展战略与需求结构失衡的关联性

现有文献对于中国需求结构失衡的研究不乏从政府发展战略角度进行解释的。史晋川和黄良浩(2011)基于可得的跨国统计性数据,比较各国在经济发展过程中的需求结构变化,总结出中国的需求结构变化特征,发现投资和消费的关键转变时点都与中国的市场经济转型和经济体制改革的重大时点相呼应,并进一步对此做了计量检验,从而得出影响经济结构最重要的因素在于制度和政府发展战略层面的结论,最后在此基础上提出针对治理需求结构失衡的政策建议:政府未来应当采取内生发展战略,即所有的政府行为和政策都要从以增长动力为宗旨转换成以经济发展的内生变量(如居民消费、产业创新)为宗旨。进一步地,吕炜(2004)认为在制度和经济发展战略约束下的财政政策是经济体制扭曲最重要的体现,他从 1998 年以来财政政策在恢复经济自主性增长方面(如提高居民的边际消费倾向、有效地鼓励私人投资等)的失灵、2002 年以来经济增速明显受到严重的结构性制约这两个典型的经济现象入手,进一步分析发现,经济体制转轨和财政政策之间很可能存在强烈的内在联系,即财政政策失效以及结构性失衡的根本原因在于转轨经济体制的背景和约束。因此,要

想解决财政政策失灵和严重的结构性问题,最根本的还是要通过改革来消除体制性约束,引入更多市场机制的成分,从而化解资源配置扭曲和结构性扭曲。李永友和丛树海(2006)同样认为财政制度、财政分权体制、财政政策等财政因素是中国经济体制的核心内容和重要组成部分,并重点从财政角度剖析了需求结构失衡的机制。

此外,中国经济具有鲜明的政府主导和投资驱动的特征,因此政府发展战略对于经济的影响很大程度上体现在政府支出领域,而关于政府支出对需求结构影响的实证文献非常丰富(谢建国和陈漓高,2002;李广众,2005;王宏利,2006;杨大楷和孙敏,2009),因为运用的经验数据、处理方法和计量模型都存在差异,所以得出的结论也大不相同。

第五节　政府引导发展战略和中国经济结构失衡的特征性事实

我国经济的增长是非平衡的,在市场经济转型的过程中,政府一直积极引导、干预经济,鼓励特定的发展战略以保证经济的增速。许多市场机制还未完全建立起来,政府对产业的干预较为明显。政府本身作为一种制度,政府发展战略促使中国经济高速增长。但在经济增长的同时,产业结构扭曲状况持续存在、国民收入分配结构失衡问题严重、总供给和总需求长期不匹配现象突出。我国经济中最明显的结构失衡问题是消费投资比例的不协调,即消费率过低、投资率过高,这是中国经济结构问题中长期存在的最表层、最直观的失衡问题。

一、中国政府引导发展战略的特征性事实

放眼世界,市场经济首先带动了其发源地的快速工业化发展和经济结构升级,西起东落的现象使得西方国家成为"发达"的代名词、东方国家成为"落后"的代名词,由此,我们见证了市场机制的力量;随后,市场经济传入东方,日本在第二次世界大战后快速完成了工业化和产业结构升级并加入发达国家的行列,由此,我们见证了政府干预的力量,具有"强政府"特征的东亚模式一度受到广泛关注和肯定。

自1978年开始,中国的计划经济逐步向市场经济转轨。与东亚模式十分类似,中国的经济增长过程也有着明显的政府干预特征:"自上而下"地开启快速工业化进程;以经济增长和经济建设为全国全党工作的第一要务;允许一部分人先富起来等。作为处在经济转型中的国家,中国许多市场机制还未完全建立起来,政府干预和主导特征明显,经济增长目标被

提升到前所未有的战略高度。为了实现经济增长,政府所采取的一系列干预经济的政策可以概括为政府发展战略。在任何一个经济体中,政府本身就是最重要的制度,政府发展战略为各经济主体提供了一个有效的激励结构,从而对经济运行产生根本性的重大影响。在政府发展战略的推动下,中国经济创造了举世瞩目的"增长奇迹"。

虽然中国快速工业化的起点非常低,如1978年时人均收入只有美国的1/50,工业体系亦不健全,但是中国快速工业化却以如此低的起点进入了高速增长的轨道,在之后四十多年里取得了显著的追赶成效,从数据上来看很明显,中国的人均国内生产总值正在加速追赶美国的人均国内生产总值,具体而言,物质极大丰富、人民生活水平不断提高、交通设施日益发达、城市面貌日新月异,翻天覆地的变化贯穿始终。其间,中国不仅完成了从落后农业国向现代工业国的转变,还正在加速赶上美国,现在已成为世界第二大经济体,人均国内生产总值已接近美国的1/6。中国经济高速增长的持续时间长达40年是史无前例的、世界范围内罕见的,自2012年开始虽然增速减缓,但也仍然在中高速增长区间,比同时期的其他国家增速高很多。

在政府的积极推动和干预下,中国经济增长的成绩显然值得肯定,然而,与此同时,增长波动过大、经济忽冷忽热也是不争的事实,其背后所隐藏的结构性问题不容忽视。

改革开放以来中国经济增长的过程,总体而言,其平均经济增速大概保持在10%的水平,可以称得上是超高速增长,但是增长率在其线性趋势线上下波动的幅度较大且频率较高,大幅的上升或下降要么是受到了外部性冲击,要么是出于政府的结构性调整。从数据上来看,经济增速存在明显的波动周期:1978—1981年,经济增速连续下滑,这是因为1978年政府刚刚确立了向市场经济转型的基本方针,开始渐进地增量改革,处于"调整、改革、整顿、提高"的改革起步和试行阶段,以产业结构为核心的经济结构有一个逐步调整和适应的过程,为以后的产业结构升级和高速经济增长打下基础。1982—1986年,经济增长率连续三年大幅提高后有小幅回落,这一阶段的城市改革以国有企业改革为核心内容,经历了放权让利、利改税两个重要改革阶段,无论政府让渡部分经营权给国企,同时国企职工的工资与企业经营状况挂钩的放权让利,还是旨在促进国有企业利润在企业与政府之间重新分配的利改税,这些对国企的初步试探性改革措施给国企经营引入了更多市场的成分,从而初步释放和激发了企业活力,推动了经济增长率的持续上升,与此同时,这一时期支持企业发展的信贷激增、通货膨胀严重,有经济过热的症状,针对这种情况,政府开始实行紧缩的政策,于是,经济增速有所回落。1987—1990年,经济增速连续下滑,从10%以上的高位跌落到4%的水平,主要伴随通货膨胀在这一时期有愈演愈烈之势,政府开始全面治理和采取紧缩政策以遏制这种势头,为过热的经济全面降温。1991—2001年,跨越了从市场经济体制初步确立的时点到下一个在中国经济市场化过程中具有里程碑意义的时点,即加入世界贸易组织、进入对外开放的新阶段,这一时期的经济增速呈现出先上升后下降最后微升的波动特点,1992 年经济有过热的初步症状,于是政府连续在 1993 年出台了 16 项紧缩措施、1994 年采取更为紧缩的措施、1995 年两次提高贷款利率,一系列的治理措施有效遏制了通货膨胀和经济过热的病症,但是又"医治"出了其他方面的病症,经济"硬着陆"叠加亚洲金融危机的外部冲击,有通货紧缩的症状,1999 年国内生产总值增速降至这一时期的最低点 7.6%,后来政府又采取一系列宽松的货币政策才缓解了通缩压力。2002—2011 年,经历加入世界贸易组织后的经济过热—政府抑制过热—经济紧缩的波动周期,值得一提的是,2007—2008 年遭遇通货紧缩叠加全球金融经济危机冲击,经济增速显著下降后,广为人知的政府应对国际金融危机一揽子计划财政刺激使得经济增速呈现明显的 V 形反弹。2012 年至今,经济增长转入新常态,政府适度调低了增速目标,不再一味地"保增长"。

综上所述,1978 年以来,在市场经济转型的过程中,政府一直积极干预经济,采取某种发展战略以保证经济的增速。不可否认的是,中国在经济增长方面的卓越表现不但在经济发展史上,而且在世界范围内都是显著和突出的;然而,也应当看到,在政府的积极干预和治理下,经济不断地在通胀和通缩、过热和过冷之间交替往复,频繁出现大幅波动,其背后隐藏的结构性问题不言而喻。下面详细讨论中国的经济结构失衡问题。

二、中国经济结构失衡的特征性事实

经济结构失衡是一个相对概念,没有严格的定义或量化标准来界定,例如,构建一系列经济结构指标,定义它们在哪些阈值里为失衡。既然失衡是相对而言的,就要找一些参照国家和经济体,拿一些经济结构指标比较中国和其他国家或经济体的结构性差异,才能得出结论。为了更全面和客观,本节主要从两个视角与两种类型的国家进行比较:两个视角分别是相同时期的经济结构比较以及相同工业化或经济发展阶段的比较;两种类型的国家分别是市场机制占主导地位的国家如欧美等国家,以及"赶超"工业化和政府主导型市场经济国家如东亚模式国家。

(一) 产业结构失衡的特征性事实

伴随中国经济总量的快速扩张,支撑经济"蛋糕"做大的各组成部分也悄然发生着变化。在产业产出环节,因为 1978 年向市场经济转轨的同时开始了新一轮的工业化推进过程,所以工业的迅速成长和繁荣成为 40 多年来支撑经济增长的中流砥柱型产业力量,以制造业为主的工业本身不仅以迅猛之势成为中国产业中的巨人,还带动了第三产业(又称服务业)的较快发展。从数据上看,2012 年之前以工业为主要内容的第二产业产值在三种产业中一直占据压倒性份额,并且第二产业和工业的增加值在 1978—2013 年增速分别为 11.20% 和 11.24%,略高于第三产业的 10.73%,农业在所有产业中的份额从 20 世纪 80 年代中期开始就不断缩减。在工业产业内部,明显有工业重型化和偏向资本密集型的趋势,重工业作为典型的资本密集型产业,1985 年的产值在工业总产值中占比就高达 52.9%,并且以较快的速度增加,截至有可比统计数据的 2011 年,重工业比例已经增加到 71.85%。

从大的类别来看,农业占国内生产总值的比例已经从 1980 年的 30% 降到 2012 年的 10%。发达国家农业通常占国内生产总值的比例为 1%~2%,如美国、日本和德国。中国的工业产值占国内生产总值的比例是相对稳定的,1978—2008 年占比一直稳定在 47%~48%。很多人批评中国的工业占比太高,因为即使在工业鼎盛时期,美国工业占国内生产总值的比例为 37%,英国工业占国内生产总值的比例为 42%。当然,后来由于产业转移,这两个国家的工业占国内生产总值的比例下降到 23% 和 20% 左右。在制造业发达的国家,日本和德国工业占国内生产总值的比例为 28% 和 27%,和 20 年前相比有少许下降。中国的服务性行业占国内生产总值的比例显著低于美国和其他发达国家,虽然服务性行业已经从之前的 24% 增加到 2012 年的 40%,但其增长空间仍然巨大,消费型经济转型意味着服务性行业应该比工业和农业增长得更快。

产业结构升级是经济结构调整的一项基础性内容,政府过度干预经济和扭曲资源配置,往往导致三次产业结构存在偏差。政府的积极干预一方面推进了我国工业化进程的跨越式发展;另一方面因为我国工业化一直是在人均国内生产总值较低的条件下快速推进的,所以偏离了自身的要素禀赋水平和经济发展阶段,生产结构不适应人均收入水平所决定的需求结构,第一产业和第二产业占比过高同时第三产业占比虽有扩大但仍然偏低,遏制了产业链延伸和服务业发展。2006 年,中国第二产业比例达到 48% 的峰值,2013 年这一状况有所改观,第三产业占比首次超过第二产业。

劳动密集型产业、资本密集型产业和技术密集型产业之间的相对比例也存在偏差。因为要素市场化改革不彻底,所以还存在许多非市场化的因素,通过系统性地扭曲要素价格,资本、土地、能源价格被人为压低,客观上形成对企业,尤其是资本密集型企业和国有大型企业的投资补贴,导致生产效率低、增长多靠投资拉动、环境污染、产业结构不合理等相关问题。因此,我国的资本积累速度明显超过国内生产总值增速,这种发展模式曾是中国经济高速增长的源泉,40 年来,我国经济增长对投资的依赖程度日益加深,平均资本形成率从 20 世纪 80 年代的 36.1% 升至 21 世纪的 42.6%,未来依靠投资拉动经济增长的空间十分有限。此外,在带有偏向性的金融体制下,激励贷款和投资过多地流向资本与技术密集型产业(对这类产业的投资和贷款通常具有规模大与周期长的特征),那么劳动密集型的中小企业(对这类产业的投资和贷款通常具有规模小与周期短的特征)受惠十分有限。中国人民银行官方网站提供的数据显示,中长期贷款一直是信贷投放的主力,并且呈上升趋势,2000~2014年,在全部金融机构人民币贷款中,中长期贷款占比从26.7%提高到55.8%。资本和技术密集型产业通常位于距离最终消费端较远的上端产业链条,需要较长周期才能形成生产和供给,极易造成需求和供给的错搭,增加经济波动风险。

政府过度干预产业发展,导致产能过剩和潮涌现象。政府扶持的新兴产业往往是超前发展的产业,受政策导向的影响,企业和投资者在某行业的判断上高度一致,就产生了潮涌现象。从过往经验来看,政策不同程度地存在着非协同性,一方面再三强调要解决产能过剩和重复建设问题,另一方面提出基础设施先行、战略新兴产业规划和区域发展战略,优先行业并非都契合比较优势,这里是产能过剩和潮涌现象的高发领域。例如,2008年国际金融危机后,为保增长而积极引导和干预的产业几乎都出现了产能过剩问题,传统行业有钢铁、水泥、石化等,新兴产业中最典型的是光伏。

(二)国民收入分配结构失衡的特征性事实

就中国国民收入分配的基本格局而言,存在劳动者报酬过低、资本报酬过高的特征性事实。一方面,劳动者报酬、居民可支配收入、居民收入等指标占比较低;另一方面,代表政府收入的生产税净额、代表企业收入的营业盈余及固定资产折旧等指标占比依然较高。

按照国内生产总值的收入法,国内生产总值是所有劳动者和公司的收入总和,税收和固定资产折旧对于企业来讲是成本,所以它们被加回来以计算国内生产总值。中国劳动者报酬占国内生产总值的比例从1990年的53%下降到2011年的40%,企业年营业收入占国内生产总值的比例从22%增加到31%,用收入法计算的国内生产总值是根据各省的数据统计综合而来的,数据起始于1990年。相比较而言,美国的劳动报酬长期保持稳定,财政部和劳工部的数据显示,劳动者报酬占国内生产总值的比例为54%~59%,公司的利润占国内生产总值的比例为22%~26%。

无论从国际比较的角度,还是从中国自身的国民收入分配格局变化趋势的角度,中国的国民收入初次分配偏向政府和企业,居民收入占比较低早已经是学术界公认的经济发展方面的特征性事实。从国际比较的视角来看,一些学者利用国家统计局自1992年以来编制的资金流量表来计算政府、企业、居民等经济主体的收入在国民收入中的占比,与其他国家的收入分配情况进行比较,得出的结论是一致的:无论比较的对象是发达国家还是发展中国家,无论比较的时间是同时期还是相同发展阶段,中国的居民收入占比明显比其他国家偏低,政府和企业收入占据较多的份额。曾国安等(2009)在细致考察中国与日本两国对国民收入分配的核算标准和方法并充分考虑影响核算的其他因素的基础上,比较了中国与日本两国的初次分配格局和再分配格局:虽然各收入主体在国民收入中的初次占比都是按照居民部门、企业部门、政府部门的次序依次递减的,但是各个收入主体的占比绝对值还是相差甚大。在所考察的1992—2004年,中国的居民收入在国民收入中的占比平均比日本低18.7%,相应地,中国企业和政府部门的收入分别比日本高9.4%和9.3%。梁季同样利用中国资金流量表的相关数据,做了更大范围的横向比较,除了将中国与日本比较,还把美国、经济合作与发展组织(Organization for Economic Co-operation and Development,OECD)的23个国家与中国进行比较,得出的基本结论与曾国安等的结论是一致的,即中国的居民收入在国民收入中的占比比其他国家明显偏低。

从中国国民收入初次分配格局的演变情况看,总体而言,居民收入一直在国民收入中占比最高,在初次收入分配中,中国的居民收入占比整体上呈下降之势,在58%~68%不断波动,1996年达到其历年最高值67.2%,在之后的十多年里持续大幅下降约10个百分点,2008年降至57.6%,之后开始稳步回升,相应地,企业部门收入占比的波动情况大致与居民收入占比的波动情况相反,在整体上呈现波动上升趋势,并于2008年之后稳步回落。此外,政府部门的收入占比变化则有持平之势。总之,从数据走势上看,在初次收入分配格局中,居民和劳动所得先下降后上升与企业和资本所得形成对比。

从国民收入再次分配的格局看,居民部门收入占比和企业部门收入占比的变化趋势几乎与初次分配时的变化趋势相同,但是企业部门收入占比在整体上有明显的下移,其幅度接近2个百分点,而政府部门收入占比在整体上有明显的上升,表明部分企业部门收入转变为政府部门收入。而居民收入占比则相对平稳。

综上所述,通过国际比较可知,中国的居民收入占比较低,政府部门收入和企业部门收入占比较高的特征性事实。而从中国历年的收入分配格局来看,劳动收入份额在整体上存在先下降后上升趋势。

(三)需求结构失衡的特征性事实

如前所述,中国经济实现跨越式增长和发展的同时,结构性失衡特征明显,在需求层面的结构性失衡,即投资率过高且增长过快、消费率过低且持续低迷也十分突出。无论与市场经济体制健全、自发工业化国家相比,还是与中国发展模式类似、具有"强政府"特征、主动推进工业化的国家相比,都不难发现中国确实存在消费率较低、投资率较高的特征性事实。

就经济增长动力而言,通常所说的"三驾马车"消费、投资、出口对经济增长的贡献不平衡,其中,最突出的表现在于内需结构即消费和投资相对大小的不协调,中央政府也针对这种失衡,持续鼓励实行以提升居民消费为主要内容的扩大内需措施。

居民消费具有最终需求的性质,而投资需求则具有双重性,既可形成即期需求,也可在投资后期最终形成产出和供给,消费与投资的比例是否协调决定了宏观经济运行的总需求和总供给是否平衡。

美国的消费率和投资率的波动区间明显不同于中国,具体而言,从中国和美国的可比消费率来看,1978—2014 年中国的消费率波动区间在 0.35~0.54,美国的消费率波动区间在 0.6~0.7,显然,中国的消费率运行区间与美国明显不在一个挡位上,显著低于美国的消费率;从中国和美国的可比投资率来看,中国的投资率波动区间在 0.21~0.45,美国的投资率波动区间在 0.13~0.21,显然,中国的投资率运行挡位比美国高。

就消费率和投资率的大致走势而言,中国和美国呈现相反趋势。具体而言,与多数发达国家类似,美国的消费率上升较为平稳,与之相反,中国的消费率无论用居民消费率还是用最终消费率来衡量,都呈现出下降之势;美国的投资率在较剧烈的波动中呈缓慢下降之势,相反,中国的投资率无论用固定资本形成总额占比还是用最终资本形成总额占比来衡量,都呈现上升之势,此外,中国投资率上升的整体速度明显高于美国。

中国的投资有着鲜明的政府投资主导特征,它直接和明显地受政府政策影响,自改革开放以来,在国内生产总值增速指挥棒和赶超战略的激励引导下,政府投资带动的基础设施建设项目不断上马(Du et al.,2013),其投资规模之大、增长速度之快,创造了“基础设施奇迹”,同时带动其上游产业如钢铁、水泥的迅速扩张,加之基础设施建设的外部性,对经济增长产生了显著的刺激作用。1978 年时中国的投资率(投资率 1)为 29.8%,2014 年上升到44%,尤其值得关注的是,2008 年以来投资率上升速度突然增加,表现为高于改革开放以来的平均上升速度,即 2008 年前后投资率曲线(无论投资率 1 曲线还是投资率 2 曲线)被其线性趋势线穿越,2008 年以前的投资率曲线在线性趋势线下波动,2008 年之后投资率曲线便突然跳跃到线性趋势线之上,表明 2008 年以来的投资率上升速度偏离和高于了其既往的趋势。其原因当然是显然的,应对国际金融危机的一揽子计划对保住经济趋势发挥了积极作用,资金大量流向基础设施建设、房地产、国有企业、地方债务平台,又带动数倍的投资效应,因此投资率表现为偏离其整体上升趋势的大幅上升。

比较与中国同样具有政府引导和干预特征的日本经济发展情况,也可以从两个角度展开,一是比较相同发展阶段的中国与日本经济发展情况,二是比较相同时期的中国与日本经济发展情况。

因为日本在 1955 年才恢复到九一八事变之前的水平,所以通常认为它从 1956 年开始了快速工业化进程,进入高速增长的时代,1973年高速增长时代结束,转向平稳增长时代,直到20世纪80年代中期完成了工业化进程。中国于1978年市场经济开始转轨之际开启了快速工业化进程,迄今为止,按照学界的主流观点,中国正处在由工业化中期向工业化后期转变的阶段,因此,1956—1985年日本完整的快速工业化过程与中国1978年以来的工业化过程具有可比价值。

观察快速工业化阶段日本的消费率和投资率整体而言是否与中国有明显差异,发现日本居民消费率波动区间在0.5~0.65,而中国的居民消费率波动区间在0.35~0.54,虽然日本作为东方国家也有着谨慎和节约消费的传统,但是中国的整体消费率与之相比还是明显偏低;日本的投资率波动区间为0.22~0.36,中国的投资率波动区间为0.21~0.45。

就经济指标的走势而言,日本的消费率呈现出工业化过程中典型的U形变化规律。在快速工业化起点1956年时其消费率为0.63,然后缓慢下降,在高速增长接近结束的时间即1970年到达最底部为0.52,之后缓慢回升,到1985年回复到0.58;日本投资率的变动路径恰好与消费率的表现相反,呈现出工业化过程中典型的倒U形演变路径,在快速工业化的初始点1956年,投资率仅为0.23,然后缓慢上升,同样于1970年到达最高点0.355,之后缓慢地持续下降,在工业化完成时即1985年下降为0.275。因为中国还未走完工业化这段路程,还处于中后期阶段,所以并不能观察到这种U形或者倒U形规律,相应地,从可得的统计数据看,1978年以来消费率呈持续下降之势,这是日本在工业化前半段的消费率走势。然而,中国消费率最高时期的值0.53大约与日本U形底部的消费率0.52相当;与此同时,投资率的持续上升之势与日本倒U形规律的前半段相同。此外,中国目前正处于经济增速换挡期,与日本1973年前后可比,那时日本正处于高速增长区间到稳定增长区间的转换期,同时消费率和投资率分别在U形的底部区域和倒U形的顶部区域。限于可得的样本只在1978年到目前的增速换挡期,所以仅从简单的数据统计性和特征性描述上分析,中国目前的消费率是否到达底部或者已经开始了U型的后半段路程,还难以得出明确的答案。

通过对比中国与日本在各自的工业化阶段时的需求结构整体情况和演变情况,即使考虑工业化前半段消费率下降的普遍规律,中国消费率的下行区间也还是明显低于日本消费率的下行区间,似乎显示中国的消费需求比日本的相应水平偏低。相应地,中国投资率的总体上升速度高于日本,平均投资率也高于日本在相似的高速增长期间的平均投资率。

与同时期的日本相比,中国投资规模和扩张速度过快、消费率明显不足的结构性问题更加突出。1978年之后日本处于工业化后期,消费率上升,投资率开始下降,居民消费率在53%~60%间缓慢上升,而中国的居民消费率在最高峰的时候也只有55%;就最终的消费率而言,日本最终消费率的上行区间为69%~82%,中国最终消费率的下行区间为50%~67%,

明显低于日本。

综上所述,无论以自由市场著称的美国,还是政府引导和干预特征明显的日本,居民消费率占比均超过50%,国内生产总值增长主要依靠居民消费,而中国的国内生产总值支出结构并不具备这一特征,自1987年以来居民消费率长期不足50%。相反,中国的投资率仍在平稳增长。

第四章 城镇化战略与区域协调发展战略

城镇化是我国现代化建设的历史任务,也是国家变革的巨大力量。在我国全面建成小康社会、实现现代化的关键时期,需要高度重视积极稳妥推进城镇化的战略意义,明确推进新型城镇化的基本思路和重点难题,在体制机制的重点领域和关键环节形成突破,妥善解决城镇化过程中的几个重大关系,促进城镇化健康发展。

2010 年,我国人均国民总收入为 4260 美元,首次由"下中等收入"经济体转变为"上中等收入"经济体。2011 年,我国城镇化率达到 51.27%,城镇常住人口首次超过农村人口。这两个"首次"意义重大,标志着我国开始由乡村中国向城市中国转变,我国经济社会和城镇化进入新的发展阶段。党的十八大和中央经济工作会议对我国新型城镇化发展进行了顶层设计和总体部署,明确提出城镇化是我国现代化建设的历史任务,也是扩大内需的最大潜力所在,要围绕提高城镇化质量,因势利导、趋利避害,积极引导城镇化健康发展,为积极稳妥推进城镇化指明方向。

第一节 新型城镇化的内涵和战略意义

中国的城镇化与美国的新技术革命一起被视作 21 世纪影响人类社会进程的最主要的两件大事。在经济社会和城镇化发展的新阶段,在国际经济格局发生重大调整和我国全面建成小康社会、实现现代化的关键时期,需要高度重视积极稳妥推进城镇化的战略意义。

一、城镇化和新型城镇化道路解读

"Urbanization"一词一般译为"城市化",主要用于说明国外的乡村向城市转变的过程。由于"Urban"包含有城市(city)和镇(town),世界上许多国家镇的人口规模比较小,有的甚至没有镇的建制,"Urbanization"往往仅指人口向"city"转移和集中的过程,故称"城市化";中国设有镇的建制,人口规模不少与国外的小城市相当,人口不仅向"city"集聚,而且向"town"转移,这也可以看成是中国特色的城镇化一个特点。为了显示这种与外国的差别,有学者把中国的"Urbanization"译为"城镇化"。所以,外国的或者一般而言的"Urbanization"称之为"城市化",中国的"Urbanization"则称为"城镇化"。

城市化(或城镇化)是一个涉及多方面内容的社会经济演进过程,不同学科从不同的角度给予了各自的解读。人口学对城市化的定义强调农村人口向城市的转移和集中,及其带来的城市人口比重不断上升的过程。经济学对城市化定义强调的是农村经济向城市经济转化的过程。社会学意义上的城市化强调的是城市社会生活方式的产生、发展和扩散的过程。如著名美国社会学家沃思(Louis Wirth)认为:城市化意味着乡村生活方式向城市生活方式发生质变的全过程。美国学者索罗金认为,城市化就是变农村意识、行动方式和生活方式为城市意识、行动方式和生活方式的全部过程。地理学的城市化定义强调的是人口、产业等由乡村地域景观向城市地域景观的转化和集中过程。

随着城市化实践的发展和各学科对城市化研究的逐步深入以及学科间的互相渗透,城市化的定义日趋综合化和层次化。如罗西在《社会科学词典》中认为城市化有四个方面的含义:一是市中心对农村腹地影响的传播过程;二是全社会人口逐步接受城市文化的过程;三是人口集中的过程,包括集中点的增加和每个集中点的扩大;四是城市人口占全社会人口比例提高的过程。美国学者弗里德曼(J.Friedman)将城市化区分为城市化Ⅰ和城市化Ⅱ。前者包括人口和非农业活动在规模不同的城市环境的地域集中过程,非城市景观转化为城市景观的地域推进过程;后者包括城市文化、城市生活方式和价值观在农村的地域扩散过程。

综上,我们认为城市化或城镇化(Urbanization)是现代化水平的重要标志,是随着工业化发展,非农产业不断向城镇集聚,从而使农村人口不断向非农产业和城镇转移、农村地域向城镇地域转化、城镇数量增加和规模不断扩大、城镇生产生活方式和城镇文明不断向农村传播扩散的历史过程。

改革开放以来,我国城镇化水平快速提高,目前仍处于城镇化快速推进阶段,但同时也面临人口与资源、环境矛盾加剧,城乡差距扩大,产业结构升级与就业压力巨大等问题。跨过"中等收入陷阱",实现"中国梦",需要对我国的城镇化战略进行调整和优化,走新型城镇化道路。

关于新型城镇化道路目前尚未有标准定义。我们结合十八大和中央经济工作会议的新思想,把新型城镇化道路的内涵和特征主要归纳为四个主要方面内容。

一是工业化、信息化、城镇化、农业现代化"四化"协调互动,通过产业发展和科技进步推动产城融合,实现城镇带动的统筹城乡发展和农村文明延续的城镇化。这里面有四层内容:(1)"四化"协调互动,缺一不可。(2)需要产业积聚促进产城融合,尤其是需要通过服务业发展和科技进步来推动。(3)统筹城乡和城乡一体化需要城镇化发展来带动。(4)城镇化发展不是要消灭农村、农业、农民,而是要注重三农问题的解决,增强农村文明的传承能力。

二是人口、经济、资源和环境相协调,倡导集约、智能、绿色、低碳的发展方式,建设生态文明的美丽中国,实现中华民族永续发展的城镇化。这里面有四层内容:(1)人口、经济、资源和环境相协调,突出统筹均衡发展。(2)要把生态文明理念和原则全面融入城镇建设的全过程,突出资源集约节约和生态环境友好,体现集约、智能、绿色、低碳城镇化。(3)建设生态文明的美丽中国,实现人与自然和谐共处,发展生态经济和生态产品,为全球生态安全做出贡献。(4)实现中华民族永续发展,突出代际公平和发展的可持续性。

三是构建主体功能区规划(与区域经济发展和产业布局)紧密衔接的城市格局,以城市群为主体形态,大、中、小城市与小城镇协调发展,提高城市承载能力,展现中国文化、文明自信的城镇化。这里面有四层内容:(1)大中小城市和小城镇、城市群要科学布局、因地制宜、协调发展,突出与主体功能区的区域经济发展和产业布局紧密衔接。(2)以城市群为主体形态,突出城市群的紧密联系和辐射带动作用。(3)提高城市承载能力,突出资源环境承载能力与城镇化建设相适应,加强城市基础设施改善和综合能力建设。(4)注重中华民族悠久文化传承与现代人文关怀相容,强调历史文化和现代文化的亲密结合,城镇化建设既不"邯郸学步",又不"闭门造车",要体现出东方大国的风采和力量。

四是实现人的全面发展,建设包容性、和谐式城镇,体现农业转移人口有序市民化和公共服务协调发展,致力于和谐社会和幸福中国的城镇化。这里面有四层内容:(1)城镇化的本质是为了实现人的全面发展,而不是为了城镇化而城镇化。(2)建设包容性城镇,强调城镇不同主体发展权利的同质均等性。(3)农业转移人口有序市民化和公共服务协调发展,突出破解城乡二元体制。(4)建设和谐式城镇,更注重城镇化的社会管理和服务创新,致力于和谐社会和幸福中国城镇化的奋斗愿景。

二、高度重视新阶段城镇化的重大战略意义

中国的城镇化与美国的新技术革命被视作 21 世纪影响人类社会进程的最主要的两件大事。在经济社会和城镇化发展的新阶段,在国际经济格局发生重大调整和我国全面建成小康社会、跨越中等收入陷阱的关键时期,需要高度重视推进新型城镇化的战略意义。

(一)推进新型城镇化是顺应世界各国实现现代化的普遍规律,加快实现我

国现代化的理性选择

工业革命以来的历史告诉我们,一国特别是大国要成功实现现代化,在推进工业化的同时,必须同步推进城镇化,世界发达国家成为强国的过程就是其逐步提高城镇化率的过程。根据联合国 2012 年 4 月份发布的《世界城市化展望》,从 2011 年到 2050 年,世界城镇人口将从现在的 36.3 亿增加到 62.5 亿,城市化率由 52.08% 提高到 67.13%,其中较发达地区将提高到 86.26%,而欠发达地区也将提高到 64.08%。实际上,发达国家在现代化进程中都有过城市化较快推进的时期,而且这个时期往往也是工业化较快推进的时期。特别是德国和日本正是抓住了现代化发展阶段的历史性机遇,快速推进城市化进程,并最终完成了城市化任务。譬如,日本城市化率曾由 1950 年的 37.5% 猛增到 1955 年的 56.3%,城市化率五年上升 18.8 个百分点,年均提高 3.76 个百分点。我国要实现从经济大国向经济强国迈进,必须自觉遵循城镇化发展规律的内在要求,努力推进新型城镇化,进而实现国家的现代化。

(二) 推进新型城镇化是自觉遵循城镇化发展规律,建设经济强国的必由之路

美国城市地理学家诺瑟姆(Ray M.Northam)揭示了城镇化发展的三个发展阶段。在城镇化早期和后期阶段,城镇化率提升得十分缓慢,而在城镇化中期阶段,城市人口比重可在短短的几十年内突破 50% 而上升到 70%,显然这是城镇化的快速发展阶段。当前,我国城镇人口占总人口的比重超过 50%,已进入城镇化发展的加速时期。我们要抓住世界城镇化的历史性机遇,充分发挥比较优势和后发优势,从提升国家综合实力、建设经济强国的角度来看,稳步提高新型城镇化质量和水平,经过 20 年使我国城镇化水平达到 70% 左右,基本完成城镇化任务,建设经济强国。

1996 年以来,城镇化加速发展的特征也十分明显。"九五"至"十一五"期间,城镇化率年均分别递增了 1.43、1.35 和 1.39 个百分点,远远高于"六五"至"八五"期间城镇化率递增幅度。

有学者认为中国城镇化进程太快了,是城镇化"大跃进",应该减速。但是,对比法国、德国和日本城市化曾经出现过的高速度,中国这个速度并不是独有的,也不是最高的,更不能认定为不合理。其实,城市化是否合理,主要不能以速度的快慢作为标准,而是要看城市化的健康状况。在中国城镇化快速发展的同时,中国城镇并没有出现诸如拉美国家和印度那样严重的"城市病"、大量的失业和大面积的贫民窟。由此判断,中国城镇化速度是基本合适的。因此,中国应该在未来二十多年的时间内,抓住城镇化快速发展阶段的历史性机遇。

(三)推进新型城镇化有助于推动国民经济健康持续发展,跨越中等收入陷阱

第一,城镇化是扩大内需的最大潜力。城镇化带动大量农村人口进入城镇,带来消费需求的大幅增加,同时还产生庞大基础设施、公共服务设施以及住房建设等投资需求。第二,城镇化是统筹城乡发展的基本前提。通过推进城镇化,大量的农村富余劳动力向非农产业和城镇转移,农村居民人均资源占有量会大幅度增加,有利于提升农业生产规模化、市场化水平,加快农业现代化进程,解决农业增长、农村稳定、农民增收问题。城镇化还可推动工业反哺农业、城市支持农村,促进基本公共服务均等化,逐步缩小城乡差距,实现城乡共同繁荣发展。第三,城镇化是产业结构调整升级的重要依托。城镇化产生集聚效益、规模效益和分工协作效益,极大地推动工业化进程。同时,城镇化不仅能够推动以教育、医疗、就业、社会保障等为主要内容的公共服务发展,也能够推动以商贸、餐饮、旅游等为主要内容的消费型服务业和以金融、保险、物流等为主要内容的生产型服务业的发展。第四,城镇化是转变经济发展方式的重要条件。城镇化带来人们生活方式的改变,带动消费需求将从"吃穿用"转变到"住行学",推动消费结构和消费方式升级。城镇化带来人力资本和信息知识聚集,促进市场竞争、技术创新和改善管理,有利于提高资源集约利用,降低工业排放,实现低碳、绿色发展。城镇化的规模效应将大幅度减少资源消耗,有利于对污染进行集中治理,促进两型社会建设。第五,城镇化是提高中等收入者比重的重要途径。城镇化形成更多的就业机会,提高劳动生产率,有利于提高劳动力的工资和劳动报酬在初次分配中的比重;同时,城市服务产业也是培育中产阶级或者中等收入人群最重要的产业载体,印度就是通过发展服务业使中产阶级数量在20年里增加了4倍,达到2.5亿人。

(四)推进新型城镇化既是解决城镇化自身问题的基本途径,也是解决经济社会问题的重要出路

从整体上看,我国城镇化依然滞后,也出现了类似城市病的苗头和各种问题,并导致了其他社会经济问题的产生。在城镇化发展进入关键阶段之际,为了解决这些问题,亟须积极推进新型城镇化。

首先,继续保持一定的城镇化速度,是尽快改变城镇化滞后状态的需要。无论是从城市化与工业化和经济发展的相互关系看,还是从国际比较的角度看,我国的城镇化水平都是滞后的。城镇化滞后会带来一系列严重的问题,需要通过继续保持一定的城镇化速度,尽快改变城镇化滞后状态才能得到解决。现在看,由于我国城镇化建设进入了一个较快发展的通

道,不用担心速度不够的问题,而是要担心在速度较快的情况下,质量能否保证的问题。

其次,推进新型城镇化是解决城镇化问题的需要。从总体上看,目前我国的城镇化基本上是比较健康的,但是,局部也存在几种值得反思的属于病态城镇化倾向的不良现象,如半城镇化、被城镇化、"贵族化"城镇化和"大跃进"城镇化等现象。此外,由于缺乏有效措施和调控机制,在城镇化宏观整体布局上,还存在着大城市过度集聚、小城镇发展无序,地区发展失衡、城市之间的关系不协调等问题。这些问题虽然还没有发展为严重的城市病,但如果不采取科学的城镇化战略,尽早预防和治理,就很可能积重难返,无法根治。

最后,积极稳妥推进新型城镇化还有利于城镇化问题带来的各种经济社会问题的解决。城镇化不可避免地带来了其他各种经济社会发展问题。例如,由于半城镇化造成了我国数量庞大的农业转移人口和日益严重的农民工问题;再如,由于城市偏向政策和城乡要素难以自由流动,造成的城乡收入差距过大,出现的双二元结构等诸多问题。这些问题主要由城镇化滞后、城镇化质量不高造成的,也必须依靠积极推进新型城镇化才能解决。

三、我国过去十年城镇化取得的进展和政策变迁

过去十年间,我国无论是城镇化速度,还是城镇化质量,都取得了巨大的成就,这主要表现在以下五个方面:

一是城镇人口迅速增加,城镇化进程加快发展。近十年来,我国城镇常住人口数量快速增长,城市化率显著提高。2011年我国城镇常住人口达到6.91亿,城镇化率达到51.27%,与2002年相比,城镇常住人口增加了1.89亿人,提高12.26个百分点。城镇常住人口的增加,一方面大大扩展了城市市场需求规模,另一方面为城镇制造业、服务业发展提供了源源不断的劳动力供给。

二是城镇数量增长较快,城市规模进一步扩大,初步形成了以大城市为中心、中小城市为骨干、小城镇为基础的多层次协调发展的城镇体系。2002年以来,城市建成区面积由2.6万平方千米左右,扩大到4万多平方千米,扩大了50%以上。到2011年底,全国共有657个城市,建制镇增加至19683个。全国有30个城市的常住人口超过800万人,其中13个城市超过1000万人。

三是城市空间形态从城市单体发展向城市群体发展转变。中国城市发展,尤其是大城市发展,已逐步迈入城市群、城市圈、城市带和城市网的发展时期,初步形成了"两横三纵"的城镇化战略格局。

四是城市发展方式从单纯的规模扩张向规模和质量并举转变。过去十年间,由于环境、资源特别是土地等方面的压力和影响,城市开始从规模扩张为主进入到规模与质量同时增

进的新发展时期,城市的经济结构和功能特征逐步趋向优化。具体表现在:城市经济持续高速增长,城市 GDP 占全国的比重进一步提高;同国家经济转轨、社会转型相适应,大城市注重经济增长方式的转变,进行了经济结构特别是产业结构的战略性调整,进而促进了城市性质的变化或功能的转型,有助于形成资源节约型、环境友好型城市;城市基础设施的现代化程度显著提高:新技术、新手段得到大量应用,基础设施功能日益增加,承载能力、系统性和效率都有了显著的进步,改善了城市经济发展和居民生活的条件。

五是城乡隔离局面逐步被打破,城乡关系进一步改善。随着城乡经济体制的改革和市场经济的发展,城乡分割和隔离的二元体制逐渐被打破,城乡之间劳动力、人口、资本、人才和技术的流动日益增多,城乡商品流通关系和市场结构不断发生变化,城乡经济发展出现了某种融合的态势。

城镇化的巨大成就与城镇化政策密切相关。2002 年以来,我国积极适应城镇化快速发展阶段的要求,不失时机地推出一系列促进城镇化快速发展的战略部署和政策措施。党的十六大将城镇人口比重较大幅度的提高,工农差别、城乡差别和地区差别扩大趋势的逐步扭转,作为全面建成小康社会的目标之一。"十一五"规划纲要制定了促进城镇化健康发展的战略方针。党的十七大则着重强调要"走中国特色城镇化道路"。"十二五"规划纲要开始重视城镇化质量,要求"不断提升城镇化的质量和水平",提出要"预防和治理城市病"。党的十八大和 2012 年中央经济工作会议不仅对城镇化的战略地位有了空前的提升,将城镇化提升到"现代化建设的历史任务"的高度,强调城镇化与工业化、信息化、农业现代化同步发展;同时对城镇化问题也空前重视,提出要"着力提高城镇化质量","要围绕提高城镇化质量,因势利导,趋利避害,积极引导城镇化健康发展",从而为未来城镇化政策的着眼点和演化轨迹做出了安排。

应该说,我国经济社会已经进入了一个新的发展阶段,城镇化也进入加速发展和城市病显性化和集中发作的叠加期。在今后一个阶段,城镇化发展要以提高城镇化质量,促进城镇化健康发展为宗旨。

第二节　新型城镇化的基本思路和重点难题

推进新型城镇化是十分复杂的系统工程,面临的矛盾和问题非常突出。庞大的人口压力与城镇化同步、生态文明建设与城镇化同步,显现出我国城镇化必须有自己的特色,走符合国情的道路。因此,需要正确的思想方法,抓住重点难题,积极有序地稳步推进。

一、注重提高城镇化的质量和效益

城镇常住人口首次超过农村人口,城镇化发展方向要由单纯速度向速度与质量并重转变,城镇化进入以推进深度人口城镇化为特征、促进城乡一体化的新阶段。城镇化速度与质量并重,意味着既要保持一定速度,更要注重质量。要在保证城镇化质量的基础上,继续保持较快的发展速度。从当前的情况看,需要处理好以下几个方面的问题。

一是要积极促进农民工市民化,逐步解决半城镇化问题。目前,有 1.6 亿农民工长期生活在城镇,但并没有解决市民化问题,半城镇化是造成农民工问题的深层次原因。要按照因地制宜、分步推进、存量优先、带动增量的原则,坚持两手抓,一手推动户籍制度改革,一手推动基本公共服务均等化,有序推进农民工市民化。

二是要以人为本,妥善解决城市病问题。要提供与城镇经济发展水平相适宜的基础设施和基本公共服务,优先解决城镇人口的就业、安居、教育、医疗、交通等问题,提高城镇居民的生活质量。

三是要转变城镇发展模式,提升城镇的可持续发展能力。要加强城乡不同类别的空间管制,大力推进低碳生态城市建设,促进城镇集约紧凑发展;要围绕提升城镇发展软实力,加快城镇服务功能建设;要加强城镇综合管理,建立统一、协调、高效、合理的城镇管理体制,提高城镇管理服务水平。

四是要加强城镇化与工业化、农业现代化同步发展。要适应新型工业化的要求,积极探索新型城镇化道路和模式;要积极探索工业反哺农业,城市支持农村的机制、途径和方法,妥善解决三农问题。

五是要建立城镇化发展评价体系,确保城镇化健康发展。科学制定城镇化质量评价指标体系,将城镇化质量纳入政绩考核、重大事项督查范围,强化城镇化在经济社会发展中的作用。

二、尽量降低而不是抬高城镇化门槛

要降低进城务工和落户条件及成本,将符合条件的进城务工人员转化为城镇人口。这样有利于改变城镇化滞后、半城镇化和"贵族化"城镇化状况。

一要适当降低农民工落户条件,允许符合条件的农民工市民化。根据城市的规模和综合承载能力,以就业年限、居住年限和城镇社会保险参加年限为基准,各类城市制定公平、公正的农民工落户标准。不仅要放开小城镇的落户条件,也要放宽大中型城市的落户条件。

二要坚持房地产调控不动摇,引导房地产市场健康发展和房地产价格理性回归,坚决抑制高房价。同时，积极完善多层次、多元化的住房保障体系，逐步提高保障性住房在城镇住房供给中的比重。

三要积极建立和完善城乡一体的基本公共服务体系。要逐步在全国范围内建立统一的教育、就业、医疗卫生、养老、住房、基本生活保障等公共服务体系。要适应农民工高流动性要求，尽快实现社会保险权益可顺畅转移、接续。

四要加快教育和医疗体制改革，切实解决城镇居民在教育和医疗方面的难题。此外，提高农民工的就业能力和收入水平也等同于降低了城镇化门槛。

三、努力建设包容性和和谐式的城镇

建设包容性和和谐式城镇，强调城镇发展在经济、社会、治理、文化等领域的均衡与统一，强调城镇发展过程公平与效率的内在一致，强调城镇不同主体发展权利的同质均等性。建设包容性和和谐式城镇将有助于解决城镇内部由区域要素快速流动带来的社会"碎片化"问题。在我国正在由乡村中国向城市中国转变，城镇化加速发展，农民工不能正常市民化的特殊发展阶段，对于迅速发展的城镇，尤其是大都市，建设包容性和和谐式城镇显得尤为重要。

首先，建设包容性和和谐式城镇的关键在于建设以人为本的公共服务体系。其中，基本公共服务的普惠化、均等化是完善公共服务体系的核心问题。

其次，遵循城镇化社会系统内生的运行规律，逐步减少乃至完全消除主导城镇化过程的"人治"色彩，以法治原则处理经济、政治、社会、法律之间不协调和系统失衡问题。

再次，逐步消除不利于包容性发展的一切排斥性制度体系。促进农民工等城镇外来人口的城市接纳与融合，使包括农民工在内的城市贫困阶层享有事实上的平等权利。

最后，扩大城市规模也是建设包容性和和谐式城镇的重要内容。有研究表明，城市规模的扩大有利于提高劳动力个人的就业概率，而不是有些人感觉的那样，外来移民会挤占原有居民的就业机会；而且较低技能群体的劳动力从城市规模扩大的就业增加效应中受益最高。

四、积极完善城镇化规划和战略格局

城镇化规划和战略格局关系到城镇化的发展方向，是我国现代化发展战略的重要内容。要以科学发展观为指导，按照全国生态功能区规划要求，遵循城市发展的客观规律，加快构建和完善"两横三纵"城镇化规划和战略格局。

一是要稳步建设城镇群。按照统筹规划、合理布局、完善功能、以大带小的原则，以大城市为依托，以中小城市为重点，合理引导人口流向和产业转移，逐步形成分工协作、优势互

补、集约高效的城市群。已形成城市群发展格局的京津冀、长三角和珠三角等区域,要继续发挥带动和辐射作用,加强城市群内各城市的分工协作和优势互补,增强城市群的整体竞争力和辐射力;具备城市群发展条件的长江中游、成渝、中原等国家重点开发区域,要以特大城市和大城市为龙头,发挥中心城市作用,形成要素集聚能力强、人口分布合理的新城市群。在资源环境承载能力较强、城镇体系比较健全、区域中心城市有较强辐射带动作用的地区,积极培育区域性城市群;要科学规划城市群内各城市功能定位和产业布局,强化中小城市产业功能,增强小城镇公共服务和居住功能。

二是要加快发展中小城市。积极挖掘现有中小城市发展潜力,优先发展区位优势明显、资源环境承载能力较强的中小城市;把有条件的东部地区中心镇、中西部重点区域县城和重要边境口岸发展成为中小城市;注意引导中小城市的有序发展,在农产品主产区和重点生态功能区集中建设县城和中心镇。

三是要有重点地发展小城镇。发展小城镇要以县城和部分基础条件好、发展潜力大的建制镇为重点;在城市群周边地区,推动小城镇发展与缓解大城市中心区人口压力相结合,其他地区小城镇的发展要与服务“三农”相结合,与提供公共服务相结合。

第三节　在体制机制的重点领域和关键环节突破

城镇化是一系列公共政策的集合,也期待着配套的改革突破。城镇化的健康发展离不开改革,离不开体制机制创新。我国过去30多年城镇化的快速发展与体制创新改革密不可分,存在的矛盾和问题也与体制机制的不完善直接相关。今后一段时期推进新型城镇化健康发展,必须把深化改革特别是体制改革放在十分突出的位置,加大难题的破解力度。

一、统筹推进户籍制度改革

深化户籍制度改革,必须以城乡一体化、迁徙自由化为目标和方向,在中央的统一规划下,加快剥离户口所附着的福利功能,恢复户籍制度的本真功能,同时改革嵌入户籍制度之中的其他二元制度,分类整体推进。

首先要剥离户籍制度的福利分配功能,恢复其本身的管理功能。要打破城乡分割的农业、非农业二元户口管理结构,建立城乡统一的户口制度。特大城市和大城市要合理控制人口无体量。

其次要建立健全深化户籍制度改革的配套制度。这也是户籍制度改革的难点所在。要继续弱化直至最后消解城市户口的附加利益,必须同时解决土地制度、劳动就业制度、社会保障制度等的配套改革问题。

最后要改革公共财政体制,为户籍制度改革提供必要的财政基础。要进一步完善分税制财政体制改革,确保地方财政有稳定可靠的税源,推动市民化的财力支持,调整城镇财政支出结构,户口登记与财政待遇相结合,以财政管理促进户口管理。

二、深化土地管理制度改革

按照解放和发展生产力,提高土地利用效率和城镇化的质量、保障农民利益的要求深化土地制度改革。

一是要切实保护农民合法土地权益。要按照有明确和保护土地有益物权的思路,建立以承包权为核心的农地产权制度,并完善土地产权法律制度。

二是要完善征地和流转制度。严格界定公益性和经营性建设用地,逐步缩小征地范围,完善征地补偿机制,提高对农民的征地补偿标准。要在注重粮食安全和保护耕地的前提下,逐步放开农村集体建设用地流转后上市交易,保护农民成为农村集体用地交易主体地位,使农村集体建设用地与城市建设用地真正实现同地、同权、同价。

三是要积极开展土地综合整治。在一定区域,按照土地利用总体规划的目标和用途,以土地整理、复垦、开发为平台,推动田、水、路、林、村综合整治,通过建立农村集体土地流转市场进行产权调整、协调各方主体利益,以及进行配套制度改革。

四是要加强城镇化过程中土地资源集约利用。要制定科学的土地利用总体规划和城镇发展规划,注重城镇内涵发展。小城镇发展应注意规模化,乡镇企业应适当集中。建立土地节约集约利用优惠政策,提高土地利用集约度。重视土地环境的整治与保护,实现土地资源的可持续利用。

三、完善住房保障制度改革

要以解决城镇中低收入群体和农民工保障性住房为重点,完善住房保障制度体系。一要坚持市场供应为主,加大保障性住房供给,建立覆盖不同收入群体的城镇住房多元化供应体系。二要完善住房保障体系,加大经济适用房和廉住房建设力度,大力发展公共租赁住房,增加对城镇中低收入群体的住房供给。三要将住房保障纳入公共财政体系,建立稳定的住房保障资金渠道。四要多渠道、多形式改善农民工居住条件,逐步将符合条件的农民工纳入城镇住房保障体系。

四、深化财税金融体制改革

要通过财税金融体制改革,形成有利于城镇化健康发展的激励机制。

一是建立健全公共服务能力,调整财政支出结构,强化政府基本公共服务供给的责任,推进建立包括农民工在内的基本公共服务体系,探索农业人口市民化的成本分担责任和时间安排。

二是加大中央财政转移支付力度,逐步提高中央财政在义务教育、基本养老、基本医疗等基本公共服务支出中的比重。

三是加快地方税收体系建设,培育稳定的地方收入来源,加快开征房产税,增强地方政府提供基本公共服务的能力。

四是合理确定土地出让收入在不同主体间的分配比例,将政府土地出让收入纳入公共财政进行管理,提高土地出让收入的使用效率,减少地方政府对土地财政的依赖。

在深化城镇建设投融资体制改革方面,要根据城镇基础设施和公共服务性质的不同,建立多元化、多渠道的资金供给模式。要放宽市场准入,鼓励民间资金进入经营性基础设施领域,要加大公益性基础设施的投入,政策性金融要予以支持,对介于公益性和经营性之间的城镇基础设施项目,要拓宽融资渠道,通过特许经营、股权融资、项目融资等方式,鼓励和吸引社会资金和境外资金参与建设,要严格规范地方投融资平台运作,稳妥发行城镇建设债券。

五、优化行政区划设置

通过加快市镇体制改革,提高社会管理能力,加快形成设置科学、布局合理、功能完善、集约高效的行政管理体制。未来20年,在以下方面需要努力探索。

第一,依法调整行政区划,促进地方政府层级向三级转化。调整的方向是逐步调整省、县规模,把大省缩小,把小县扩大。一是增加省级建置。从国外的经验和有效的公共产品供给出发,我国省级建置还要多增设一些。增加的办法有三个:(1)将一个省一分为二;(2)从几个省中划出一块设一个省;(3)以一个特大城市为中心增设几个重庆模式的直辖市。现在看第三种办法比较好,增加机构少、震动小。二是调整县域规模。我国现有两千多个县(市),存在数量偏多、规模偏小的问题,可考虑适当整合规模过小的县。

第二,增设直辖市,实行合理布局。直辖市是城市政区中层次最高、规模最大、直隶于中央政府管理的一级政区,在国家政治经济生活中占有极其重要的地位。现在直辖市数量偏少,分布不平衡。四个直辖市中京、津、沪集中于沿海,重庆直辖后消除了西南的空白点,但西北、华中、华南和东北仍缺少直辖市。国内外经验证明,特大城市作为国家或大区域的经济中心具有一般中小城市所不可替代的作用,特别是在人才、科技、信息、金融、管理和经济运行质量等方面,大城市具有独特优势。在中国特定的体制环境下,行政地位即政治权力因素对城市和区域发展的影响往往会超过经济因素的作用。重庆直辖以后的发展就是一个很好例证。当然,增设直辖市的数量不宜过多,要强调城市质量,注意合理布局,要有带动性。

第三,加快省域内的区域中心城市的形成,重点发展县级市。目前我国县级政区中市的数量太少,比例太低,县与县级市的比例为 4∶1,在一些地方制约了区域经济的发展,需要增设一些县级市。未来 20 年,应重点发展县级市。无论是整县改市还是切块设市,都是城镇化发展的客观要求。设市模式中会存在这样那样的缺陷我们应该改革、创新和完善,但不能因为设市模式的不足而长期停止设市工作。城市的数量应随着城镇化的发展而逐渐增多,而不是相反,否则是不符合经济社会发展客观规律要求的。在"十二五"时期重新启动县级市的审批条件已经成熟。

第四,加快经济大镇强镇改革。我国小城市数量偏少,应该积极发展。对于经济实力较强、城镇化水平较高的城镇应该积极进行设市的改革,大胆探索合理的新模式。

第四节　城镇化过程中需要处理的几个关系

一、政府与市场的关系

城镇化既是一个经济发展问题,也是一个经济增长和资源配置问题,包括劳动力、土地、资本等各类生产要素在城乡和城市内部进行优化配置的动态过程。因此,城镇化首先面临着一个机制选择问题,这也是城镇化的核心问题,即政府与市场的关系问题。

如何认识城镇化过程中政府与市场的关系,存在很大争议。研究城市化进程中政府行为的学者大多认为,在我国的城市化过程中,政府起着决定性的作用。他们认为,无论是原先限制城市发展,还是现在推动城市化进程,中国城市化的进程中政府的作用都是重要因素;我国的城市化就是在政府强有力的推动下一步一步向前发展的。而强调城镇化进程中市场机制的学者大多认为,应该把中国经济增长的中心放在城镇市场化的推进上,市场化是城镇化的第一推动力,这个原则在任何时候都不能动摇。他们认为在正常的城镇化进程中,要让市场去选择,要充分发挥市场机制的作用;目前市场化推动下的城镇化遇到的最大障碍,不是简单的城市建设规模的扩展问题,而是城市的市场化发展程度不够的问题。

究竟应该怎样发挥政府和市场在城镇化中的作用,实际上国内外城市化实践已经给出了回答。中国过去曾经走过由政府包办、排斥市场作用、忽视民间力量的城镇化道路,存在严重弊端,造成城镇化滞后;部分发展中国家的完全由市场推动的城市化道路,导致过度城市化,产生严重的"城市病";而西方发达国家在实现城市化的过程中,主要依靠民间力量,基本上由市场机制推进,也曾经出现过许多严重的社会经济问题,但后来逐渐重视政府的作用。如英国在城镇化进程中遭遇过一些严重问题,逐渐形成了以城乡规划为主体的公共干预政策。日本政府在工业化和城市化进程中发挥了积极的干预作用,根据人多地少和资源匮乏的国情,以较小的社会和环境代价获得较高的经济发展速度。

改革开放以后,中国也逐渐形成了政府主导、市场推动的城镇化道路,推动了城镇化的快速发展。但是从目前的城镇化发展情况看,政府和市场在城镇化过程中的作用边界不够清晰,政府的缺位与越位并存,市场化发展程度依然不够充分。在市场经济体制下,政府在城镇化中的最大作用是生成、催化与提升市场力量,政府在城镇化中的作用只能建立在充分尊重和发挥市场作用的基础上。因此,今后还须进一步研究和摆正政府与市场的关系,以及各自作用的领域。政府需要从市场能发挥好作用的领域中退出,减少政府对市场运行的过度干预,把投资决策权和生产经营权等资源配置的自主权交给企业。凡是通过市场机制能够解决的问题,应当由市场机制去解决;通过市场机制难以解决但通过中介机构能够解决的,应当通过中介机构去解决。政府应当解决和弥补市场失灵问题,在城镇化进程中提供公共物品,制定市场规则,提高行政效率和服务质量,在城市布局和规划、社会公平、保护环境、基础设施建设、增加就业、产业规划、法制建设、制度创新方面履行自己的责任,重点提高提供公共服务和宏观调控能力。

二、改革与城镇化进程的关系

中国的城镇化进程经历了改革开放前后两个阶段,这两个阶段也是城镇化的两次改革和探索阶段。改革开放前,面对一穷二白的国内环境和以美国为首西方阵营的经济封锁,中国选择了以计划经济为基础,以国家为主导,以工业化推进和农业发展为前提,以重点建设为突破口的具有中国特色的城镇化道路。这是一条不同于旧中国和西方发达国家的以市场为主导、政府无为而治的新型城镇化道路。应该说,这是一条能够在短期内集中全国资源、调动一切积极因素、独立自主、自力更生的城镇化道路。从 20 世纪 50 年代中国城镇化发展成就看,这条城镇化道路是合乎国情和时代特征的。但是,随着社会需求的增加,经济总量的扩大,产业结构的分化,这种动力和运行机制单一的城镇化道路,出现了动力不足、计划失灵、信息滞后失真、缺乏竞争和效率的严重不足,加上政治运动的影响,这种没有与时俱进、不断创新的城镇化道路使中国城镇化进程遭遇了严重的挫折,在长达近20年的时期内徘徊不前,错失了发展良机。

改革开放后,中国城镇化进入第二阶段。在这一阶段,经历了三次重要的改革历程,即农村经济体制改革、城市经济体制改革和1992年明确提出的坚持和推进市场经济体制改革。伴随着每一次改革历程,中国城镇化进程都大大向前推进了一步。如1978年的城镇化率为17.92%,比改革的前一年提高了0.37个百分点,而1966—1978年年均仅提高0.05个百分点,前者是后者的7.4倍。1984年城镇化率比1983年提高了1.39个百分点,是1979—1984年间年均提高0.68个百分点的2.0倍。而同样是改革年的1992年,城镇化率比1991年提高了1.26个百分点,是1985—1992年年均提高0.48个百分点的2.6倍。虽然1984年和1992年城镇人口统计口径的改变对该年城镇化率的提高产生了重要的影响,但这也从另一个侧面反映了改革对城镇化进程和社会对待态度的重大改变。因此,改革对中国城镇化的推动作用是相当明显的,改革是中国城镇化的巨大推动力,城镇化的每一次提速和快速发展,都离不开改革的推动。通过改革推进城镇化进程,也是中国城镇化历程的成功经验。

三、农业剩余人口市民化与土地非农化的关系

城镇化既意味着农业剩余人口由农业和农村向非农产业和城镇转移,也意味着土地由农业、农村用途向工业、城镇用途转变,是农业剩余人口市民化(人口城镇化)和农地非农化(土地城镇化)的统一。由于城乡二元制度的存在,农业剩余人口市民化被分割为农民非农化和农民工市民化两个过程。改革开放以来,农村改革的成功、工业化和城镇化进程的加速,极大地推动了农民非农化和农地非农化,但由于城乡二元制度的阻碍,农民工市民化速度却异常缓慢。

2000~2011年的12年间,农民非农化率由50%提高到65.2%,城镇化率由36.2%提高到51.3%,虽然提升幅度大体相当,但城镇化率始终落后非农化率14~15个百分点;统计为城镇的人口还存在着是否拥有城镇户籍的差别。2011年,按常住人口统计的城镇化率(常住人口城镇化率)虽然达到了51.3%,但按户籍统计的城镇化率(户籍人口城镇化率)仅为34.7%,二者差距高达17.6个百分点。所以,如果仅仅考虑户籍人口,城镇化率(户籍人口城镇化率)落后农民非农化率的差距就更大了(2011年为30.5个百分点);土地城镇化(或农地非农化)的速度也大大快于人口城镇化的速度。12年间,城镇建成区面积增长67.8%,其中城市建成区面积增长了94.3%,但同期城镇人口只增长了52.7%。

农民非农化、农民工市民化与土地非农化的非同步性,导致了极其严重的经济后果。如农民工问题、失地农民问题、土地征收和农民权益保护问题、城镇化低密度扩张问题等。这

些问题的出现不仅直接损害了农民和农民工群体的利益,而且延缓了我国城镇化进程,浪费了宝贵的土地资源。这是一种要地不要人的、割裂城乡关系的、不可持续的城镇化道路。

如何协调农民非农化、农民工市民化与土地非农化的关系,需要处理好以下两个关系:一是地和人的关系。实行征地和农民工市民化挂钩,按照国际平均的城镇人口密度,确定征地额和解决农民工户籍人数的系数,改变过去人口城镇化和土地城镇化割裂的做法。二是就业和落户的关系。一般说来,就业既不是城市化的必要条件,也不是城镇化的充分条件。但在中国现阶段,积累了数量巨大的农民工,不可能在短期内迅速得到解决,而必须逐步地有序推进。所以,确定一定的落户条件、有选择地推进重点人群的市民化就是一个当前约束条件下的最优选择。当然,对于其他就业能力较差、不能稳定就业的农民工,政府也应尽可能地做到基本公共服务的均等化,并通过教育和培训,提高农民工的劳动技能和就业能力,积极为其落户创造条件。

协调农民非农化、农民工市民化与土地非农化的关系,还需要解决三大难题。一是要降低城镇化门槛。要适当降低农民工落户条件,允许符合条件的农民工市民化;要坚持房地产调控不动摇,引导房地产市场健康发展和房地产价格理性回归,坚决抑制高房价,并积极完善多层次、多元化的住房保障体系,逐步提高保障性住房在城镇住房供给中的比重;要积极建立和完善城乡一体的公共服务体系,切实解决城镇居民在社会保障、教育和医疗方面的难题。二是要建设包容性、和谐式城镇,强调城镇发展在经济、社会、治理、文化等领域的均衡与统一,强调城镇发展过程公平与效率的内在一致,强调城镇不同主体发展权利的同质均等性。三是要加强土地管理。要按照有利于明确和保护土地用益物权的思路,强化承包权,建立以承包权为核心的农地产权制度;要改革征地制度,严格界定公益性和经营性建设用地,逐步缩小征地范围,完善征地补偿机制,提高征地补偿标准;要在不触碰18亿亩耕地红线的前提下,放开农村集体建设用地上市交易,保护农民成为农村集体用地交易主体地位,使农村集体建设用地与城市建设用地真正实现同地、同权、同价,形成集体用地和国有建设用地的土地供应双轨制;要建立土地节约集约利用优惠政策,加强城镇化过程中土地资源的集约利用。

四、户籍制度改革与福利性制度改革的关系

城乡二元户籍制度和嵌入户籍制度之中的城乡二元福利性制度是阻碍农业转移人口市民化的两道制度障碍,前者是显性户籍墙,后者是隐性户籍墙。经过多年的改革,这两道户籍墙的阻碍作用主要表现为已经进城务工的农民工难以在城镇落户和取得与城镇居民相同的福利及待遇。1.69亿进城农民工无法市民化成为城镇化的一大诟病。

促进农民工市民化,究竟是先改革户籍制度,还是先改革嵌入户籍制度之中的福利性制度?目前主要有两种针锋相对的观点:一种观点认为,虽然户籍制度是福利性制度安排的基础和前提,形成于其他制度之前,但改革的次序应该是反向的。也就是说,应先逐步取消各种城市居民享有的优惠待遇,实现基本公共服务均等化,降低城市户口的含金量,然后才能完全废除现存的户籍管理体制,实行国际通行的登记户口制。其理由是一旦取消对进城农民的户口管制,本来限于城市居民享受的福利和公共资源将会骤显极度短缺,甚至会对城市带来破坏性冲击。在城乡收入和福利差距如此巨大、城市化严重滞后的条件下,户籍制度的立即取消,城乡制度完全一体化,大量人口涌入必然导致城市陷入混乱和崩溃,这对特大城市和传统体制浓重的城市来说尤为危险。另一种观点认为,让国务院出台统一的方案,全面推行,在实践上是不可行的。从多年实践和目前种种迹象来看,我国户籍制度改革已呈现的基本思路是:分进合击,稳步推进。分进合击是指在实现居民法律身份平等后,各部门各自解决自己的不平等,在国务院的调控下,形成合力;而稳步推进则指改革顺序照顾到轻重缓急、难易程度。首要的是自由流出流入、滞留居住的权利;其次是进城务工经商外来人口的劳动及其权益;再次是教育权利;最后是相关的各种政治经济文化权利。

在中国目前城乡差距日趋扩大、农民工问题亟须解决、城市化进程加快、福利性二元制度与户籍制度镶嵌在一起的形势下,以上两种观点并不可取。因为既然其他配套制度的改革难上加难,换句话说,需要很长的时间,那么,如果户籍制度的改革放在其他制度改革的后面,到底什么时候才能轮到户籍制度改革呢?户籍制度不解决,农民工问题及农民工市民化问题就根本不可能得到解决。此外,近几年,户籍制度改革之所以难以取得实质性的突破,重要原因是改革的过于分权,缺乏中央的统一安排和督促,以及其他配套改革的滞后。

农民工转化为城镇居民,表面上是户籍问题,实质是要改革嵌入户籍制度之中的各项福利性制度,核心是让进城农民工享受与城镇居民相同的基本公共服务。因此,解决户籍制度改革和福利性制度改革难题的基本思路应该是:在中央的统一规划下,剥离户口所附着的福利功能,恢复户籍制度的本真功能,同时改革嵌入户籍制度之中的福利性制度,推动公共服务由户籍人口向常住人口扩展,逐步实现城镇常住人口基本公共服务均等化,在保证城镇居民原有社会福利不减少的同时,使城镇原有居民和农民工享有同样的社会福利。

第五节 我国区域协调发展的宏观背景与战略思路

一、我国区域发展取得明显成效

(一) 我国新的区域经济版图逐渐成型

"十一五"以来,中央完整地提出了实施西部大开发、振兴东北地区等老工业基地、促进中部地区崛起、鼓励东部地区率先发展的区域发展总体战略。在这一战略指导下,国家批准实施了一系列重大区域规划和区域性政策文件,区域政策体系不断完善,并日益呈现出细化、实化和差别化特征,推动形成了我国区域发展生动活泼的良好局面。尤其是 2009 年以来,国家新一轮的区域发展规划,从南到北、由东向西、从沿海到内地,对"四大板块"进行细化,在我国区域经济版图中初步勾画出"八大经济圈":(1)泛长三角经济圈,以长三角城市群为核心,范围涵盖上海、浙江、江苏三省(市)的行政区域,辐射带动长江经济带的发展;(2)泛珠三角经济圈,以珠三角城市群和海南国际旅游岛为核心,范围涵盖广东、香港、澳门、海南四省(区)的行政区域,辐射带动"三南"(西南、华南和中南)地区的经济发展;(3)泛环渤海经济圈,以京津冀城市群和山东半岛城市群为核心,范围涵盖北京、天津、河北、山东四省(市)的行政区域,辐射带动"三北"(西北、华北和东北)地区的经济发展;(4)东北经济圈,以辽中南城市群为核心,范围涵盖辽宁、吉林、黑龙江三省的行政区域,辐射带动内蒙古东部地区的经济发展;(5)海峡经济圈,以海峡西岸城市群和台北为核心,范围涵盖福建全省和广东、江西、浙江三省的部分地区以及台湾地区;(6)中部经济圈,以武汉城市圈、长株潭城市群和中原城市群为核心,范围涵盖江西、湖南、湖北、安徽、河南、山西六省的行政区域,辐射带动我国中部地区的经济发展;(7)西南经济圈,以川渝城市群为核心,范围涵盖广西、四川、重庆、云南、贵州、西藏六省(市、区)的行政区域;(8)西北经济圈,以关中—天水经济区为核心,范围涵盖新疆、青海、甘肃、陕西、宁夏、内蒙古六省(区)的行政区域。

(二) 以城市群为核心的空间发展局面基本形成,区域发展呈现多极带动的新格局

城市群是工业化和城市化发展到一定阶段的产物,是一种集约、高效的空间组织形式。

它通过调动、控制、管理和优化区域资源，带动更大区域的发展。自20世纪90年代，东部沿海地区完成新一轮产业布局，我国城市化进入加速期，形成了一批新的区域经济增长极，辐射带动能力进一步增强：长江三角洲、珠江三角洲地区加速产业结构调整，综合实力不断增强，京津冀地区迅速崛起。长三角、珠三角和京津冀三大城市群已成为我国经济发展的龙头，新的城市群不断涌现。广西北部湾、成渝、关中—天水、中原经济区加快发展，成为引领中西部地区持续快速增长的重要支撑。这些城市群或城市圈的形成，促进了城市群或城市圈内部的区域经济一体化进程，有助于推进形成多极化的、辐射带动力强的区域增长极，主导区域甚至全国经济的发展格局。根据现有发展基础和"四大板块"发展规划，我国有条件加快发展的大都市圈或城市群(带)主要有：长三角城市圈、珠三角城市圈、京津冀城市圈、辽中南城市群、山东半岛城市群、海峡西岸城市带、武汉城市圈、中原城市群、长株潭城市群、皖江城市带、成渝城市圈、关中—天水城市群等。目前，全国经济增长重心区从南到北、由东至西不断拓展，主要城市化地区集中全国大部分人口和经济总量，"两横三纵"为主体的城市化战略格局基本形成。

(三)区域经济增长重心北上西进，地区发展差距扩大的势头得到有效遏制

改革开放以来，我国实施沿海地区率先发展战略，区域经济发展的重心在东部沿海地区，东部的发展速度始终领先于中西部地区。近年来，由于随着东南沿海经济的扩张和投资报酬递减规律的作用，珠三角、长三角等地区的进一步发展面临土地、能源等生产要素日益紧缺、劳动力成本上升以及环境压力提高等一系列难题，面临着产业结构调整的紧迫压力，急需向中西部地区转移一批劳动密集、高耗能及资源型产业。由此，凸显了中西部地区劳动力价格和要素成本相对较低的优势，跨区域产业转移和重组势头显现，中西部地区发展速度明显加快。目前，投资"北上"主要集中在环渤海地区，特别是天津滨海新区。我国正处于重化工业阶段，北部尤其是环渤海地区重化工业基础雄厚，环渤海地区的钢铁、石化、煤电、装备制造以及港口和现代物流业将获得前所未有的发展，滨海新区还是以金融创新为重点的综合改革试点，有重化工业腾飞的条件；西部大开发实施以来，西部经济快速发展，基础设施得到巨大改变，各地丰富的区域资源正亟待转变成市场和产业优势，投资"西进"尽管目前总量较小，但随着东部地区的产业转移，将呈现加快发展趋势。改革开放初期，"十一五"以来，东部地区"一马当先"的增长格局逐渐被打破。2007年，西部地区经济增速首次超过东部地区：西部地区经济增长速度达到14.6%，超过东部地区0.2个百分点；2010年，东部、中部、西部和东北地区生产总值分别增长12.3%、13.8%、14.2%和13.6%，中部、西部和东北增速分别比东部地区高出1.5、1.9和1.3个百分点。2008-2011年，中部、西部和东北地区经济增速连

续 4 年超过东部地区,区域增长格局发生重大变化。

(四)区域合作广度和深度不断拓展,区域经济一体化进程大大加快

首先,地方区域合作层次多样。长三角、珠三角、泛长三角、泛珠三角、京津冀、东北老工业基地以及西南三角经济带等区域开始步入加速有组织、有制度保证的实质性一体化和区域整合的新阶段。陕甘宁川的区域合作、南宁—贵阳—昆明经济区等各具特色的经济区,成为推动西部大开发的重要力量。区域经济合作和生产要素大规模区际流动,增强了区际互动发展关系,各区域板块将呈现出加速整合、协同发展的图景。长三角地区积极贯彻《长江三角洲地区区域规划》,大力推进一体化进程,推动在综合交通、科技创新、市场体系、生态环保、公共服务等重点领域实现联动发展,加快区域内通勤就业、产业布局的同城化进程。珠三角地区加快推进"深莞惠""珠中江"及"广佛肇"三个经济圈建设,大力推动珠三角 9 个城市从基础设施到要素流动、环境保护、社会管理的一体化,特别是广州和佛山,正在朝着实现同城化的目标迈进。京津冀地区在战略规划、产业发展、政策法规等方面积极沟通和衔接,不断加快合作步伐。泛珠三角、泛长三角等各类跨行政区的区域一体化加快发展,合作形式和内容越来越丰富。以泛珠三角(9+2 省市区)为代表的省级高层领导定期会晤,以京津冀和长三角城市群为代表的大中城市政府领导定期联席会议、贸易洽谈会等区域合作形式已经走上制度化和规范化轨道,区域合作步伐日益加快,合作领域日益深入,合作成果日益丰硕。国务院批准设立了皖江城市带承接产业转移示范区和东中西合作示范区,加快相关产业在泛长三角内部的空间转移;晋陕豫黄河金三角、成渝地区、郑汴地区、西咸地区等从地方实际出发大胆探索一体化发展路径,也取得了积极进展。

其次,区域合作呈现良好态势。"十一五"以来,区域合作在我国国民经济发展中的地位日益提高,跨区域经济交流与合作进一步加强,推动了区际互动发展。由中央政府主导的区域合作在对口支援、重点领域合作、应对自然灾害和促进落后地区发展方面发挥了积极的作用。各地区出于增强竞争力的内在要求,开始突破传统的制度性障碍,推进区域经济整合,发展各种横向合作。区域间的市场开放度不断提高,企业的主体地位不断强化,产业跨区域转移的规模不断扩大,区域间以市场为基础的合作交流活动全面展开,国内各种区域合作组织正在逐渐成为区域经济合作的重要推动力量。中央调整完善了对欠发达地区的帮扶机制,对欠发达地区的扶持力度不断加大,形成了经济、干部、人才、科技全方位对口支援新格局。中央出台了促进西藏、新疆、广西、云南、内蒙古、青海等省藏区经济社会发展的指导意见,明确了各地区发展的战略定位、发展思路和重点任务。西部大开发战略实施十多年来,中央财政对西部地区的转移支付和专项补助累计达 4 万多亿元,中央预算内投资和国债资

金累计投入达 8900 亿元,基础设施和生态环境建设取得突破性进展,产业结构调整迈出新步伐,社会事业全面发展,城乡面貌发生了历史性变化,彰显了祖国大家庭的温暖和社会主义制度的优越性。

再次,全方位对外开放格局逐步形成,国际区域合作日益加强。我国与周边国家区域合作取得实质性突破,对外开放的空间格局由 20 世纪 80 年代的沿海逐步扩大到 90 年代的沿江、沿边和广大内陆城市,现形成向东、向北、向南和向西全面立体开放的格局,沿海和沿边的对外开放环带初具规模,与相邻国家和地区的经济技术合作得到加强,国际区域合作的制度性障碍初步突破,合作领域从狭窄单一走向宽泛多元,合作组织从参差不齐转向体系完善,区域经济一体化进程取得初步成效,正朝着优势互补、良性互动的方向发展,基本形成全方位、多层次、宽领域、积极参与国际经济的对外开放格局。我国跨国合作的次区域经济合作区主要有:东北亚次区域经济区,主要有我国的华东、华北和东北区及日本、韩国、朝鲜、俄罗斯、蒙古;东南亚次区域经济区,主要有我国的华南、西南地区及东南亚诸国;南亚区域经济合作主要有我国西部地区与印度、巴基斯坦等国;中亚次区域经济区,主要有我国的新疆及西北地区和中亚诸国等。

二、我国区域发展面临新挑战

尽管我国区域发展取得了明显成效,但仍存在诸多亟待解决的突出问题。

(一) 地区发展差距依然较大

中西部和东北地区与东部地区的绝对差距仍在拉大。区域间人均收入差距过大,中西部地区基本公共服务能力薄弱、水平较低。

(二) 国土开发与建设布局不合理加剧发展成本陡升

我国资源分布的地理不均衡和经济布局与资源分布的不协调,加之改革开放以来制造业生产能力向沿海地区过分集中,国家不得不进行大跨度、大规模的能源与资源跨区域调动,增加了发展的成本。虽然近年东部地区加快了转型升级,但需求结构不合理、产业结构有待优化、能源资源约束强化等深层次问题依然比较突出;在创新平台建设、人才培养等方面与世界先进水平相比还有不小差距。而中西部地区多为资源输出型区域,产业结构比较单一,效益总体不高,发展稳定性较差,经济持续增长的基础比较脆弱,对经济发展方式由粗放型向集约型转变增加了更大难度,使中西部地区经济发展不仅有可能出现波动,而且极易引发深层次社会矛盾。

（三）空间开发无序行为加剧着资源与环境的约束

改革开放四十多年来,中国经济取得了高速增长。今后一段时期,我国仍将处于工业化和城市化高速发展时期,城市化与工业化仍然是推动中国经济增长的两大引擎。资源与环境的约束日益明显,区域发展将遭遇前所未有的挑战:一是当前我国的发展基数和标准比较高,要继续保持现有的增长速度和继续提高人民的生活质量,就需要有更多的资源消费来保障。二是由生产环节造成的环境压力很难得到化解,由生活环节造成的环境压力将随着消费水平的提高不断加大,能源、淡水、矿产等战略性资源不足的矛盾将越来越突出,土地供应难以为继、环境承载能力难以为继、能源供应难以为继;同时,在经济全球化和区域经济一体化深入发展的背景下,全球气候变化已成为当今国际社会普遍关注的焦点问题,我们面临节能减排方面的国际国内双重压力。不顾资源环境承载能力的肆意开发、遍地开挖带来了严重的生态环境问题:重量不重质的城市化和城市盲目扩张,造成耕地、林地、湿地等绿色空间锐减,地下水超采导致地面沉降,污染物排放超出环境容量,部分特大城市出现诸多"城市病";农村地区盲目开发、乡镇企业分散布局,导致耕地减少过多、过快,土地资源浪费,全国耕地已逼近18亿亩的"红线",农产品供给安全受到威胁;荒漠化、石漠化加剧,生物多样性减少,生态系统整体功能退化;越来越多的国土空间不适宜人类生存,国家面临生态安全、粮食安全、经济安全的严重挑战。

（四）促进区域协调发展的体制机制还不完善,区际间利益关系调整还缺乏科学的制度规范和法律保障

区际间利益关系调整还缺乏科学的制度规范和法律保障。区域发展面临着多重发展目标和任务,如促进经济增长与增加财政收入,促进社会公平与安定,保护生态环境等。现在任何区域都追求全面发展、做大做强和承担所有功能的思维,产生的结果必然是区域的同质化发展,区域之间的无序竞争、重复建设、产业同构等问题长期存在。与此同时,行政壁垒、地方保护主义和市场分割也会导致产业同构、重复建设等行为并诱发一系列区际冲突。随着我国市场化改革的不断深化,国内区域经济的联系也越来越紧密,形成了如长江三角洲、珠江三角洲、环渤海等重要的跨行政省(区、市)的经济区域。由于计划经济时代形成的"行政区经济",以及近年来愈演愈烈的地方保护主义和地方市场分割,阻碍了经济资源要素的自由流动和跨地区的经济合作。以行政区划为单位的管理体制造成体制分层切块,使得跨区域协调和执法难度很大。如何打破传统体制的制衡,推动区域经济朝一体化的方向发展,

成为当前我国区域发展面临的重大挑战。

三、进一步促进区域协调发展的战略思路

(一) 推进区域协调发展的历史经验

区域问题和问题区域的存在,引起了党和国家的高度重视。新中国成立 70 年来,中国区域发展战略大体经历了从均衡发展到非均衡发展,再到协调发展的转变。在战略转变过程中,积累了丰富的理论与实践经验。21 世纪,世界范围内发生了观念和战略的重大转变,确立了综合的发展观和新的发展战略。这一转变旨在维持生态系统的承载能力与自生能力,不断改善人类的生存条件,提高人类的生活质量。只有以科学发展观指导区域发展实践,才能更好地把握发展规律、创新发展理念、转变发展方式、破解发展难题,促进区域协调发展。

实现区域协调发展成为最近 20 年最重要的区域发展战略。党和政府对区域协调发展的认识过程,实际上就是对如何正确处理全国经济发展与地区经济发展关系的认识与探索过程。具体体现在中国共产党关于制定国民经济和社会发展五年计(规)划的建议及历次五年计(规)划中,经历了孕育—形成—发展—成熟等历史阶段,认识逐步深化、全面,内容更加丰富,措施更加明确。

早在 1990 年底,中国共产党第十三届中央委员会第七次全体会议通过的“中共中央关于制定国民经济和社会发展十年规划及‘八五’计划的建议”,提出要“促进地区经济的合理分工和协调发展”;90 年代中期,中国共产党第十四届中央委员会第五次全体会议通过“中共中央关于制定国民经济和社会发展‘九五’计划及 2010 年远景目标的建议”,第一次明确将“坚持区域经济协调发展,逐步缩小地区发展差距”确立为经济发展的基本方针。此后,作为区域经济发展的总体战略,区域协调发展在历年的“五年计(规)划”中一以贯之地得到进一步重视和深化。“十五”“十一五”和“十二五”计(规)划,对区域协调发展的认识逐步完善。国家“十五”计划纲要提出“实施西部大开发,促进地区协调发展”的战略安排;“十一五”规划纲要首次完整论述区域协调发展的含义并做出促进区域协调发展的全面部署;“十二五”规划纲要中,区域协调发展占据了一个单独的篇目并继续作为重要任务被强调。

四、促进区域协调发展的政策目标

发展是解决区域所有问题的“总方针”。科学发展观的第一要义是发展,要实现又好又快发展,核心是以人为本,基本要求是全面协调可持续,根本方法是统筹兼顾。坚持以发展

为主线,用发展的眼光、发展的思路、发展的办法解决前进中的问题,是我国改革开放以来的一条根本经验。无论是经济发展,还是其他方面的发展,归根到底都是为了人的发展。实现又好又快发展,是广大人民群众根本利益之所在,也是解决一切问题的关键和根本途径。以人为本是各地区发展的出发点和落脚点。坚持把以人为本作为发展的出发点和落脚点,有效解决为谁发展、靠谁发展、发展成果由谁享有的问题,真正体现出社会主义社会的优越性。今后一个时期,我国区域协调发展必须致力于实现以下三大目标。

(一) 实现地区间基本公共服务的均等化,确保改革发展成果由全体人民共享

坚持以人为本是科学发展观的核心,在区域发展上必须坚决贯彻以人为本的理念,以实现人的全面发展为目标,切实保障人民群众的经济、政治和文化权益,让发展的成果惠及全体人民;各区域人民群众在政治、经济、文化等各领域内实现整体提高。但这并不意味着缩小地区间经济总量的差距,实行平均主义,吃大锅饭。从生产角度来看,不同区域承担不同的功能,具有不同的发展内容;从消费来看,必须保障所有区域和全体人民共享发展成果,发展成果共享的重要方面是实现基本公共服务的均等化。缩小基本公共服务差距,实现地区基本的公共服务均等化,这也是公共财政制度改革的基本目标之一。政府应在不同时期参照不同的标准,为社会公众提供较为公平的、最终大致均等的公共物品和社会公共服务。也就是说,在现有条件下,在基本的公共服务领域,政府应尽可能地满足人们的基本物质需求,充分保障各区域人民享有与全国大体相当的基本公共服务,尽可能地使人们享有同样的权利,从而推进这些区域的生态环境保护、人口素质提高、自主发展。

(二) 强化落实全面、协调、可持续发展,提高各地区发展效率

可持续发展指的是既要满足当代人的需要,又不会对后代人满足其需要的能力构成危害的发展。按照科学发展观的要求,全面、协调发展就是经济建设、政治建设、文化建设、社会建设、生态建设的各个环节、各个方面的建设与发展相协调,这也是实现科学发展观的基本要求。随着人口不断增长、资源环境压力加大,必须处理好经济系统与环境系统的协调以及区域间的产业协调和市场协调,加快建设资源节约型、环境友好型社会,在取得社会经济增长的同时,不仅要关注经济指标,而且要关注人文指标、资源指标和环境指标。通过实现五个统筹,即统筹城乡发展、统筹区域发展、统筹经济社会发展、统筹人与自然和谐发展、统筹国内发展和对外开放,达到全面、协调、可持续发展。

(三)形成主体功能清晰、协调互动的区域发展新格局

空间失衡是现阶段区域发展不协调问题的主要矛盾。推进区域协调发展,应突出考虑利用空间因素促进区域之间的功能协同,形成区域功能定位明确、突出的国土空间格局。以往促进区域协调发展,协调的对象是地区经济结构,以地区之间总量均衡和产业均衡为目标,这也一直是我国宏观调控和区域调控的重要目标;而人口、经济与资源环境的空间均衡一直没有纳入调控的范围,导致空间开发无序和空间失衡,引发区域发展的不协调。要突破以 GDP 为中心的惯性思维,强调通过优化空间格局来实现区域协调发展。通过科学确定指标体系,利用空间分析技术和手段,按照各地区的资源禀赋、区域环境、经济基础、发展历程、潜在优势等,对国土空间进行客观和综合分析评价,在分析评价基础上根据人口、交通、产业等对空间需求的预测以及对未来国土空间变动趋势的分析,划定各类主体功能区,培育区域主体功能;再根据各类主体功能区的资源环境承载能力、现有开发密度和发展潜力,明确各类主体功能区的功能定位、发展方向、开发时序和开发强度,尊重自然规律和尊重经济规律,统筹效率与公平的关系,打破按照行政区进行同质化发展的惯性模式,鼓励要素跨区域合理流动,克服行政壁垒和市场分割引致的区际冲突,充分发挥区域比较优势,形成主体功能清晰、各具特色、优势互补、共同发展的区域发展新格局。

第六节 区域协调发展的实现路径

近年来,政府采取了区域协调发展政策、措施,取得了一些成绩。但是,也存在着问题,如政府与市场的关系尚没有理顺,政府过度干预的迹象还大量存在;中央政府与地方政府的目标利益不一致,存在"上有政策、下有对策"的现象;区域之间利益协调的制度有待健全,地区之间难以形成有效的联动发展机制等。

一、充分发挥市场机制和加强政府调控能力

随着改革开放的不断推进,我国已初步形成了社会主义市场经济的基本框架。实现区域协调发展,既要充分发挥市场机制的基础性作用,又必须因地制宜地实施政府对区域发展的宏观调控,综合运用政府宏观调控和市场运行机制双重手段,促进市场导向与宏观调控相结合,实现区域协调发展。一方面需要通过市场机制实现发展,发挥各地区的比较优势,推动东、中、西部地区在广度与深度方面实现资源优化配置,增强区域创新能力;但另一方面,

为了防止极化效应的出现,也需要发挥政府的主导作用。政府的作用范围主要是提供公共服务与公共产品,弥补市场失灵,维护法律秩序,体现社会公众利益以及为区域经济开发提供规划、指导和协调。协调发展遵循的原则是,在坚持发挥市场机制对资源配置基础性作用的前提下,充分运用政府宏观调控,减轻或缓解市场化过程对区域发展的消极影响,实现政府战略意图。在现阶段,国家需要更多地注重公平的目标,采取非市场调节的方式,从多方面扶持、引导、刺激不发达地区的经济发展,减小区域间的差距,弥补市场效应的不足。一是继续在经济政策、资金投入和产业发展等方面加大对不发达地区的支持,运用积极的财政政策及其他相关政策,以引导生产要素和社会资源的流向,使资本、知识、技术、商品和人力资源向不发达地区流动,加大中央对不发达地区的生产基础设施及公共服务设施的投入力度,从而加快这些地区的发展。二是大力推进市场体制改革,完善相关支持政策。着眼于推进区域互动合作、实现市场一体化、促进企业联合,完善财政税收政策、金融政策、产业政策、社会保障政策,完善产品市场、劳动力人才市场、资本市场、货币市场、产权交易市场、外汇交易市场等市场体系的建设,形成推进区域协调发展、促进区域合作的制度体系。

二、整合区域规划和加强法制建设

我国区域协调发展是科学发展观在区域发展上的体现,其根植于可持续发展观,其社会哲学理念是整体和谐主义,这就需要区域协调发展的整体规划理念和立法观念,以体现整体和谐的主题。区域规划是关于未来一个时期某个区域的重要产业、重大项目、重大体制、重要基础设施等的统一布局和重要安排,体现了区域协调发展和一体化推进的要求,因而是推进区域合作的重要依据和支撑。因地制宜的区域发展规划为实施宏观调控打好基础。针对聚集核心生产力的经济区域制定国民经济社会的中长期发展规划,不仅为宏观调控提供便利,更为发挥主体功能区的集聚、带动和辐射作用创造有利条件。建立有效的区域协调规划体系,实行差异化的功能定位,实现区域发展扬长避短,明确利益分配格局是区域协调规划发展成败的关键。政府在制订区域规划时,应该明确协作区内不同区域的总体规划,明确主体功能区的位置,提出优化协作区的规划方案。对于重新划分会打破原有的辖区管制,这就要求实施分类管理的区域政策。要根据优先开发、重点开发、限制开发和禁止开发四类主体功能区,规划调整完善协作区的城市规划、土地利用规划以及人口、环境保护、交通等专项规划。

同时,要加大跨行政区域的经济发展规划力度,对联系紧密的经济圈、经济带、经济区要尽可能编制统一的发展规划。为了保障区域发展规划的有效执行和深入展开,还需要加快推进相关法制建设,并对相关规划进行事前调查和事后评估,以保障其执行力度。

通过立法手段对市场经济体制改革中出现的问题进行规范,做到有法可依、有法必依,减少区域经济协调发展中出现过多的利润而产生寻租。就目前我国统筹区域协调发展的要求而言,所需要的法律包括两个层面:一是国家层面上的法律规范;二是地方性的法律支持。因此,为了保障落后地区发展相关政策的有效落实,保持区域政策措施的权威性、稳定性和连续性,还须从国家和地方两个层面加快制定和完善有利于统筹区域协调的相关法律。这主要包括保障公平竞争、公平交易、维护市场秩序的法规;保障市场主体和中介组织具有完全的行为能力与责任能力的法规;规范政府行政权力,合理界定政府与市场、企业、中介组织关系的法规等。与此同时,还要梳理并清除一切不利于推进区域协调发展和区域合作的政策法规。要加强规划和法律的执行力度,建立统一协调的法治化工作平台。这样才能更好地推进区域合作的不断完善,保障区域协调发展的最终实现。

三、充分发挥新型城镇化作用

推动城镇化进程既是我国实现工业化、城市化的必然选择,也是缩小区域发展差距的有效途径。新型城镇化的实现过程,就是区域经济协调发展的实现过程。新型城镇化在区域协调发展中占据重要的战略地位,加快新型城镇化建设是世界范围内区域经济发展的重要道路选择。自工业革命以来,在全球范围兴起城镇化的浪潮。首先,城镇化是工业化的迫切需要,反映了社会化大生产的内在要求和客观规律;城市集聚了历史前进的动力,对周边地区发挥着领导、组织、整合的功能,也是区域现代化的迫切需要。因此,城市化既是以工业化为基础的社会现代化进程的必然结果,又推进了社会全面现代化的进程。同时,加快新型城镇化建设,也反映了社会发展的内在要求。改革开放以来,我国经济社会发展取得了巨大的成就,另一方面也面临着经济粗放增长、社会矛盾凸显的危机。继续深化改革,推进转型升级,加快转变经济发展方式,调整现有城乡生产关系,走新型城镇化发展道路,顺应了生产力发展的客观的内在要求。加快新型城镇化建设,有利于扩大居民的最终消费需求,有利于扩大城乡投资需求。推动城镇化进程,不仅是拉动经济发展的客观需要,也是维护好、发展好广大人民群众根本利益,促进经济发展的重要动力。加快新型城镇化建设,也是实现城乡统筹发展的重要途径。当前,我国目前的城镇化总体水平不高,经济发达的城市群和城市带主要集中在东部沿海地区。因此,应当从促进区域经济协调发展的角度来合理规划今后的城镇化进程,加快中西部地区的城镇化步伐,逐步形成具有自身特色的城市群和城市带;在中西部地区现有的城市建设基础上,发挥大中城市的集聚效应和辐射作用,不断缩小城乡之间、区域之间的差距。

就我国目前所处的经济发展阶段来看,区域发展不平衡、不协调是一个无争议的客观事实。地区经济发展不平衡的状态是在很长的历史发展过程中形成的,不可能在短时间内缩小和消弭。因此,必须按照中央的部署,有计划、分步骤、分阶段地逐步控制和缓解区域经济发展差距扩大的趋势,把地区差距控制在一定的范围内,最终消除区域差距,达到实现共同富裕的目的。

第五章　智能城市经济发展战略

第一节　中国城市发展面临的机遇与挑战

一、中国城市经济发展面临的机遇与挑战

(一) 中国城市经济发展面临的挑战

据国家统计局统计数据显示,2013 年,我国总人口达到 13.61 亿(不含港澳台),其中城市人口约为 7.31 亿,农村人口约为 6.3 亿,城市化率达到 53.73%。

自 2010 年以来我国城市化率连续 4 年超过 50%,并以每年 1.3% 左右的速度逐年上涨。未来 10 年,我国仍将处于城市化快速发展阶段,城市化率的提高标志着我国城市化进程的加快,而我国城市的数量与规模也在迅速增加与扩大。2013 年我国的城市数量达到 657 个,其中包括直辖市 4 个,副省级城市 15 个,地级市 270 个,县级市 368 个。城市时代的到来使城市经济成为中国经济的最主要贡献者。然而,在这种城市化快速发展的背景下,中国的城市经济发展在经济结构、资源环境、劳动力等方面也将面临巨大的挑战。

1.经济结构亟待升级

早在 1672 年,英国古典政治经济学创始人 William Petty 就在其著作《政治算术》中指出:第二产业(主要指工业)的利润高于第一产业(主要指农业),而第三产业(主要指服务业)的利润又高于第二产业。从发达国家经济结构升级的历程来看,其演变大致分为三个主要阶段:初始阶段,农业所占的经济比重较高;随着国民经济的发展,在经济结构升级的中期,农业在国民经济中所占比例逐渐下降,而工业与服务业比重上升;经济结构升级的后期,服务业越来越受到重视,在国民经济中所占比例大幅提高,而由于竞争等因素的影响,工业

在国民经济中所占比例逐渐降低。

就城市经济发展现状来说，我国正处于经济结构升级的后期，即从前一阶段的中、低技术产业向高技术产业以及知识密集型服务业转移。目前来看，我国城市经济结构主要面临的挑战表现为高技术产业比重低，城市之间产业结构类似，低水平重复竞争突出，传统产业创新能力不足。是产业结构水平低，许多城市高新技术产业的发展较为滞后，在城市经济中所占的比重较小，且多个产业的技术装备比较差、技术水平比较低。其次，在基础产业依旧薄弱的基础上，由于区域城市间产业竞争激烈且缺乏互补，重复建设和重复投资情况较多，许多工业部门中存在着严重的生产过剩与生产能力闲置的情况。再次，产品科技含量低也是大多传统产业面临的问题，有些地区的传统优势产业如机械、制造等产业重复、非良性竞争情况突出，而服务水平不高，与国外同业之间的竞争激烈，抗风险能力较弱，附加值不高。最后，经济结构的升级同样离不开创新的管理理念与手段，各产业间界限逐渐模糊也要求企业间进行更加紧密的信息与资源共享，这也是我国城市经济结构升级需要面对的问题。

2.资源过度消耗和环境污染

在工业化进程的初期，由于产业结构水平低下，许多城市依靠其自然资源，包括矿产资源、水利资源等进行发展。经过长时间对自身资源的过度依赖，很多"资源型城市"随着资源的过度消耗呈现后期发展乏力的状态。我国这方面的困境尤为明显：煤矿资源城市如鹤岗、大同，石油资源城市如大庆等地的经济发展问题在资源逐渐衰竭后显露出来，失业率的提高、企业利润的降低甚至过度开采后造成的环境破坏都使城市的经济发展面临严峻的挑战。

环境不只受到资源过度开发的影响，人口密度的提升、现代交通工具的使用，甚至高科技产品的普及也会对环境造成很大的影响。根据联合国人口基金会统计报告的数据显示，预计到2050年，全世界的人口总量将超过90亿，其中城市居民人口占70%以上，而人口总量在1000万以上的特大城市数量将增至27个。世界人口激增和城市化进程的加速，使得土地沙漠化、水资源缺乏、生物多样性丧失等一系列环境问题愈加恶化，资源问题尤其紧张。而在经历了这种快速扩张阶段之后，中国的城市化在环境方面也遇到了世界发达国家曾经和正在经历的发展困境和挑战，同时还有包括生态失衡、交通阻塞、能源危机、空气污染等方面的特殊问题。

20世纪80年代中期以来，快速的城镇经济发展与人口集聚对区域资源环境造成了巨大压力，外延增长式的城市发展模式已难以适应新形势下的发展需求，资源环境保障能力建设与城镇化发展不协调的矛盾日益突出。我国目前资源和生态环境不能缓解快速城镇化带来的巨大压力，不允许再走西方初级工业化阶段的城镇化老路，而必须与科技含量高、经济效益好、资源消耗低、环境污染少、人力资源优势得到充分发挥的新型发展道路相适应。党的十八大明确提出,要"积极稳妥推进城镇化,坚持走中国特色城镇化道路"。在此背景下,我国的城市发展转型模式及其趋势都是决策者和城市规划建设者迫切需要思考和解决的问题。

3.劳动力红利消失,劳动者素质有待提升

虽然我国的总人口与城市人口基数不断增加,但据统计资料显示,自2010年开始,我国60周岁及以上人口占总人口比重约为13%,其中城市60周岁及以上的人口占城市总人口比重约为12%,都大大超过了国际上通用的10%的标准,标志着我国已进入老龄化社会,并且老龄化程度较高。对我国的城市经济发展而言,人口老龄化的加剧预示着适龄劳动力的减少,即劳动力红利正逐渐消失。如何解决劳动力红利消失对城市经济发展的影响,也是我国城市建设决策者们面临的严峻挑战。

从劳动力的角度来看,不能只关注劳动者的数量,同时也要提高劳动者的质量,而劳动者质量最直观地体现在劳动者素质方面。劳动力产业转移理论指出,随着人均GDP的增长,劳动力首先从第一产业向第二产业转移,并且随着人均GDP的进一步提高,劳动力进而向第三产业转移。此外,城镇化进程的加快也促使着农村劳动力向城市转移,即国家从以农民为主向以市民为主转变。而在我国目前这种加速的城市化进程中以及城市经济结构升级的背景之下,劳动力的素质是亟待解决的难题:原本从事第一、二产业的劳动力可能面临需要从事其不熟悉产业的情况,而第三产业的劳动力也要面临新兴理念与技术的考验。因此,如何提高劳动者的素质,使其在面对新的工作环境时可以正确、高效地完成工作,从而为城市化经济的发展贡献力量也是城市建设决策者面临的巨大考验。

4.物联网等核心技术缺乏国家标准

新一代信息技术产品被国外厂商垄断,新产业的发展内忧外患。以RFID(射频识别)技术为例,在高频领域尤其是在最关键的超高频领域,我国缺乏制定标准的能力,相关标准的制定仍由国外机构把持,这就使我国在未来面临大量的专利费用,从而在标准方面使中国企业的成本大大增加。另外,从国家竞争方面考虑,由于智能城市的概念由美国公司IBM的"智慧地球"概念发展而来,相关国外企业可能把持着与智能城市发展相关的大量资源,如果物联网等核心技术缺乏国家标准的支持,没有自主研发的核心竞争能力,我国在智能城市发展过程中将会被其高附加值的产品消耗掉大量的资金,从而使我国信息产业特别是核心软硬件领域的发展受到阻碍,继而使我国城市经济的发展受到影响。

5.信息安全成为亟待解决的问题

信息网络安全问题的全球化往往伴随着信息网络全球化产生,虽然新一代信息技术的应用为智能城市发展提供了技术支持,但同时也为整个社会经济、产业等各个系统数据的泄露、网络攻击带来隐患。数据显示,2010年我国互联网上新增病毒750万个,比上一年下降56%;但新增钓鱼网站175万个,增加了近12倍。其中,钓鱼网站的受害网民高达4411万人次,间接损失超过200亿元(隋立明,2011)。智能城市经济发展战略亟待解决的重要问题之一是要保证政府部门、企业、科研机构在内部研发、信息传递以及与境外机构合作时有关商业机密、涉及国家安全的信息等不被泄露,努力提高信息安全系数。

(二) 中国城市经济发展面临的机遇

虽然我国的城市经济发展在很多方面面临着巨大的挑战,但在国际经济发展环境变化迅速的今天,全球经济发展模式在新一代信息技术发展与应用的过程中不断变化和升级。较发达国家而言,我国目前的城市发展阶段更加显著地受到信息化、工业化融合和服务行业比重上升的促进。此外,时代进步所带给我们的更为先进的管理理念与手段,更为我国城市的经济发展提供了难得的机遇。

1.新兴信息技术产业的快速发展

国家统计局数据显示,我国信息化发展速度较快,2011年信息化发展指数达到0.732,比2010年高0.025。2001—2010年年均增长13.98%,而2010年,该指数年增长速度已居世界第1位。早在2012年底,我国网民规模就接近6亿,约占世界网民数量的四分之一。而随着互联网的深入普及,据中国互联网络信息中心发布的《第34次中国互联网络发展状况统计报告》显示,截止到2014年6月,我国的互联网用户已突破6亿大关,达到6.32亿,互联网普及率达到46.9%,城市互联网用户在其中占据了比较大的比重。此外,就移动互联网用户而言,其规模已经越来越接近PC互联网用户,其便捷性上的优势使其增长势头较普通互联网用户更为迅猛。我国城镇化的特点基本上可概括为规模大、速度快、问题多、要求高,因此信息——作为城市经济发展的可重复使用、无污染、低成本要素——也得到了决策者们的充分重视,新兴信息技术产业的快速发展也为城市的经济发展进程开辟了新的方向。

电子商务的崛起:信息技术的快速发展对城市经济发展最直观的作用应该体现在电子商务的崛起上。2013年,我国通过电子商务交易的金额达9.9万亿元,为带动城市经济发展做出了巨大的贡献。电子商务的便捷性、可比较性与相对低廉的价格逐渐获取了不同年龄、不同阶层互联网用户的关注,也使有些地区的企业如阿里巴巴、京东等电商巨头受益匪浅,网络经济正成为我国企业投资和居民消费快速增长的新动力。统计显示,2012年,我国网络经济市场规模达3850.4亿元,同比增长54.1%,网络经济规模占GDP的比例从2011年第一季度的0.50%,上升至2012年第三季度的0.86%,极大地带动了地区经济的发展。未来几年电子商务的持续快速发展同样会为城市经济发展贡献较大的力量。

社交媒体的普及:近年来,社交媒体越来越多地为我国居民所使用,微信、微博、社区、论坛等社交媒体的普及为人们提供了一种即时性的、便捷的非正式交互方式,也开通了一条更为便捷的信息获取渠道,拉近了人与人之间、组织与组织之间乃至人与组织之间的距离。合理地应用社交媒体包含的信息也可以为我国城市经济发展提供更好的机会。

此外,从信息技术产业机会来看,以云计算、物联网、大数据为代表的新兴信息技术产业正得到越来越广泛的应用,城市经济发展的各个方面都可以看到信息技术产业举足轻重的作用。

从发达国家在信息技术应用方面的经验看来,美国通过信息技术建立了精准、可靠的城市传感网络,正向数字经济方向发展;欧盟正在打造泛在网,加强智慧城市网络信息基础建设,并强调以绿色信息通信技术,实现向低碳经济的转型,物联网也是其规划的重要一环;日本、新加坡等国家也都依托于新兴的、快速发展的信息技术为城市经济的发展铺平道路。同样,新兴信息技术的应用也会为我国城市经济发展提供重要的技术上的支持。我国信息技术的应用相对发达国家水平较低,然而,信息化在我国城市经济发展进程中的潜力则是巨大的。

2.智能服务业的兴起

新兴信息技术的发展会产生巨大的边际效应,会对城市经济建设的很多方面产生推动作用。目前,在我国 GDP 中服务业占比越来越大的环境下,服务业的升级也是城市经济建设的关键一环。以基于地理位置服务的各类服务业态(如智慧社区服务)、智能医疗、智能家居服务等为代表的智能服务业正是一种依托于高速发展的信息技术,并且较传统服务业而言是一种知识更加密集型服务业。智能服务业可以更主动地识别人们的需求,使服务需求者可以更加快捷、有效地接受服务;智能服务业的兴起可以使供应方更准确地识别需求信息,从而更加有效地为需求方提供服务。智能服务业除了可以满足传统服务业提供的较低等级的共性服务之外,还可以针对不同的需求提供更具个性的服务。

传统服务业会产生服务供应方与需求方信息不对称的情况,也就是说,服务供应方有能力提供服务,但不知道应该提供何种服务,也很难快速找到提供服务的对象;而服务需求方需要服务,但对自己的服务需求没有充分的了解,也无法快速、准确地选择自己所需的服务供应者。而智能服务业的兴起为这一问题提供了解决的途径:智能服务业可以作为服务需求方与供应方的中介,通过信息技术的分析与匹配,实现信息及时、高效地传递,从而提高效率。效率的提升、服务业的更好发展势必会为城市经济的发展提供良好的帮助。此外,作为一种知识密集型产业,智能服务业的发展会促进我国城市产业结构的升级与改造。

从发达国家在智能服务业方面的发展经验来看,美国当前开展了智能电网、智能交通、智能医疗、智能建筑等,以智能产业虚拟化、个性化、便捷化的特点促进城市经济的发展;日本则在交通、物流、环境、能源以及医疗等服务行业大力推进智能应用;新加坡、欧盟等国家和地区也通过其独特的智能产业计划来推进城市的经济发展。就我国目前的阶段而言,智能服务业应该处于起步阶段,若能吸收发达国家的成功经验,并结合自身现状合理地发展智能服务业,必将对我国城市经济的发展起到极大的促进作用。

3.传统产业的改造与智能升级

服务业向智能服务业转变的方式除了传统服务业自身的改进外,还包括传统产业如制造业等向服务领域进军。而"十二五"规划也要求对产业结构进行改造与升级,并且更为注重服务业,这也为传统产业的升级提供了良好的环境。

以我国一贯以来工业化的支柱产业——制造业为例,目前来看,由于市场竞争的加剧,企业传统的采购—加工—销售模式已很难满足企业的竞争需求,单一的产品类型、简单的售后服务也难以满足顾客的需求,越来越多的制造企业选择了一条创新的运营模式,即从传统的制造企业向制造—服务型企业转变,通过提供更为细致、全面、个性化的服务在市场竞争中脱颖而出,并为企业实现更高的利润。

另外,李克强总理在 2015 年 3 月的政府工作报告中首次提到"互联网+"中国智能城市经济、科技、文化、教育与管理发展战略研究计划,更加深入地阐释了之前聚焦的通过互联网改造传统产业的内涵。"互联网+"实际上是创新 2.0 下的互联网与传统行业融合发展新形态、新业态,是知识社会创新 2.0 推动下的互联网形态演进及其催生的经济社会发展新形态。也就是说,驱动当今社会发展与城市发展的不仅仅是互联网,还有各种数据、知识等。"互联网+"在应用互联网的前提下,将无所不在的计算、知识、数据纳入进来,推动了创新,促进了以用户创新、开放创新、大众创新、协同创新为特点的创新 2.0,进而引领了创新驱动发展的"新常态"。

传统产业的改造不仅仅包括采取服务化战略,目前有很多高科技企业通过技术创新与新兴信息技术实现产业升级。创新使企业在一定程度上摆脱成本—收益方面的激烈竞争,在一个更高的层次上占有市场,并且使我国企业在与国外品牌竞争时保持竞争力。而创新驱动发展战略已经在党的十八大中确立为国家战略。物联网、大数据、云计算等信息技术促进了创新 2.0 的发展,而创新 2.0 反过来也可以影响新兴技术的形成与发展。物联网的普及使企业可以通过物物相连实现发展,一些整车制造企业就基于物联网平台形成了具有自身特色的车联网服务平台,为顾客提供更为人性化的服务;大数据、云计算也为传统企业的智能化升级提供了可能,企业通过搜集并分析顾客的数据可以对其需求进行量化,可以为顾客提供更好的产品与服务,提升顾客满意度,进而提升企业绩效。此外,社交媒体平台作为一个创新的交互模式等也可以作为产业升级的手段之一。

传统产业虽然面临着巨大的竞争,但由于技术的发展,信息化与产业发展相结合的创新型模式正为越来越多的企业采用,企业运营模式的转变会对企业的经济产生显著的影响。此外,政府政策的引导、"互联网+"概念的提出、创新驱动战略的发展也为传统产业的改造与智能升级提供了方针上与路径上的指导。城市经济建设的决策者们应敏锐地意识到这一趋势,并进行合理的引导,使传统产业在城市经济发展中做出应有的贡献。

4.绿色城市、人文城市的发展趋势

我国城市经济的发展靠企业带动,但城市经济发展的最终目的是使居民拥有良好的生活环境和状态,因此经济的发展不能只关注企业,还要把居民的生存状况考虑进来。值得庆幸的是,目前城市管理者们已经意识到了这一点,为了为居民构建更好的生存环境,在人文方面,许多城市更加注意在发展经济的同时减少对环境的损害,如使用新技术对垃圾进行回收处理、控制污染物的排放、增加绿化面积等;在居民基本生活保障方面,重视医疗、交通、基础设施、文化生活等方方面面的建设,加大对居民的人文关怀。大多城市已经认识到通过经济带动城市发展,提高居民幸福指数;反过来,居民工作热情的提高又可以更好地促进城市经济发展。

城镇化进程的加快也使居民平均受教育程度有了显著的提高,居民素质有了显著的改善;信息技术的飞速发展更使居民可以较以往更为便捷地获取更加丰富的信息,促进了信息的共享,拉近了人与人之间的关系。在这一背景下,城市经济建设的决策者们可以把握住机会,在建设绿色城市、人文城市的趋势下,正确对居民行为、企业行为进行引导,形成合力,从而促进我国城市经济的发展。

(二) 中国城市经济发展对智能化发展的需求

目前,与智能城市发展相关的概念较多,不同的组织群体对智能城市都有各自独特的认识。"智能城市"概念的提出借鉴了"智慧城市(Smart City)"的内容。IBM 给出的"智慧城市"定义为:运用信息和通信技术手段感测、分析、整合城市运行核心系统的各项关键信息,从而对包括民生、环保、公共安全、城市服务、工商业活动在内的各种需求做出智慧响应。IBM 定义的实质是用先进的信息技术,实现城市智慧式管理和运行,进而为城市中的人创造更美好的生活,促进城市的和谐、可持续发展。

我国工业和信息化部电信研究院通信标准研究所给出的"智慧城市"定义为:将现有资源进行整合,包括数据的智慧整合、应用整合、感知网络整合,数据的整合打破信息孤岛,实现城市级的信息共享,加强数据的统一管理,实现数据的准确性和及时性,建立把数据转化为价值的体系,实现数据从部门级到城市级的提升。应用整合通过基础能力、服务与流程的全面集成,统一整合城市运营和产业,实现城市一体化运营;基于应用聚合门户,提供统一的智慧应用服务,实现整个智慧城市运营产业链的高效协同。感知网络整合视频监控、传感器、RFID 等多种感知网络,实现对城市感知网络的统一监控和管理,并在此基础上进行城市运营感知数据的统一分析与优化,从而实现对城市运营的智能管理,提供更有效的城市服务。

中国城市科学研究会数字城市专业委员会认为,智慧城市是架构在城市实景模型上,以城市建(构)筑物为承载主体,将城市中的人、企业、城市设施的基本要素,与城市资源、环境、社会、经济信息融合,采用物联网等技术获取动态城市运行数据,在智慧城市公共信息平台上集成各种行业应用。

《全球趋势 2030》给出的"智慧城市"定义为:利用先进的信息技术以最小的资源耗费和环境退化代价能够实现最大化的城市经济效率和最美好的生活品质而建立的城市环境。可以认为,该定义高度概括了从信息技术、产业经济、体制机制不同背景下对智慧城市的共性认识。

相对于以上"智慧城市"的概念,相关领域的专家、学者们通过大量的国内外调研分析,认为欧美国家"智慧城市"的建设已经走过了大规模城市化和工业化时代,当前主要任务在于城市管理与服务的智能化层面。而中国所处的发展阶段不同,正处于大规模的城市化建设阶段,遇到的困惑与问题在质和量上都是不同的,也表明了中国城市的智能化发展路径必然是独特的。当前我们正同时处于信息化、工业化和城镇化相融合阶段,仅从信息技术角度解读智慧城市,难以解决中国城市发展问题。无论官员、学者和各界人士,对于"智慧城市"的理解都已经向更宽泛的视野展望,建议重新定义,提出用"智能城市"概念,即用"Intelligent Cky,简称 iCity"代之。智能城市更多的是从城市的整体出发,也就是从市民的需求出发,通过对各种数据的集成,在充分运用数字化、网络化和智能化等技术的基础上,通过对知识技术、信息技术的高度集成与深度整合,按城市发展与市民的需要进行有效服务,这样的城市将具有生命力和可持续性。智能城市就是这样一座城市,是以智能技术、智能产业、智能人文、智能服务、智能管理、智能生活、智能医疗等为重要内容的城市发展的新形态、新模式。智能城市不仅可以从经济、社会及服务方面给予市民直接的利益,更能让他们实时感受到触手可及的便捷、实时协同的高效、和谐健康的绿色和可感可视的安全。智能化城市的社会价值主要体现在可以有效解决城市病、拓展产业发展领域、使居民创业就业生活满意;智能城市的经济价值主要体现在它是城市经济增长的倍增器。

针对以上背景,学者们对智能城市的定义是:充分利用现代信息通信技术,汇聚人的智慧,赋予物以智能,使汇集智慧的人和具备智能的物互存互动、互补互促,以互联网、物联网、电信网、广电网、无线宽带网等网络组合为基础,以信息技术高度集成、信息资源综合应用为主要特征,以智能技术、智能产业、智能服务、智能管理、智能生活等为重要内容,致力于能够自我修正和及时解决城市社会、经济、文化、生态、市民、政府等关键问题,以实现经济社会活动最优化的城市发展新模式和新形态。无论是城市的经济发展还是城市的管理都需要城市的智能化发展。

智能城市的特征包括以下几个方面:

第一,以人为本:以人的需求作为根本出发点,以个体推动社会进步,以人的发展为本,实现面向未来的数字包容,让城市中的人类生活更加方便与安全。

第二,全面感知:利用泛在的智能传感,对物理城市实现全面综合的感知和对城市的核心系统实时感测,实时智能地获取物理城市的各种信息。

第三,互联互通:通过物联网使城市的所有信息互联互通。

第四,深度整合:物联网与互联网系统连接和融合,将多源异构数据融合为一致性的数据。

第五,协同运作:利用城市智能信息系统设施,实现城市各个要素、各个单位和系统及其参与者的高效协同运行,达到城市综合智能运行状态。

第六,智能服务:泛在、实时、智能的服务。在城市智能信息设施基础上,利用大数据的新服务模式,充分利用和调动现有一切信息资源,通过构架一个新型服务模式和一种新的能提供服务系统结构,对海量感知数据进行并行处理、数据挖掘和知识发现,为人们(主要是指政府、企业、市民等)提供各种不同层次、低成本、高效率的智能化服务,即决策与认知的服务。

城市的经济发展是城市保持发展、居民生活水平提高的重要保证。针对目前我国城市经济的发展趋势——更加注重产业结构的改造与升级,并且更加注重对资源与环境的保护,结合我国目前城市化的发展战略,通过城市的智能化发展在新兴产业培育、传统产业改造、现代服务业发展以及资源环境的保护等各方面都可以满足城市经济发展的需求。

智能城市的主要特点之一就是信息技术的广泛应用,这将促生出一系列新兴的产业。技术创新驱动是产业结构调整与升级,进而促进城市经济发展的重要手段。在新的产业之中,网络化、智能化、绿色化、高技术化,是其主要发展方向。信息技术、自动化与制造技术、资源技术、健康技术等新技术日新月异的发展,使得城市的建设有了新的方法和构建模式。因此,新技术的发展将会更加有效地推动智能城市建设。智能城市建设,有利于中国产业走出一条科技含量高、经济效益好、资源消耗低、环境污染少、人力资源优势得到充分发挥的新型工业化道路。产业结构调整的同时,新的就业人群不断增加,使从事产业工作的人群素质与知识含量得到较大的提升,也使居民就业结构和生活方式发生改变。

此外,智能城市发展强调数字化与信息化,在发展过程中会产生大量的关于城市运行与管理的数据,智能城市建设是城市大数据最好的收集平台。城市大数据建设不仅将帮助城市管理者提高城市管理服务的内涵与质量,也是城市新的生产要素。大数据的合理利用将创造巨大的财富,可打造智能城市的新兴产业和服务业,也可以帮助传统产业完成升级与改造,从而为市民和企业做出更大贡献。

作为城市产业的重要增长极,现代服务业向信息服务业发展是智能城市建设的主要趋势。"生产性消费者"这一新的概念的出现,使信息消费成为促进内需的强劲动力。信息网络技术正朝着"宽带、泛在、移动、融合、安全、绿色"的趋势发展。大量的互联网应用、海量数据的高速传输、物联网海量终端间的实时信息交互、数十亿人的实时交往和交易,超高速网络、泛在网络技术、4G 无线技术、网络融合技术、绿色网络技术以及移动互联网、人体局域网、车联网等基于互联网的新技术、新业务、新形态不断涌现。

最后,经济发展须建立在对环境的保护和对资源的有效利用之上,智能城市建设恰好满足这一需求,可以尽可能地用最少的资源消耗、时间消耗,使人们获取更大的满足和快乐。智能城市的建设是为了使市民足不出户便可享受便捷贴心的服务,多样便捷绿色智能的交通、连续整合高效成本可控的医疗健康服务、安全与绿色的有机食品、新鲜的空气和整洁舒适的居住环境、终身个性交互式的教育、随时随处可得的知识资源、公平正义的生存环境等,这样的环境可以使居民更有动力为城市的经济建设贡献力量。

第二节 智能城市经济发展机理

一、传统城市经济发展机理分析

从供给的角度来看,我国施行改革开放以来,主要由低成本要素、高投入和生态环境为代价促进经济发展。大量的廉价劳动力从农村迁移到城市,便宜的土地使用权和自然资源推动了当时制造业的发展。境外技术和资金的引入,提高了国内制造业的生产效率和产量。低成本的环境污染使得企业长期进行无节制的开采和排污,以透支环境为代价的方式粗放发展,虽然暂时推动了经济发展,实际却给城市带来了不少隐患,如雾霾现象、饮用水的污染、土地污染等。再加上各地政府大规模的引资和配套的土地政策,为城市经济发展奠定基础。

从需求的角度来看,四十多年的经济发展主要通过本地消费、投资需求和产品出口拉动。本地消费在 20 世纪 80 年代一度占到我国 GDP 的 62.0%,如此大的本地消费需求给我国企业和经济快速发展带来机遇。随着时间的推移,如今消费需求对 GDP 的贡献有所削弱。据统计,2014 年全年最终消费支出对国内生产总值增长的贡献率为 51.2%。在经济增长的过程中,投资需求扮演了很重要的角色。1981—1990 年固定资产投资占 GDP 比重为 35.5%,1991—2000 年年平均为 38.5%,到 2013 年这个数字更是达到了 76.0%,可见投资需求对我国 GDP 增长起到非常重要的作用。产品出口作为 GDP 另一个贡献者之一,随着改革开放程度的提高,我国进出口贸易量的逐渐提高,我国廉价的劳动力成本、土地成本以及税收优惠吸引了大量的国外投资商,引入资金和先进技术,给我国经济快速增长提供了帮助。

从我国四十年多年的经济发展历程来看,我国所采取的经济发展战略是有成效的,通过政府引导和土地、资源的保障,进行城市投资建设,促进产品出口和内销带动了城市经济快速发展。随着科技的发展和人们对环境认识的提高,各地也逐渐重视资源匮乏的现实环境,快速经济发展带来的环境污染问题,以及人们不断提高对生存环境的要求,城市经济发展面对的环境也发生了重大的变化。劳动力价格和土地资源价格的提高,人民币的升值,都在一定程度上降低投资倾向。相比过去,更高额的企业污染物处理费用也给企业发展带来了一定的影响。随着人类文明逐渐发展,城市需要采取新的发展思路和策略来适应现今的城市发展。

二、我国智能城市经济发展的整体内在机理

智能城市建设对于推动城市经济可持续发展具有重要作用,是对当前我国城市化进程中经济发展体制和机制的重要创新。在传统经济发展模式中,虽然企业等交易主体已逐渐重视内部的信息化建设,但各主体之间由于信息不充分、不对称,只能以信息孤岛的形式存在,导致资源流动性低、配置不均衡、交易主体因为不确定性导致彼此的关系强度不足、机会主义行为凸显,成为提升经济发展效率和降低成本的主要瓶颈。借助物联网等新一代信息技术的推进,智能城市建设将有效提升各交易主体之间的信息沟通水平,打破信息孤岛之间的壁垒,实现不同交易主体之间的目标互动,增强其交互频度与关系强度,实现信息的即时沟通、分析与智能决策,促进不同交易主体之间的协同发展,有效降低成本,提升经济发展效率。

智能城市是城市发展的高级阶段,其基础是物联网与数字城市,其能力体现在智能协

同、内生发展、联合创新等。这些能力的出现对城市产业发展产生了巨大的影响,一方面,促进了新兴产业的形成和发展,为物联网发展和智能城市的建设提供了必要的物质基础和技术支撑;另一方面,智能城市核心能力的发展对于推动传统行业产业升级,加速行业间的融合,改变行业发展模式等具有积极的影响作用。从整体上看,智能城市的建设通过核心能力建设(创新性、创业性、经济形象和地位、生产力、劳动力市场灵活性、国际性)、新兴产业和传统产业发展的支持,从增加经济发展要素投入、优化经济发展需求结构、转变经济发展模式方面促进城市经济的发展,进而表现在城市经济的出口、投资和消费对经济的拉动作用上,带动智能城市经济向全面性、可持续性、环保型经济发展。

三、我国智能城市经济发展的整体战略分析框架

智能城市经济发展战略的分析框架包括智能城市经济发展的目标,经济发展的主要途径,经济发展的关键因素分析以及智能城市经济发展基础。物联网和数字城市是智能城市发展的基础,智能城市经济发展战略的制定就是在此基础上打造智能城市的智能协同、内生创新、高度集成等核心能力,结合城市发展的外部环境和自身发展历史、特点,促进新兴产业的诞生和发展、传统产业的增强以及新兴和传统产业的联合发展,从而通过要素投入、优化产业结构、转变发展模式等途径,以扩大出口、合理投资和拉动消费的方式促进智能城市经济发展,实现可持续性、全面性、绿色发展等智能城市经济发展目标。

加快完善社会主义市场经济体制和加快转变经济发展方式时,要实施创新驱动发展战略,并提出"要坚持走中国特色自主创新道路,以全球视野谋划和推动创新,提高原始创新、集成创新和引进消化吸收再创新能力,更加注重协同创新,进而促进产业结构战略性调整"。也就是说,创新驱动,尤其是自主创新驱动,是实现我国产业转换升级,转变经济发展方式,进而实现经济持续健康发展的战略支撑。当前我国经济持续健康发展的要求包括经济均衡快速发展、保护环境以及改善民生,从我国近 20 年经济发展历程可以看出,产业转换升级是我国经济持续健康发展的必经之路。

创新驱动是实现产业转换升级和发展新兴产业的动力源泉,持续科技创新是创新驱动的内在支撑。我国现有的原始创新技术、集成创新技术、引进吸收再创新技术等都存在消极的路径依赖"锁定效应",极大地阻碍了我国技术创新的步伐。要突破技术创新的路径依赖,实现路径创造,必须培育产业升级主体的自主创新能力。"中国工程"和"中国制造"及现代服务业是我国经济增长的支柱,也是科技创新的主要载体。

智能城市经济发展战略的目标是实现城市经济的可持续性、绿色以及全面性的发展,有效缓解人口增长、快速城市化带来的人口、资源、环境等问题,提升城市发展的生态环境承载

能力,实现人与城市、自然的和谐相处。城市绿色发展是智能城市建设的目标之一,也是我国新型城镇化规划的关键内容。

当前我国经济发展的现状是,劳动力成本迅速攀升,产品生产过程中的劳动力优势正逐步消失,伴随着工业粗放式生产带来的环境污染、交通拥堵等经济问题凸显,经济发展三驾马车中出口受世界经济危机的不利影响,投资作用的边际收益正在下降。因此,拉动内需成为促进我国经济建设和发展的重要推手。

智能城市经济发展战略的基础是"物联网+数字城市"。数字城市是在城市的生产、生活等活动中,利用数字技术、信息技术和网络技术,将城市的人口、资源、环境、经济、社会等要素,以数字化、网络化、智能化和可视化的方式加以展现,是把城市的各种信息资源整合起来用于规划城市、预测城市、运营城市、监管城市。随着物联网时代的到来,利用云计算等新一代信息技术对感知到的城市各类信息进行智能处理和分析,实现数字城市与物联网的融合,对包括政务、民生、环境、公共安全、城市服务、工商活动等在内的各种需求做出智能化响应和智能化决策支持,为解决快速城市化、粗放式经济发展带来的环境、人口、资源问题带来了新的思路。

连接物联网、数字城市等智能城市经济发展战略的基础,实现智能城市经济可持续性、绿色、全面性发展的目标,产业发展与核心能力构建是完成二者对接的重要桥梁。通过构建与提升城市的全面感知、智慧协同、内生发展、以人为本、充分整合、自主创新等核心能力,促进物联网、数字城市下新兴产业的发展,推动传统产业的升级改造,促进新兴产业与传统产业的融合发展,以要素投入、优化结构、转变发展模式等途径,实现智能城市经济发展战略目标。因此,智能城市经济发展战略分析框架须在对新兴产业兴起、传统产业升级和产业融合发展的基础上,结合城市经济基础,探讨自身经济发展的优势和劣势,辨识外部环境建设带来的机会和威胁,针对性地制定适合城市自身发展特色的经济发展战略,同时设计相关制度保障和支撑条件,推进智能城市经济战略的贯彻实施,形成有效的政策反馈机制,满足经济发展战略的监控和调整发展需要。

四、智能城市推动新兴产业发展机理

智能城市的建设对于新兴产业的发展具有积极的推动作用,首先从新兴产业内在的因素来讲:随着科学技术的发展,新技术、新信息、新知识将不断涌现。这些新技术发现之初,尽管还属于一种知识形态,但在其发展过程中,其成果逐步凸现其效应,形成产业化,最后形成一种新兴产业,并且这种产业具有无限的发展空间和价值。考虑到城市发展的人本理念和可持续性问题,信息技术和数字化的角色更加凸显。纵观全球,首先,以信息技术为支撑的智能城市,正显现出蓬勃的生机,在未来也会给城市带来新的动力,从而带动一系列新兴产业的发展;其次,从外部因素来讲,智能城市建设为战略性新兴产业发展提供了广阔的市场空间和成长平台,这将会推动着战略性新兴产业由开发实验、理论探讨走向推广应用。智能城市建设,首先要做的就是通过广泛地采用互联网、物联网、云计算、人工智能、知识管理等技术构建大量智能化基础设施,在此基础上,提高城市规划、建设、管理、服务的智能化水平,使城市运转更加高效、敏捷、低碳与和谐。因此,智能城市建设对于促进新一代信息技术产业——包括智能硬件产业、与之对应的软件产业以及应用服务业的成长是一个重要发展契机,对具有广阔前景的云计算、物联网的设备制造业产生巨大的市场需求,尤其将城市现代服务业的范围、规模和质量提升到一个崭新的水平。智慧城市建设本身的不断发展与升级,必将进一步推动智能交通、数字城市管理、城市安防、医疗信息化、绿色建筑、地理信息、云计算、物联网等新兴产业的发展。加快建设智慧城市步伐,有助于促进战略性新兴产业发展,为相关产业落地提供机会。

近些年来,智能城市的建设得到了政府的高度关注和大力支持。首先,智能城市对于推动经济发展,解决发展过程中的资源浪费和环境污染问题大有裨益。2012年,发改委副主任张晓强在接受中国政府网专访时提到,战略性新兴产业对进一步缓解经济下行压力有好处,因为像 IT 这类信息技术,其产业的发展速度要比工业的平均增长速度快很多,再加上前些年我们快速的工业化、城镇化,导致了大量的资源消耗、环境污染,因此发展新型产业尤其是战略性新型产业是非常有效且必要的。其次,信息技术和通信技术的不断发展,新兴产业的不断涌现以及创新能力的不断加强与智能城市的建设相辅相成,共同促进。智慧中国首席战略官曹国辉在上海举行的"2012中国智慧城市高峰论坛"上表示,所谓"智慧城市"就是集成多种高新技术应用,通过数字化、信息化、泛在互联、云计算、全面感知、智能分析等手段,形成技术集成、综合应用、网络高端发展的现代化、网络化、信息化城市。近年来以物联网、云计算、下一代互联网、新一代移动通信为代表的信息技术的不断革新与融合,为智慧城市的发展提供了有力支撑。最后,在智能城市建设的实践中,一大批高科技得以推广运用,由此带来一系列新兴产业的飞速发展,促进城市的数字化和人本化。以上海为例。上海市经信委副主任刘健表示,建设正依托云计算、物联网、高端软件、高端芯片、光纤技术、第四代移动通信技术等一系列最新高科技、新技术,为城市构建起智能水网、智能电网、智能医疗、智能教育、智能市容监管、智能灾情预警等系统,并由此为一大批新兴技术、新兴产业提供了"用武之地"。在智能城市建设中,政府也会通过资金、政策等加大对新兴产业,尤其是新型高科技创新类产业、战略性新型产业的扶植力度,来促进新型产业的快速发展,使其成为转变经济发展方式的助推器,来带动城市的经济发展。

互联网的出现,催生了 B2B、B2C 等商业模式;伴随着 3G、4G、5G 时代的到来,移动互联网的迅速发展,使得原本相对固定的网络行为,变得更加自由与迅捷。移动互联网显然已经成为全球最活跃、最具潜力的产业领域,并且正将整个 IT 产业带入一个新的快速发展通道。而随着物联网技术的逐步发展,人类社会正朝着更加智能的时代变迁。借助物联网技术,人类可以实现对带有传感设备产品的远程控制。通过物与物、物与人、人与人的互联互通能力、全面感知能力和信息利用能力,通过物联网、移动互联网、云计算等新一代信息技术,实现城市高效的政府管理、便捷的民生服务、可持续的产业发展。

(一)新兴 IT 产业和大数据、云计算等促进城市经济发展的机理

1.经济发展的数字化

互联网技术、物联网技术的快速发展,使得高效、安全、便捷、低碳的数字经济蓬勃兴起。随着消费者的需求不断变化和竞争对手不断出现,产品与服务的更新周期越来越快。速度的压力使得企业必须通过合作进行资源整合和发挥自己的核心优势。规模经济的要求、新产品研发等巨额投入的风险也迫使企业必须以合作的方式来分担成本,甚至是与竞争对手进行合作,形成合作竞争的关系。信息技术手段特别是互联网技术极大地降低了合作沟通的信息成本,使得广泛的、低成本的合作成为可能。通过信息平台而不是组织整合平台,伙伴间形成了虚拟企业。这样的虚拟企业既具有大企业的资源优势,又具有小企业的灵活性,为合作的各方带来极大的竞争优势。在信息技术快速发展的冲击之下,许多行业出现了大的断层,产业的游戏规则在变化,新的对手来自四面八方,新的供应商随时产生。这种断层既对行业中的现存者提出了挑战,又为新生者提供了机会,各个行业都不同程度地存在重新洗牌的机会。许多中间环节面临消除的危险,他们被迫提供新的、更大的价值;许多企业进入价值链的其他环节;制造业向服务业转型或在价值链中重新定位(如从品牌制造商转为 OEM 制造商)等。传统经济中,商品或服务的多样性(richness)与到达的范围(reach)是一对矛盾。大众化的商品总是千篇一律,而量身定制的商品只有少数人能够享用,但数字技术的发展改变了这一切。企业现在能够以极低的成本收集、分析不同客户的资料和需求,通过灵活、柔性的生产系统分别定制。

2.公共管理高效化

互联网等新兴技术的出现与发展,促进公共管理的精细化与智能化。通过对城市地理、气象等自然信息和经济、社会、文化、人口等人文社会信息的挖掘,可以为城市规划提供强大的决策支持,强化城市管理服务的科学性和前瞻性。在交通管理方面,通过对道路交通信息的实时挖掘,能有效缓解交通拥堵,并快速响应突发状况,为城市交通的良性运转提供科学

的决策依据。在舆情监控方面,通过网络关键词搜索及语义智能分析,能提高舆情分析的及时性、全面性,全面掌握社情民意,提高公共服务能力,应对网络突发的公共事件,打击违法犯罪。在安防与防灾领域,通过大数据的挖掘,可以及时发现人为或自然灾害、恐怖事件,提高应急处理能力和安全防范能力。

3.公民生活数字化

互联网、物联网等新技术的发展,使得公民有了新的交流方式,We Chat、Facebook、E-mail、QQ、MSN、新闻群组(news group)、BBS、讨论群组网站、附属组织的讨论区、在线游戏、网络聊天室等在线交流能拓展人们的社交圈。新技术的出现,同时也为公民提供了新的信息检索方式。以往人们通过向他人求教、查阅报刊、看电视和听广播等方式实现信息的检索;现在,互联网作为网民信息检索的第一媒介的地位已然树立,人们逐渐习惯于互联网信息检索的方便、快捷与丰富。新技术的出现,使得公民的消费方式有了巨大变革,电子商务如火如荼地发展起来,人们足不出户便可以购买到质优价廉的产品。与此同时,公民借助新兴技术,实现在线娱乐与生活,甚至在线工作。且在线教育系统也变得越来越为人们所认可。在这样一个技术充斥的时代,科学、绿色、便捷的数字化新生活将变成现实。

4.公共服务网络化

信息技术的发展正在改变着公共服务的形式,我国已经着手推进公共服务的网络化。从2014年7月开始,国家卫计委在北京、天津、上海等11个省区市推行流动人口电子婚育证明试点工作。现在试点结束,将向全国推广,说明电子婚育证明运行顺利,技术成熟。此举可谓顺应时代、与时俱进,意义重大。它能为公众提供更加方便快捷的服务,将节约大量行政成本,促进政务行为的透明化,减少一些部门设置乱收费的可能,促进政府的廉洁性,提高服务效能。互联网、物联网等新兴技术的发展,势必会加快政府公共服务的网络化进程。虚拟化、个性化、均等化的社会服务将无处不在。

(二)新兴IT产业和大数据、云计算等促进城市经济发展的路径

1.加强城市基础网络建设

大力推进光纤到户、三网融合、无线城市、物联网和智能管网等建设,形成高端化、系统化的信息网络,加强信息资源开发利用,真正实现信息城市,随时随地共享信息、感知和被感知,为智能城市建设奠定坚实基础。

2.构建高效的公共管理服务

打造政府云计算中心和公共管理服务平台,加强智能政府建设,加快信息资源共享、城市管理模式和理念的转变,创新发展智能社会保障、智能医疗卫生、智能教育文化、智能社

区、智能交通等,实现公共管理服务能力与水平的提升。

3.促进产业体系的融合

充分利用智能城市建设契机,积极运用下一代信息技术、新一代网络技术和智能技术,大力发展智慧产业、战略新兴产业和现代服务业,促进传统产业高端化发展,推动产业结构转型升级,打造全面融合、发达的现代产业体系。

4.提供和谐友好的生活环境

围绕生态宜居发展目标,发挥高新技术在环境建设方面的作用,积极发展低碳经济和循环经济,推进生态环境与城市发展相互促进、资源节约与可再生资源开发利用并举,进一步凸显城市自身特色,实现城市环境生态化、人文化、科学化,形成一个环境和谐友好的城市。

抓住信息技术引领的城市管理变革机遇,以信息技术、智能技术为手段,抓好专家体系、计算机体系、数据信息体系的综合集成,高标准规划、高起点建设,大力加强城市综合管理与协调,实现城市系统的智能开放,全面发挥城市的集聚力和辐射力,最终成为智能开放的城市。

五、智能城市推动传统产业改造升级机理

随着知识经济和信息数字时代的到来,很多传统产业的发展遇到了瓶颈,增长乏力且创新能力不够,这严重削弱了其对城市发展的贡献。而城市要发展,却离不开这些传统产业的支撑和带动,因此必须对传统产业进行改造,更新落后的设备和工艺(汪光春,1996),引进高科技信息技术,这样不仅能够提升效率,而且可以更好地为城市居民服务。

产业升级关键是依靠技术进步,归根到底是取决于创新,这包括技术创新、制度创新、组织结构创新等。产业的升级表现为两个方面:(1)产业的协调发展和结构的提升,例如各产业的布局、比例要合理,要由中低水平的重复建设向中高水平的集约型结构迈进等;(2)产业素质与效率的提高,即生产要素的优化组合、技术水平和管理水平以及产品质量的提高。但是在我国传统产业升级改造的过程中却遇到了很多的问题,具体体现在:(1)我国企业长期以来并没有建立起确保研发投入稳定增长的机制,除了像海尔、华为等试图掌握核心技术的具有强烈使命感的企业外,大多数的大企业都是根据自身盈利和资金状况来安排研发支出,研发投入机制的不健全、不完善,严重损害了企业的持续创新能力,企业的核心资源也会在市场的大浪淘沙中逐渐消失殆尽;(2)很多企业因为对研发活动的重要性及必要性认识不够,存在着大量战略短视行为,把研发投入、员工培训投入等作为企业的利润调节器来使用,而不是作为打造企业人力资本、技术竞争优势与核心竞争力的长期战略,更不会致力于学习型组织的建设。人才与技术的匮乏、设备更新速度缓慢等使得转型中的企业长期进行低水

平的建设,对内严重阻碍了内部效率的提升,对外削弱了企业的市场拓展能力和服务水平,对营销工作提出了更高的要求。

知识经济已拉开序幕,伴随着高新技术的迅速发展和广泛运用,智能化革命也深深地改变着人类发展的进程,这两者及其相互作用都为传统产业升级提供了新的契机。新经济的形成与发展,会促使社会各个经济主体——政府、企事业单位和个人——的思维方式及其行为方式发生巨大而深刻的变化。在社会的巨大变革中,传统产业的经济增长方式转型、传统产业的结构升级调整以及传统产业的技术、制度以及组织结构创新等有了新的推动力量和发展机遇。实际上,由新技术、新知识、新成果所转化的新兴产业,也必然会使传统产业产生革新、嬗变、改造和提升。因此,企业改造升级过程中遇到的研发问题、战略导向问题、内部效率提升问题,营销问题、服务问题等必须借助于智能城市发展的契机,依靠智能化的硬件与软件,降低成本,提升效率,从而将企业的资源集中于技术的进步、创新能力的提高上。在智能城市的建设中具体要做好:(1)处理好战略性新兴产业发展和传统产业改造升级的关系,重视智能技术与传统产业的融合;(2)着力突破关键核心技术,依靠科技创新成果的产业化促进传统产业改造升级等。

(一)智能交通在传统产业升级方面促进城市经济发展的机理和路径

城市交通作为城市的重要组成部分,在组织人们的生产生活、提高客货流的有效运转及促进城市经济社会的健康快速发展方面扮演着愈加重要的角色。随着城市交通需求的急剧膨胀,人、车、路和环境间的矛盾更加凸显,城市交通拥堵、事故频发、雾霾严重等问题,已成为城市经济社会发展的瓶颈。1994年,第一届智能交通大会在巴黎召开,智能交通的概念得到各国的高度认同,并逐渐成为各国解决城市交通问题的有效途径。智能交通产业作为一种全新的产业,不断地吸收和应用现代高新技术,已经成为21世纪规模最大的产业。目前,智能交通在我国已广泛应用到城市公共交通管理、交通指挥等领域,且在北京、上海、广州等城市得到了较大发展。然而,我国智能交通产业发展仍面临着关键技术创新、技术标准和产业链整合等方面的制约,迫切需要通过新的发展模式寻求出路。

第十八届三中全会以来,智能交通产业被认为是我国目前细分领域中最具前景、政策倾斜最多的行业。因此,在国家政策或资金投入的引导下,智能交通产业链上的各个环节将得到快速发展。同时,这也将直接带动交通领域所涉及的高端装备制造业、软件业、信息服务业等行业的快速发展,直接体现为这些行业通过更好的产品或服务满足并刺激政府、企业和居民对城市交通的需求,以拉动内需的形式促进城市经济的发展。在政府的引导下,也会有更多的企业或投资机构将更多的资金投放到智能交通产业链中,能够为城市智能交通建设提供资金保障,使投资对城市经济发展的拉动作用更加明显。进而,在强大资金的支持下,智能交通领域的相关企业通过创新研发,不断增强国际竞争能力,从而把其城市智能交通相关产品或服务推向国际,以对外贸易的形式拉动城市经济的发展。总之,城市智能交通产业的发展通过拉动内需、加大投资、增加出口,促进城市经济的快速增长。

当然,城市智能交通建设是一项系统工程,它涉及智能交通产业链的各个环节,具体包括软件、硬件、数据、系统集成以及服务等的提供商。智能城市的建设将推动我国城市智能交通产业的优化升级,实质上直接体现在智能交通产业链上我国软件、硬件等提供商创新能力及竞争能力的不断提高上。

总体而言,我国智能交通产业仍处于起步阶段,存在较大发展空间。而我国智能城市建设进程的加快,将有效推动我国城市智能交通产业链的优化升级、刺激相关行业消费需求的增长、带动投资与增加出口,为把城市智能交通产业培育成为智能城市经济发展的重要支柱产业创造了有利条件。

(二) 电子商务在传统产业升级方面促进城市经济发展的机理和路径

根据商务部发布的《中国电子商务报告》,2013 年,中国电子商务交易额突破 10 万亿元,同比增长 26.8%,其中网络零售额超过 1.85 万亿元,同比增长 41.2%。我国已成为世界最大的网络零售市场,网络零售交易额占社会消费品零售总额的 7.8%。电子商务在拉动内需、促进就业方面作用非常显著。

电子商务是适应城市化发展的新兴产业,近年来的快速发展,将进一步完善城市服务功能,促进城市服务体系的信息化,并将对各个行业产生一定的冲击。电子商务已逐渐融入传统产业链的各个关键环节,传统产业的资源配置效率、管理水平和创新能力得到快速提升,转型升级的步伐大大加快;与此同时,电子商务自身也得到发展壮大。

1.电子商务在传统产业升级方面促进城市经济发展的机理

(1)改变传统消费方式

2013 年,我国网购用户达 3.12 亿,同比增长 26.3%,超过三成的网络购物用户全年网络购物频次在 40 次以上,且超过六成的中国网络购物用户累计购物金额在 3000 元以上,用户网络购物习惯在逐渐深化。

从消费者的角度来看,电子商务改变了厂商与消费者信息不对称的情况,增强了消费者的信息搜索能力、议价能力,降低消费者的交易费用,消费者在网络市场占据了主导地位。

通常,在交易过程中,双方掌握的信息是不对称的,且买家往往处于信息劣势的地位,信息经济学认为,信息是有价值的,可以提高人们做出有利选择的能力。于是,消费者在做出购买决策之前,会进行信息搜索,"货比三家"正是描述消费者的这种信息搜索行为。然而,搜寻是需要支出成本且具有机会成本的,随着搜寻范围的扩大,搜索成本不断上升,而搜寻获得的收益却是递减的,当消费者搜索信息的边际成本与边际效用相等时,他们便会停止搜索,做出购买决策。

而在电子商务环境下,消费者可以利用网络来进行信息搜索,信息搜索能力迅速提高,从而大大降低搜索成本。除去搜索成本外,电子商务可以让生产商直接面对消费者,并增加了交易过程的透明度,使得契约成本、监督成本等交易成本得以减少。

(2)变革流通渠道

传统的销售渠道结构呈金字塔形状,在竞争激烈的市场环境下,传统渠道存在许多缺点。过多的中间流通环节,造成成本上升,终端价格竞争力下降。并且生产企业难以有效地控制销售渠道,销售政策难以得到有效的执行,而且效率低下。

而电子商务则为流通渠道的变革提供了条件,生产者可以更近距离地接触到消费者,使得供应链中的流通环节大大减少。这种变革对于渠道效率的提升主要表现在三个方面:①降低产品的流通成本,上游经销商甚至生产商能够直接面对消费者,批发商等流通环节逐渐消亡;②提高了产品的流通速度,特别是对于农副产品等易腐品而言,渠道的缩短使其能以更低的损耗、更快的速度到达消费者的手中;③扩大流通范围,电子商务使卖方所接触的市场不再局限于一个区域或国家,网络所能触及的地方都可能会产生需求,也不再受到人力服务时间的限制。

(3)促进生产发展

通过电子商务平台,企业产品的流通范围扩大,且企业能够与消费者直接接触,及时了解产品在流通领域的信息,更易感知消费者的需求,从而更好地制订生产计划,让企业对市场的变化更加敏感,更能贴合市场需求。而各种功能的信息系统,如 ERP、PDM、MES 等系统的应用,使产品的采购、生产、销售等方面更加信息化,全面提高了企业的生产经营效率。

电子商务使企业生产的外部合作更加多样化,电子商务使企业的生产更多依赖于与其他企业之间的合作,采用供应链、虚拟企业、扩展企业、生产外包等方式,实行并行生产,企业更加专注于自己最擅长的环节,从而降低成本,提高整体生产效率。

而伴随着工业 4.0 时代的来临,工厂最终走向智能化,实现智能化生产系统、过程和网络化分布式生产设施,原材料、生产工厂、物流配送被全部编织在一起,系统中的不同部分相互沟通,为消费者提供个性化的制造方案。生产模式也将发生改变,从集中式发展为分布式,各地的智能设备相互联结、协作生产。

（4）改善民计民生

电子商务在民生服务领域的应用，推动创新型智慧社区的建设与发展，社会化管理逐步实现网格化。

社区电子商务云服务平台的建设，以移动互联网为载体、以居民为中心，提供社区周边的生活服务、餐饮、购物信息，提供小区新闻、物业通知、物业缴费、物业保修等便民服务。"一站式"惠民服务平台的建成，为公众提供社保、医保、水电煤气、通信以及城市一卡通查询与缴费等公共事业服务。医院自助服务平台的建设，方便市民预约挂号和医药费用的在线支付，提高了医疗效率。

2.电子商务在传统产业升级方面促进城市经济发展的路径

（1）优化电子商务发展环境

加强电子商务的知识普及工作，提高行业和企业对发展电子商务重要性的认识，健全电子商务人才培养和引进机制，通过与国内外知名高校、知名电商企业的人才培养合作，培养一大批适应电子商务发展需要的专业人才。制定和完善电子商务相关产业政策，加大对电子商务企业的扶持力度，激发企业发展电子商务的内生需求。充分发挥政府有关部门的积极性，完善制度，明确分工，积极搭建有利于城市电子商务发展的良好支撑体系和政策环境。

（2）完善电子商务支撑体系

加快基础通信设施、光纤宽带和移动通信网、广电有线网络建设，推进三网融合。制订商务信用建设规范，支持、鼓励符合条件的第三方机构按照独立、公正客观的原则对电子商务经营主体开展商务信用评价、认证服务。引导商业银行、银联、第三方支付服务机构与电子商务企业共建在线支付平台。积极开展安全可靠的在线支付服务，推广电子支票、手机钱包等各类新兴电子支付和结算工具的使用。鼓励物流企业运用先进的信息和装备技术进一步提高运营效率。鼓励大型电商和物流企业在物流园区投资建设标准化仓储设施和电子分拨中心。

（3）拓展电子商务应用范围

创新电子商务注册登记制度，鼓励企业积极开展电子商务活动。支持重点企业以供应链为基础，整合上下游企业资源，建立信息共享的电子商务平台，提高企业运营效率。整合已有的商贸服务业资源，建立社区电子商务云服务平台，构建以社区为节点、覆盖城市的同城物流配送网络。与大型通信运营商等企业合作，拓展基于新一代移动通信、物联网、云计算等新技术的移动电子商务应用。推动移动支付、公交购票、公共事业缴费、超市购物和社区服务等移动电子商务应用的示范和普及。

（4）发展电子商务产业集群

电子商务产业集群是各类电子商务企业上下游之间关系的有机组合，由电子商务企业本身与支撑电子商务企业发展的配套企业、环境所共同形成的产业生态链。

发展电子商务产业集群能够实现相关企业的优势互补，既实现各种资源的共享，又能发挥专业分工的高效率，形成更强大的竞争力。参与电子商务产业集群的传统产业，可以在网商及配套服务提供商的合作下开展电子商务活动，并实现在线支付和物流配送，而无须进行投资开发电商平台。

发展电子商务产业集群应当注意以下几点：①加强第三方机构建设，引进各类金融及物流企业，降低集群内企业发展成本；②与传统企业相结合，让其依托电商平台向产业链两端延伸；③发挥龙头企业作用，鼓励其开展技术创新，扩大企业规模，带动相关企业发展。

（5）加大政策扶持力度

对电商及电商相关企业给予租金、物业、税收、融资、人才、带宽、水电等各方面优惠。对电子商务公共平台和电子商务园区基础设施建设等重大项目给予贷款贴息。资助第三方电子商务服务企业参加国内外专业展会、举办网商大会等市场推广活动。专门制定跨境电子商务专项扶持政策，支持电子商务跨境贸易。

强化金融支持。研究制定促进金融业与电子商务及电子商务相关企业互相支持、协同发展的政策，鼓励各类金融机构加大对电子商务的支持力度。加强政府财政支持对社会投入的引导和带动作用，形成政府引导性投入与社会资本投入互补的投融资机制。构建综合性融资服务平台，完善企业融资担保机制。培育和发展创业风险投资，促进风险资本对电子商务自主创新和创业的支持。鼓励和引导各大电信运营企业、银行和银联机构、第三方支付服务提供商、移动电子商务平台技术提供商和商贸企业等积极参与电子商务建设与应用。

六、智能城市推动现代服务业发展机理

随着经济的不断发展，现代服务业已成为城市经济发展的基础产业，它不仅影响到人们的生活质量和水平，而且是一个城市竞争力的集中体现，具体体现为：（1）经济增长的新引擎，引领经济由传统"工业经济"向"服务经济"转变；（2）发展的新领域、新业态层出不穷，知识和技术密集化使其内部结构不断升级；（3）能够创造就业，满足需求，助力生产，推动城市发展和区域经济结构调整。服务业较其他生产制造行业不同，其创造的价值直接体现在现代生活中的方方面面，是多样化的、无法估量的，例如市场上电子信息产品给人们提供了更高质量、更好的服务；购物也越来越方便，价格也越来越有挑选性。现代服务行业的发展，推动了技术和思想的革新，提升了市场经济主体的创造力和活力，使得城市经济更加繁荣。此

外,现代服务业也会对城市经济转型大有裨益,从而使得现代经济行业结构更优化、更具竞争优势。城市发展要实现可持续、全面、绿色等的目标,就要转变经济发展方式,促进经济由粗放式向集约式方向发展,大力发展服务业,尤其是现代服务业。在知识经济和信息时代,城市要借助高新技术的发展,促进城市的智能化。

城市化发展将成为中国社会与经济发展的重要驱动力,现代服务业的快速增长将推动以城市化与信息化融合为主的"智能城市"建设。智能城市是城市发展的高级阶段,服务业可以通过就业效应、出口效应、产品竞争力效应、吸引力效应等四个机制来影响区域经济发展。发展现代服务业,形成四大机制效应,是城市从"制造中心"向"服务中心"转型的关键因素,也是促进城市由以物为本的物理、数字空间向以人为本的心智空间发展的大推力。例如在北京,神州数码控股有限公司提出打造"智慧城市"升级版作为试点项目,通过云计算、移动互联、大数据信息技术,构建了在线市民融合服务平台,向市民提供市民热线、智慧社区、区域卫生、肉食溯源等在线服务,平台的建设为当地带来了资源集约、产业拉动以及吸引效应。

(一) 智能交通在现代服务业方面促进城市经济发展的机理和路径

2012 年 2 月,国家科技部出台的第 70 号文件中指出,现代服务业是以现代科学技术特别是信息网络技术为主要支撑,建立在新的商业模式、服务方式和管理方法基础上的服务产业。城市智能交通建设作为城市交通管理、城市交通基础设施信息化建设的高级阶段,是综合利用先进的信息技术、数据通信传输技术、电子传感技术、控制技术等对原有城市交通系统的全面升级。事实上,智能交通产业是现代服务业的重要组成部分,其发展不仅是对现有交通系统商业模式、服务方式和管理方法等的革命性变革,而且对于培育起以智能交通技术与服务为核心的科技服务业、信息服务业、运输服务业等具有重要的支撑作用。

随着城市智能交通系统的不断完善,城市交通综合运输能力、效率以及服务质量的不断提升,运输成本的相对降低,围绕智能交通产业所培育形成的科技服务业、信息服务业等对城市经济社会发展的促进和保障作用将越来越明显,具体包括:

1.有利于优化城市产业结构,促进城市经济社会健康快速可持续发展

城市智能交通的建设可以带动信息技术、传感技术、通信技术、自动化技术、计算机技术和人工智能技术等高新技术的发展,有利于城市产业向高新技术产业聚集,培育出围绕智能交通建设需求的科技服务业。另外,城市智能交通的发展将带动和促进其他产业如物流业、旅游业、电子商务业、信息服务业等的发展,提高城市的国际竞争能力,实现城市社会经济健康快速发展的同时,促进人、车、路、环境的和谐发展。

2.有利于实现城市综合运输管理智能化,推动城市电子商务、物流产业协同发展

城市智能交通建设可实现对不同部门、单位、交通方式间交通信息的智能化采集、传输、处理和反馈,实现城市运输体系中不同交通方式间信息的共享,实现城市综合运输管理智能化,科学合理地配置城市综合运输能力,推动城市不同交通运输方式与电子商务、物流产业间的协同发展,提升城市物流产业的整体经济效益,培育出围绕电子商务、物流产业发展需求的运输服务业。

3.有利于实现城市交通信息的共享,提高城市公众的出行效率

城市智能交通建设通过对不同交通方式及同一交通方式交通信息的智能采集、传输、处理和反馈,实现交通信息的共享,为城市居民的出行提供交通诱导、零换乘等信息服务,减少出行中的绕行和拥堵,大大提高城市居民的出行效率、缩短出行时间,培育出满足公众交通信息需求的信息服务业。

4.有利于营造安全的城市交通环境,预防和快速处理城市交通事故

城市智能交通建设通过建立车、路、设备等的感知与通信网络,实现交通过程中车辆位置、速度和距离的智能感知和信息交互,达到有效预防交通事故发生的目的。另外,当发生事故时,城市智能交通系统可根据已有的知识库给出预处理方案,便于相关部门采取科学、合理的处理措施。

5.有利于带动与智能交通产业相关的行业发展,增加就业机会

城市智能交通建设涉及如道路建设、道路通信、汽车导航、汽车电子、计算机、自动控制、网络技术以及信息服务等诸多领域,而人才是每一个领域发展不可或缺的因素。随着城市智能交通建设,将带动其相关行业的进一步发展,随即产生的人才需求将增加更多的就业岗位,对于失业问题和城市经济社会和谐发展具有积极的作用。

此外,城市智能交通建设使各地区之间的来往更便捷、更经济,为地区间的人流、物流流动创造了有利的条件。城市智能交通的发展对城市医疗卫生、文化娱乐、人们生活水平的提高等也起着积极的作用,有利于推动社会的全面进步。

(二) 电子商务在现代服务业方面促进城市经济发展的机理和路径

2012年,我国服务业所占GDP比重为43.7%,而美国、日本、德国分别为79.7%、71.4%、71.1%,我国远落后于其他发达国家,甚至与其他金砖国家也存在明显差距,如印度65.0%,巴西67.2%。

近些年来,电子商务的飞速发展,加速了产业结构的升级和调整,第三产业的增长速度明显加快。2013年,我国第三产业的增长值首次超过了第二产业,我国的产业结构已出现历

史性的变化,服务业将发挥出更加重要的作用,而电子商务则是带动现代服务业发展的有效途径。

1.电子商务在推进现代服务业方面促进城市经济发展的机理

(1)增强服务能力

服务业是一种基于需求的行业,它提供的是服务而非有形商品,对信息的需求强度高,特别强调顾客服务与信息传递的关系。而服务大多是将专业技术或经验以信息的方式向顾客进行传递,物流瓶颈对服务业影响甚微,这与电子商务的本质不谋而合,可以说,服务业开展电子商务是具有天然的优势。

服务业通过电子商务,可以与消费者进行更加及时有效的沟通,更能让服务快速到达消费端,服务响应时间被大大缩短。各地域分散的需求与资源也可以很低的成本聚集起来,企业信息传播的效果显著增强,而对于消费者来说,能以更低的搜索成本找到相应的服务。

通过电子商务营销模式的信息化,企业更能感知到消费者的诉求及偏好,以针对性更强的营销策略,更加准确地将信息传递给目标人群,将线上与线下有效连接起来。

(2)加快创新速度

电子商务的模式使企业必须更加注重创新,相比于实体经济,其对差异化的要求也更高。一方面,当消费者在实体店铺购买时,其空间转移成本较大,因此会选择较为临近的商铺,而在电子商务的环境中,顾客的转移成本极低,不再存在空间的限制,同质化产品竞争无疑是更加激烈的,产品只有通过不断创新才能存活于残酷的市场环境中。另一方面,电子商务使产品的储存、展示不再受到物理空间的限制,消费者的个性化需求便更有机会得到匹配。例如亚马逊网络书店的图书销售额中,有四分之一来自排名 10 万以后的书籍。这正是长尾理论的体现,几乎任何以前看似极低需求的产品,在电子商务市场中都有可能被卖出。这也给各种冷门、小众的产品提供了更大的市场空间。这两方面都无疑迫使企业在电子商务的环境下,加强自身创新意识,加快创新速度。

(3)催生新兴服务业

电子商务服务业是指为电子商务活动提供服务的各行业的集合,其与服务业的电子商务并非同一概念,是伴随着电子商务的发展,所衍生出的新兴行业。电子商务服务业的兴起,标志着电子商务的专业化分工有了显著的提高。为电子商务的发展提供技术支撑,是其快速发展的保障。

电子商务服务业提供全面而有针对性的电子商务支持服务,主要包括三个部分:①电子商务交易服务,如网上支付等;②电子商务支撑服务,如通信网络、物流服务、云计算服务等;③电子商务衍生服务,如运营服务、营销服务、IT 服务等。2012 年,中国电子商务服务业总营收规模为 2463 亿元,同比增长 72%,其中,交易服务业收入为 688 亿元,支撑服务业收入为 1174 亿元,衍生服务业收入为 601 亿元。

2.电子商务在推进现代服务业方面促进城市经济发展的路径

(1)加快信息经济基础设施建设

电子商务近年来在我国的飞跃式发展,得益于信息基础设施建设跟上了用户需求的快速增长。相比于传统经济的基础设施,信息经济基础设施对整体经济发展的影响将呈现出明显的乘数效应,是电子商务保持增长活力的基础保障,不仅对经济产生了毋庸置疑的拉动作用,并且影响范围也将从区域扩展至全球。

信息经济基础设施建设应注意以下几点:①鼓励企业信息化建设,若基础设施的建设没有被企业所利用,将是资源的极大浪费,也会对进一步的建设产生反作用;②追踪国际技术动态,以保证技术水平的先进性,使之始终位于世界前列,同时也应考虑技术的动态变化;③加强移动互联网建设,电子商务出现逐渐向移动端转移的趋势,对移动互联网的带宽等要求显著提升。

(2)推进电子商务服务业发展

电子商务已逐渐成为我国经济的新动力,而要想保持电子商务发展的活力,使其成为经济发展的新引擎,就务必要加强电子商务服务业的建设。电子商务服务业有效促进了社会分工的专业化,提高了社会资源配置了效率,其对电子商务发展的保障作用不言而喻。因此,作为信息经济的基础设施,电子商务服务业将成为国家战略性新型产业。近些年来,我国电子商务发展的大环境已有所改善,网络、支付及物流等相关支撑产业水平都得到了快速提升,但还远未能跟上电子商务前进的步伐,而对电子商务衍生服务业的发展则更需要进一步推进。

推进电子商务服务业的建设,主要从以下三方面着手:①重视各类电子商务服务人才的培养,作为快速增长中的新兴服务业,知识型人才一直存在缺口,政府应和企业、学校一同,引导人才培养的方向;②推进电子商务服务业的标准制订,有了标准的约束,更有利于行业的稳步发展;③推进产业集群建设,让各项专业服务聚集起来,形成良性竞争,促进服务创新。

(3)提高服务业电子商务规范性

在电子商务飞速发展的背后,却是乱象丛生,各类投诉日益提升,其中有对商品描述、质量等的投诉,但更多的是对服务的不满,包括物流、支付等问题。让电子商务走向规范化也成为众多消费者、电子商务企业共同期待的目标,在庞大的市场规模之下,对电子商务的规范化也势在必行。

在电子商务环境下,诸多服务监管缺失,例如金融行业,不断爆出互联网金融的诈骗及违规事件,体现出其监管体系的缺失。相较有形商品而言,服务所涉及环节较多,服务水平和效果难以度量,监管难度更高。但互联网所带来的诸多优势,让其监管也有章可循:①建立信用体系,互联网所产生的大量数据信息及强大的分析能力,使信用的测度更加便捷、准确;②提升法制保障,电子商务相关法律法规一直处于严重滞后的状态,造成了相当大的法律空白,相关立法已刻不容缓。

第三节　促进智能城市经济与城市管理发展的对策

一、促进智能城市经济发展的对策

(一) 促进新兴产业发展的对策

1.完善相关体制机制,为新兴产业发展提供政策保障

任何产业的发展都离不开政府的支持。从政府职能角度来看,政府应制订新兴产业发展规划,加强新兴产业的统筹规划和政策导向,围绕细分、产业协作、产业布局等重要环节发挥政府的宏观调控作用。作为新兴产业发展的决策者,政府还要完善产业标准、融资、人力等方面的相关法律法规,在财政、金融、税收、知识产权、人才引进等多个关键环节对相关企业进行支持,对符合新兴产业发展要求的企业给予相关的政策倾斜。

此外,政府除了在宏观上对新兴产业发展进行倾斜之外,还应在技术、人力等微观层面对新兴产业发展进行支持。政府应建立有效的激励机制,引进国际新兴资源对国内新兴产业发展进行引导;对相关企业、机构的创新性技术或产品进行激励,促进技术创新和独立创新;在降低税收的基础上提高对相关企业尤其是中小型企业的金融支持力度,激发其竞争意识,形成良性竞争市场;进一步优化人才引进政策,鼓励人才培养,形成有效的人才激励机制。

2.积极培育新兴产业市场,通过需求带动新兴产业发展

市场需求是产业发展的直接动力,积极培育新兴产业市场是促进新兴产业发展的必要手段。培育新兴产业市场需要从两个方面着手。一方面,政府应通过一定措施大力拓展新兴产业的市场空间。目前,新兴产业处于发展的初期,由于成本与技术等方面的原因,其市场需求较难形成。政府应从公共需求领域出发,在基础设施、相关公共装备等方面减少对国外产品的引进,在满足功能需求的前提下尽可能地采购国产装备及产品。以新能源产业为

例,政府可以在公共汽车及公务用车领域引进新能源汽车,提高对公共交通的补贴,鼓励使用新能源汽车。此外,在居民消费领域,政府应加强对新兴产业的宣传,为新兴产业发展提供良好的舆论环境,让新兴产业具有一定程度的舆论基础,为新兴产业的蓬勃发展提供便利,从而形成更加广阔的新兴产业市场。

另一方面,在积极开拓市场的基础上,为了使市场能够正常、有效的运转,还应规范市场制度,完善市场环境。政府应确立市场准入、知识产权、财政补贴、税收优惠、市场监管等方面的机制,鼓励良性竞争,优化新兴产业市场的竞争环境,为电子信息、新能源、新材料、生物等企业提供良好的发展环境。

3.完善金融市场,为新兴产业发展提供资金支持

新兴产业的发展离不开资金的支持,而由于新兴产业在我国属于初级发展阶段,短期的投入并不能产生立竿见影的效果,应做好长期投入的准备,这就要求在智能城市建设过程中为新兴产业发展提供良好的金融环境。首先,应拓宽新兴产业的融资渠道,除了由中央或地方财政提供资金外,要重视资本市场的作用,引导并激励社会化资本对新兴产业进行投资;在金融市场的保障体系方面也须进一步完善,建立相应的信贷制度、监管机构与监管体系,为新兴产业发展在资金方面提供法规方面的保障。其次,应完善新兴产业发展相关的金融保险行业的管理与服务,对知识产权转让、企业责任等方面加强制度化的管理并为新兴产业提供更为全面的保险服务。最后,除了本土资金的投入外,政府还应重视国际资本的投入,引导外资投向新兴产业,鼓励我国企业到境外投融资,多层次、多元化有效利用国外资金。

4.提高创新能力,为新兴产业发展提供技术保障

新兴技术在智能城市经济发展中的特点主要通过数字化、网络化、智能化等方面来体现,要想快速地发展新兴产业,新兴技术是基础,如新能源产业的发展离不开绿色能源技术,电子信息产业的发展离不开物联网、大数据、云计算等技术,新材料、生物产业的发展也离不开相关的创新性技术。各种技术更加深入的发展与更加广泛的应用可以使市场需求得到更加快速和智能化的响应,进而实现智慧城市经济可持续性、绿色、全面性的发展。

加大对技术研发的投入是提高技术创新能力的关键,新兴产业特点就是成本高、产出慢,与发达国家相比,我国的技术创新还有较大差距,只有拥有技术优势才能使企业在市场竞争中拥有足够的竞争力。此外,加强产学研结合也是提高技术创新能力的重要方面,企业、高校与科研机构联合组成技术创新联盟,国家及地方相关项目多向高校开放,形成高校—企业联合研发中心,形成一批起示范作用的产学研技术创新基地,进而依托市场和政府职能部门真正形成产业创新的平台,实现信息、知识等资源的共享。

新兴产业的发展离不开相关领域的专业人才。在新兴产业发展的过程中,政府部门、高

校、企业等都应重视对相关领域人才的培养,为新兴产业的快速发展提供充足的人力储备。此外,在对人才的培养过程中应注重理论与实践的结合,比如采取产学研相结合的方式由学校与新兴产业企业联合培养的方式,使培养出来的人才可以快速融入新兴产业的发展之中,为智能城市经济发展贡献自己的力量。

5.龙头企业带动,扶持中小企业,形成完善的新兴产业结构

从地区角度来看,我国新兴产业在长三角、珠三角区域较为集中,产业聚集效应明显,而其他地区的新兴产业发展较差,总体形成了地区间发展不均的局面。针对这一现象,我国政府应对全国城市的新兴产业进行统一规划,为拥有不同新兴产业资源的城市制订相应的发展规划,努力形成让优势产业城市带动其他城市,形成城市间的资源优势互补,明确各城市新兴产业的分工,进而实现资源整合,避免"瓶颈"产业的出现,形成全面的、完善的产业结构。

在发展新兴产业的过程中,由于行业的特殊性,政府首先应发展一批龙头企业,通过各种政策对其进行扶持,并充分发挥其带动作用,形成一批有国际竞争力的国际知名企业和集团。此外,作为技术创新和市场竞争的主体,中小企业也不应被忽略,国家同时应采取税收、融资等方面的措施对中小企业进行扶持,在保障市场环境的基础上促进新兴产业间的良性竞争,最终形成地区间、企业间竞争与联盟并存的、良性并且高速发展的新兴产业结构。

(二)促进传统产业改造升级的对策

1.完善产业政策,为传统产业改造升级提供政策保障

由于市场竞争的加剧,传统产业利润逐年降低,寻找新的产业发展模式已成为亟待解决的问题,传统产业的升级改造迫在眉睫。传统产业的升级改造同样应由政府引导。从产业角度来看,我国传统产业以国有企业为主,我国政府对其干预较强,在一定程度上导致传统产业发展较为缓慢。为了更好地对传统产业进行改造升级,政府应出台一系列政策鼓励改造升级,在财政、税收、人力资源、融资环境、技术资源、产业保护等方面都予以一定的倾斜。目前,我国百余名院士专家已着手制定"中国制造2025",以应对新一轮科技革命和产业变革,立足我国转变经济发展方式实际需要,围绕创新驱动、智能转型、强化基础、绿色发展、人才为本等关键环节,以及先进制造、高端装备等重点领域,提出了加快制造业转型升级、提升增效的重大战略任务和重大政策举措,力争到2025年从制造大国迈入制造强国行列。

在财政方面,政府首先应加大对高等教育以及职业教育的投入,由于传统产业自身的特点,对应用型人才需求量较大,而我国之前对面向应用的职业教育投入较少,此外,整体教育投入占GDP的比例也应有相应的提高,人才是产业发展的基础;其次,政府应加强对技术的

投入,技术是传统产业升级改造的基础,而传统产业在升级改造时势必会遇到一些困难,因此一定程度的补贴、资助等很有必要;再次,政府在本身财政的投入之外,应鼓励社会资本对传统产业升级改造的投入,充分发挥政府的引导理论以及政府资金的杠杆能力;最后,对中小型传统企业的投入也是相当重要的环节,由于行业的特殊性,中小型传统企业往往面临着更高的门槛,高门槛大大限制了其发展,而传统产业的改造升级不仅仅是大型国有企业的升级。也是整个产业链的升级,中小型企业可以为之注入活力,政府应在财政方面予以支持,为其营造一个良好的融资环境,建立完善的信贷机制,形成大中小型企业共同发展的良性升级改造模式。

在税收方面,政府应完善对各种类型产业企业,如传统产业、高新技术产业等的认定机制,在税收方面对进行升级改造的传统企业予以优惠,通过建立联合发展平台、设立设计改造项目等方式对税收进行减免;此外,应调整出口关税的退税政策,限制低附加值的产品出口,鼓励高附加值的产品出口,增强企业升级改造的动力,提高相关企业的国际竞争力;最后,还应对进行技术创新的企业进行税收上的优惠,激发企业技术创新的活力,帮助企业从微观技术层面实现升级改造。

从产业保护的角度来看,我国有必要通过支持本国企业的市场、金融、税收等方面实现对传统产业的保护,以帮助转型中的企业应对国际企业的竞争。相对地,在不影响招商引资的前提下在一定程度上降低国外相关企业在我国的优惠政策,进而使我国企业享有"本国国民待遇",也会对我国传统产业的升级改造起到帮助作用。

2.完善市场机制,为传统产业改造升级提供动力

传统产业的改造升级离不开市场的拉动。政府应明确其职能,合理界定其在市场建设中的作用,加速推动市场的改革,减少垄断现象的发生,形成健全的市场机制,建立多元的、开放的、有序的市场环境。同时,应注意市场秩序的建立,在企业间竞争、法制秩序以及道德等方面进行正向的引导,结合相应的金融、税收等方面的政策,建立健全的、完善的市场体制。另外,由于传统产业的多元性特点,还应建立完善的信用体系,建立以居民身份证等为中心的监管机制与信用平台,将传统产业升级改造与社会化管理相结合,实现升级改造的健康发展。

在市场的拓展方面,首先各城市应根据各自特点兼容并蓄,打破区域贸易壁垒,摒弃地方保护主义行为——这种行为严重阻碍了地区产业一体化的发展,不利于市场的良性竞争,甚至还会导致国际企业趁机占领国内市场。各城市政府应引导消费者树立正确的消费观念,通过政府带头使用国内品牌产品等方式带动消费者,如公务用车采用国产自主研发品牌,办公系统采用国内企业开发的系统等;另外,政府同时应向消费者传递新兴的消费理念,在传统产品方面不仅要求产品本身,还应期待产品产生的附加价值,如家用电器等的上门安

装与保修、家用仪器的使用培训等,进一步通过市场需求带动传统产业的升级改造。

在市场竞争方面,同样地,由于我国企业缺失改造升级的经验,政府应确立一批龙头企业带动整个产业链条的发展,可以根据区域确立各行业龙头企业,在金融、税收、融资等政策上予以扶持以及方向上的指导,鼓励产学研结合,为企业的升级改造提供理论及技术上的保障;同时,中小企业也是产业改造升级的主要力量,政府应营造一个对其发展有利的市场环境,实现龙头企业带动、各企业有序竞争的良性发展模式。

3.提升技术能力,融合新兴技术,为新兴产业发展提供技术保障

新兴技术的发展也为传统产业的改造升级提供了契机:传统汽车生产商通过物联网可以实现对车况的实时追踪进而提供更加适时、全面的增值服务;传统企业可以通过海量的数据分析市场需求的变化情况,进而有针对性地对产品或服务进行升级;企业可以利用云计算技术处理海量信息,快速识别出所需信息,从而快速响应顾客需求。在新兴技术飞速发展的环境下,传统产业改造升级应牢牢抓住机遇,结合自身产业特性,绿色、智能化地实现改造升级,为智能城市经济发展提供新的动力。

目前,我国现有的原始创新技术、集成创新技术、引进吸收技术、再创新技术等都存在消极的路径依赖"锁定效应",极大地阻碍了我国技术创新的步伐。我国现有的原始创新技术要突破技术创新的路径依赖,实现路径创造,必须培育产业升级主体的自主创新能力。因此,在传统产业改造升级的过程中,必须强调创新思维,政府应加大对技术创新产业的投资,并带动社会资本对其进行投入,解决其资金问题;并通过设立考核机制与奖励机制等方式鼓励创新,在企业以及高校对人才的培养中也强调创新,真正让创新成为传统产业改造升级的核心动力,实现从"中国制造"到"中国创造"的转变,争取创造出在国际市场上有竞争力的产品,从而促进智能城市经济的发展。

(三) 促进现代服务业发展的对策

1.完善产业战略规划,为现代服务业发展提供方向性指引与政策支持

服务业是我国国民经济占比重最大的组成部分,也是我国智能城市经济发展最重要的组成部分。目前我国现代服务业发展刚刚起步,仅依靠市场机制的作用无法满足现代服务业的发展需要,要想促进其发展,首先要加强战略规划,即应将现代服务业摆在突出的战略地位,并制订现代服务业的专项规划,在政策上实行重点倾斜,用财政、信贷、税收等经济手段保证现代服务业的优先发展。

在财政方面,就现有状况而言,首先应加大对现代服务业的投入。与传统产业和新兴产业有所差别,现代服务业作为第三产业对从业者素质要求更高,而作为制造业等行业的下游

环节,现代服务业从业者往往直接接触顾客,现有人员的职业素养很难满足现代服务业的需求。因此,政府应通过加大对教育财政、人才引进、人力资源培训等方面的投入,使现代服务业在人员方面得到更大的支持。此外,作为智能城市经济发展的重要环节,服务业自身也需要从传统服务业(餐饮业、商业等)向现代服务业(如金融业、教育业、信息服务业、咨询业等)发展,技术上的投入必不可少,科技的落后是阻碍现代服务业发展的主要原因之一。为了更有效地利用资金,政府同时还应鼓励社会资本对服务业的倾斜关注。

在税收方面,首先应完善行业间的税收制度,目前对所有服务行业采取相同的税率,而且服务企业涉及的所有行业都须上缴营业税,这种方式会对不同的现代服务行业造成不同的税收,有时还会造成重复征税。政府应针对不同的行业制定不同的税率,例如对生产性服务业采取较高税率,而降低消费性服务业的税率,真正实现行业间的公平竞争。同时,针对某些特殊性的服务业如公益性服务产业应在税收上予以减免,鼓励其发展,鼓励其对城市发展做出应有的贡献。另外,可以考虑适当减免现代服务业所需负担的行政费用。

与传统制造业不同,现代服务业作为新兴的产业还没有统一的标准,服务对象、企业资质、服务成果等都没有明确的规定。为了现代服务业稳步发展,也为了对现代服务业更加规范管理,城市管理者应努力促进现代服务业标准的确立,在各个环节建立有序的竞争机制,规范市场秩序,提高现代服务业在智能城市经济发展中的比重。

2.积极培育市场,完善市场结构,带动现代服务业的发展

市场同样是现代服务业发展的动力。现代服务业要快速发展,首先要完善市场制度,降低准入门槛,引入竞争机制,建立市场监督体系,提升现代服务业的发展活力。另外,由于发展阶段的限制,现阶段应允许国际服务企业进入中国市场,一方面本土企业可以学习其先进经验,另一方面在拥有完善管控机制的前提下可以促进市场竞争,从而促进本土服务业提高自身水平,进而提升市场竞争力,从而促进现代服务业的发展。服务是居民基本生活保障之外的更高层次的需求,现阶段我国城市居民收入逐年上升,需求也在不断变化,政府可以加大对现代服务业的宣传力度,改变城市消费者的消费理念,使之产生对现代服务的需求,在很大程度上也可以拉动现代服务业的发展。

需要注意的是,城市发展阶段与企业规模等的不同对现代服务业的发展有很大的影响。一方面,由于现代服务业在我国起步较晚,不宜操之过急,盲目发展。现代服务业应根据城市特点有针对性地发展,其主体应确定为发展程度较高的城市,而工业化城市与规模较小的城市应根据其城市特点制定适宜自身经济发展的路线。另一方面,由于现代服务业在我国刚刚起步,行业的复杂性与多元性导致企业可能在发展方向上存在问题。因此,除了政策引导之外,各地市还应针对自身城市现代服务业的发展情况,确立一批各行业龙头企业,带动

该地区现代服务业的发展,如教育业方面可设置商业模式较为创新、盈利情况较好的企业作为龙头企业;金融业设置业绩、口碑较好的企业;咨询业方面应扶持本土咨询企业作为龙头企业,以便于带动各类现代服务业发展。此外,在各城市的现代服务业企业中,中小企业占很大的比重,且具有高投资、高投入、高回报的特点,因此须重点扶持中小企业,使之在规范的竞争环境下逐步成长,提供多元化的现代服务,以适应不同的市场需求。

3.大力发展知识密集型服务业,鼓励技术创新,与其他产业协同发展

知识密集型服务业是未来现代服务业发展的主要方向,其高技术型、高投资回报的特点和其与国际服务产业的相容性使其成为现代服务业发展的重中之重。在政府对其重视的基础上,知识密集型服务业的发展离不开技术与创新。在现代服务业的发展过程中,也要融入创新的思维,积极探索不同的现代服务模式,如将服务与科研、生产等广泛结合,并应用新兴技术手段,加大信息服务业的投入,使现代服务业在促进智能城市经济发展的同时可以更好地解决民生方面的问题,实现经济与社会的双丰收。此外,在智能城市经济发展过程中,应善于利用云计算、大数据、物联网等新兴技术对海量信息进行综合处理,设立信息共享平台,如生产性服务外包平台、金融信息平台、物流信息平台、物联网平台等,使现代服务业更加有效地发展,最终更好地作用于国力民生。

现代服务业的发展也属于产业结构升级与改造的重要方面,除了可以使产业结构更加合理,还可以实现不同产业间的相互带动。现代服务业在自身可以直接创造价值的同时,也可以作为工业的下游产业通过对市场需求等更准确地把握以带动其他产业。其与传统产业的融合不仅限于物流、安装维修等方面,与金融服务业、技术研发业、教育培训业、咨询业之间的关系也将更加紧密,研发、设计等环节在产品价值中的比例不断提升,产品的功能更多地通过服务实现;类似地,现代服务业与新兴产业在信息技术、新能源等多个行业也能实现相互促进。多元化现代服务体系的建设,是推动产业集群综合利用信息资源、技术创新,实现创新区域和可持续发展的关键举措。不同产业间的协同发展,可进一步推动其他产业的转型和升级,政府可以充分综合利用各种资源,以现代信息服务业的发展为基础,构建智能城市转型升级的服务系统,为产业升级发展、城市经济发展提供新的动力。

二、促进智能城市经济和城市管理的实施保障

(一)促进智能城市发展的法制保障

1.我国智能城市建设的法律现状

智能城市是对城市发展方向的一种描述,意味着城市功能全面实现信息化,亦即智能城

市的基础是以互联网、物联网、电信网、广电网、无线宽带网等的网络组合。但是实现传统城市向智能城市的转变不仅仅要依靠信息化和网络化等技术手段,也要有效地实现行政法规在城市运行和管理中的覆盖,通过立法明确智慧城市建设的地位、消除阻碍因素,通过法制的转换和提升促进城市建设。由于智能城市与智慧城市具有一定的包容性和共通性,因此在后续探讨智能城市建设各项保障措施的同时,引入智慧城市的相关理论研究和应用实践。

虽然现阶段我国信息化建设已经取得了很大的成功,但是长期以来针对信息化条件下公民的互联网安全和个人权利保护的相关基础法律、法规数量较少,其中较早的是 2000 年 12 月 28 日,全国人大常委会通过的《关于维护互联网安全的决定》,旨在保障互联网的运行安全和信息安全,该决定对于促进我国互联网的健康发展,维护国家安全和社会公共利益,保护个人、法人和其他组织的合法权益起到了一定的推动作用。但是,我国在互联网法律法规建设方面仍然十分欠缺,并且已经造成了诸多互联网问题的出现,而在物联网与云计算时代,网络技术将更加广泛和深入地渗透到社会生活的各个领域,法律法规的不健全有可能导致更为复杂和严重的问题,这将严重影响智能城市系统的有效运行。

此外,在个人信息和数据资料的保护方面,我国民法体系中对个人隐私权保护的法律规定含糊不明,较为详细的且具有针对性的规定也是近两年才出台并实施的。2012 年 12 月 28 日全国人大常委会表决通过了《关于加强网络信息保护的决定》,旨在为互联网时代的个人信息提供法律保护与保证,该决定以法律的形式保护公民个人及法人信息安全,确立网络身份管理制度,明确网络服务提供者的义务和责任,并赋予政府主管部门必要的监管手段,重点解决了我国网络信息安全立法滞后的问题。2013 年 9 月 1 日起实施的《电信和互联网用户个人信息保护规定》从信息收集和使用规范、安全保障措施、监督检查、法律责任四个方面对电信和互联网用户的个人信息保护进行了较为详尽的界定和规范。然而,已有的规定(决定)主要是针对电信和互联网个人信息的保护,其立法的实践和理论基础薄弱。目前我国正处在智能城市建设的初级阶段,虽然已有学者提出当今我国智能城市建设存在的主要问题之一是缺乏国家层面的顶层设计和宏观指导,国家级的政策规划和法律法规不完善等,但是建立层级较高的法律和行政法规仍很难实现。

除上述的互联网安全、个人信息和数据安全的立法问题外,也有学者指出我国的智能城市建设存在计划调控权责混乱的问题,其原因在于缺乏计划调控立法,即在城市建设过程中计划调控活动当中各方主体的权利和义务不明确,以及缺少规范计划调控主体行为的法律法规;信息产业技术政策法也不完善,即缺少以促进技术进步为目的的产业政策法律法规;物联网技术标准规范缺乏、消费者个人信息保护的规范和法律法规仍然欠缺等。

2.国外智能城市建设的法律经验

对于信息化条件下的数据信息和互联网安全,西方国家一直走在世界前列。欧盟出台的《欧洲电子商务提案》《关于数据库法律保护的指令》《欧盟数据保护指令》等指令、提案等为西方各国的网络和信息安全提供了强大的保障,并在后期对已有的指令、法案、提案等进行修正和补充,以期不断地适应新环境下出现的新问题。此外,为了保障网络和信息安全,欧盟设立了欧洲网络和信息安全机构对网络信息安全进行评估和分析,并协助欧盟委员会在物联网信息安全方面立法和决策。

美国自 1966 年开始制定了一系列关于信息和数据安全、互联网安全的法律法规,如《电子通信隐私法》《计算机保护法》《计算机安全法》《计算机网络保护法》等,这一系列的法律法规为美国的数据信息和互联网安全提供了强有力的保障。此外,针对如今正在走向广泛应用的云计算,美国政府规定对数据进行分级管理,低风险数据可以存储到海外的数据中心,但中高级别的风险数据必须存储到美国境内。

德国于 1977 年生效的《联邦数据信息保护法》在维护网络用户信息安全和权利的同时促进了德国信息经济的极大发展,并于 2001 年、2003 年和 2006 年进行修订。通过不断地扩大法律法规的适用范围,结合不断产生的信息安全问题,该部信息保护法逐步走向完善,在现阶段为德国的信息安全提供了强大的法律保障。英国也早在 1984 年就颁布了《数据保护法》,并于 2000 年进行修订。

亚洲各国中,日本一直走在信息化建设的前列,相关立法和战略实施也起步较早。2001年,日本启动 e-Japan 战略,以期实现超高速网络接入的建设和普及,同时制定相关的电子商务法律法规,开启电子政务的实施,培养相关的高素质人才等。该战略的实施极大地促进了日本信息技术的普及以及对电子商务行为的法律规制化进程。2004 年,日本又进一步出台了 u-Japan 战略,在公民权益的保护、电子商务设施的维护、内容违法问题的解决、知识产权交易、网络社会的立法和执法等领域进行了研究和改进。

由于西方国家和日本的信息化建设起步较早并且发展迅速,其相应的法律法规也更为完善,并且对智能城市的规划和建设也早于我国,所以在我国智能城市建设过程中,可以广泛借鉴(不仅仅在立法方面)其建设过程中适合我国国情的可取成果,推动我国智能城市更快、更稳定地建设和发展。

3.提升我国智能城市法制建设的对策与建议

如前所述,我国智能城市建设正处在初级阶段,且各智能城市建设重点存在差异,因此建立广泛覆盖的高级别法律法规存在很大的困难。对于这一问题,已有学者提出可以从地方性立法开始。地方性法律法规作为一种法的渊源,既具有法的共同特征,也具有从属性、地方性、实验性和先行性的特征,可以在国家立法尚不成熟的情况下先开始地方性的立法,为国家立法积累经验,同时也能在很大程度上解决由于立法不足、法律法规不完善导致的诸多问题和争端。此外,通过地方立法可以消除阻碍智能城市建设的因素、确立建设路径、明确建设责任等。

增加关于信息和数据安全、互联网安全的立法数量,保证立法质量是我国当前面对信息化情境下法律建设的重要任务。和西方国家相比,我国在信息和数据安全、互联网安全相关的法律法规建设方面存在着很大的差距,立法还不完善,这为我国正在开展的智能城市建设带来一定的难度和挑战。立法缺位或者不健全会带来诸多潜在风险,比如公共利益与个人权利的冲突,信息自由流动与信息安全的冲突,信息利用与既有法律的冲突。因此,针对我国正在开展的智能城市带来的信息化情境下的法律建设至关重要。在现行立法的同时也要关注已有的法律对于当今情境的不适应性,通过不断地修改和完善既有法律、制定新的法律法规,为我国快速而稳定地建设智能城市提供最强大的法律保障。

加大学术界对智能城市法律治理的研究是提高我国智能城市建设法律水平的又一重要途径。童航和冯源指出智慧城市(智能城市)法律治理跨越法律、信息、人工智能等领域,其中法律治理是核心要素,而信息和人工智能等技术手段都应服务于法律治理的需要。此外,也指出未来关于法律治理的学术研究可以从法律治理的顶层设计、分层实证、信息利用、监督机制和救济机制五个方面展开。

除了前述强调的互联网安全、信息和数据安全立法外,还要加强对计划调控法、信息产业标准制度和规范、产品质量检验制度、消费者信息安全保护法等诸多方面法律法规的探索、改进与完善。法律是调节和规范人们社会生活的重要手段,具有强大约束力的法律是社会正常运行、公民生命财产安全最强有力的保障。在社会发展和建设的不同阶段,面对不同的社会情境和发展方向,只有通过不断地修正和完善已有法律,探索和尝试建立新的法律规范才能够真正地发挥法律的效力与职责。

(二) 促进智能城市发展的资金保障

1.我国智能城市建设资金投入规模和规划

2013 年 1 月 29 日,住房和城乡建设部公布首批国家智慧城市试点名单,城市试点共 90 个,其中地级市 37 个,区(县)50 个,镇 3 个。国家开发银行表示,在"十二五"后三年,与住建部合作投资智慧城市的资金规模将达 800 亿元。而就在之后的同年 4 月,由住房和城乡建设部建筑节能与科技司组织的智慧城市创建任务书编制培训会上提供的信息显示:继国开行提供不低于 800 亿元的投融资额度后,又有两家商业银行做出承诺,表示将提供不低于国开行的授信额度,支持智慧城市建设。另有其他投资机构也在 4 月初签订了 2000 亿元的投资额度。粗略估计,相关投资或将超过 4400 亿元。

另外,相关人员表示住建部 2013 年公布的两批 193 个国家智慧城市试点共涉及重点项目近 2600 个,资金需求总额超过万亿元。对此,国家信息中心信息化研究部首席工程师单志广透露,我国提出智慧城市建设的城市总数达到了 154 个,投资规模预计超过 1.1 万亿元。此外,2013 年 11 月 23 日,科学院院士、国务院参事牛文元在"智慧城市建设"高层论坛的座谈会上也明确表示:中国提出要建设智慧城市的城市数量已有 154 个,规划投入的建设资金将超过 1.5 万亿元人民币。由于我国 IT 基础相对落后,中国智能城市建设应首先大规模投资到基础设施上来。针对 IT 发展投资规划,赛迪信息预测,到 2014 年,预计可达到 1700 亿元的规模。此外,针对全国城市建设中信息技术投资,截至 2012 年底,已超过 1 万亿元,到 2015 年预计将超过 2 万亿元。

2.我国智能城市发展资金保障的对策建议

从智能城市公益性服务的角度考虑,其运营适宜采用政府引导、企业运营、公众实践相结合的模式。具体可以通过加大政府资金投入、利用政策工具、提供政策优惠、鼓励企业和公众参与(即引入民间资本)等方式为我国智能城市的发展提供资金保障。我国对于智能城市建设的资金投入虽然很大,但是其实现效果并不明显。因此,在政府加大资金投入力度的基础上更应该关注于如何充分发挥市场机制、利用金融工具等形式扩大民间资本的投入。合理地引入、规划和使用民间资本一方面可以缓解政府资金投入的压力,另一方面为我国智能城市建设开拓出更广阔、更稳定的资金来源。

充分利用金融和财税两项政策工具,引导资本市场主体和金融机构参与到城市建设中来,通过合理有力的财税、投融资政策支持和金融市场的广泛参与,实现风险分担和利益共享。具体措施包括:建立长效稳定的财政投入机制,通过建立专项资金、无偿资助等形式加大项目投入;落实研发费用加计扣除、生产设备加速折旧等优惠政策,结合物联网等产业特点,完善税收支持政策;完善创业投资和股权投资的监管机制与政策体系;构建多层次的资本市场体系和信贷市场体系,健全与企业规模和资金需求相适应的多元化融资渠道。

为参与建设的企业提供资金保障的政策优惠,增大企业的信贷力度,提升对参与企业的金融服务水平;探索新的适用于当前智能城市建设的金融模式,推动各领域建设融资工作的展开,优先保障试点工程建设的资金,开发新的、具有特色的融资服务等;为国内外大型企业提供政策优惠和保障,吸引和鼓励有实力的企业加入到城市建设中来。

有学者指出,城市发展需要以资本为后盾,单靠政府财政投入远远不够,需要调动民间资本的力量,因此必须在加大资金扶持力度的同时,拓宽资金来源。具体措施包括:各地政府在推动城市建设的过程中加大资金扶持力度,重点对关键技术和产品研发、典型试点示范工程、产业基地建设、人才培养和引进等方面给予政策和资金支持;发挥政府资金引导作用;鼓励企业以多种方式进行融资;建立合适的运营模式等。此外,鼓励公众购买投资城市建设的股票、基金、地方国债等金融性资产,将集得的资本合理规划并投入到智能城市的建设和运营中,进一步加强我国智能城市建设的资金保障。

(三)促进智能城市发展的组织保障

科学合理的组织架构是保证智能城市迅速发展的必要条件。组织保障的内涵即为实现智能城市快速发展的任务而采取的组织措施。结合智能城市发展对组织体制的要求,通过分析智能城市发展过程中有可能遇到的重大问题,得知推动智能城市发展的组织必然是由传统的分权管理方法改为更适合智能城市发展的授权管理体制,从传统的部门之间条块分割现象变为统一的管理模式,形成一体化、科学化、规范化的智能城市组织机制。

促进智能城市发展的组织保障可从两方面展开,一方面从领导机构采取组织措施,其在智能城市整体发展过程中起引领、协调和指导的作用,是整体项目进展成功的核心组织保障;另一方面从建设发展机构进行组织协调,建设机构主要功能为协助领导机构完成具体任务,在智能城市建设过程中进行组织协调。

1.领导机构

智能城市发展要求领导机构在发展过程中充分发挥其领导和宏观调控作用,强化对智能城市发展的整体规划、部门协调、信息管理和监督的智能。智能城市发展应该设立专门的领导小组。领导小组的负责人要由该城市主要领导担任,其他与信息化建设、城市管理、行政改革相关组织的主要领导以及相关专家作为领导小组成员。该领导小组在智能城市的过程中起引领、协调和指导的作用,是智能城市建设的"灵魂",是整个项目建设成功的核心组织保障。

领导小组能够建立一套科学、有效、快速的决策机制,打破我国政府现行行政管理体制中条块分割的现象,以智能城市项目为主体,整合各个相关部门、组织,从战略发展的角度,对整个智能城市发展进行监控与协调。设立统一领导小组的必要性主要有以下几点:

(1)复杂性、整体性的要求

智能城市建设与发展是一项系统工程,其所涉及的内容涵盖了城市建设、城市管理及城市发展的所有领域,从项目建设的角度看,该项目的项目干系人数量众多,关系复杂,项目建设难度很大。如果无法认清该项目的复杂性与整体性,没有统一的领导机构,那么项目建设会长期处于多头管理、无人牵头、无人负责的状态,不利于项目建设,严重时甚至会导致项目失败。

（2）高效性的要求

智能城市建设与发展是伴随着信息技术发展起来的创新型项目，它具有项目独一性的特点，这就导致了智能城市发展过程中没有完整的经验体系可以借鉴，许多问题和风险的发生都是无法预料的，而问题和风险的解决往往是紧迫的。在智能城市发展过程中遇到问题时，统一的领导小组可以实时地就具体问题做出快速反应，寻找解决方案，有效地做出决策，从而保证智能城市建设的顺利进行。

（3）资源整合的要求

智能城市的发展是跨部门、跨学科、跨领域的系统工程，除了相关的政府管理部门之外，各个产、学、研组织的作用也是十分重要的。只有由政府牵头，成立领导小组，才能够有效地管理、协调各个分散的组织，整合各个组织的必要资源，理顺项目发展流程，保证智能城市发展目标得以实现。

（4）改革的要求

智能城市发展不仅仅是城市政府管理信息化的过程，同时，涉及城市管理理念、管理体制、组织机构、工作流程和行政环境等一系列深层次的行政管理体制改革问题，是城市管理体制的重大变革。强有力的领导小组是改革的组织保障。

2.建设与发展机构

智能城市建设与发展机构是一个由多个部门、多个组织而组成的，相互交叉、相互影响的机构。它应该完成方案设计与选择、任务分解与分配、工程实施与监控、成果验收以及各组织协调等具体任务。其结构构成与职能设计如下：

（1）城市政府主管、相关部门建设

这些部门的职能是协助统一的领导机构对智能城市建设与发展进行全面规划，整合城市资源，提供决策支持，参与具体建设工作。它既是智能城市的设计者，又是智能城市的建设者、发展和使用者，还是智能城市建设的监督者。

（2）相关行业及科研机构

智能城市建设与发展的需求来源于处于信息领域最前沿的信息行业与科研机构，智能城市建设与发展对信息化、智能化、综合化的需求使信息行业、科研机构成为智能城市建设最直接的利益相关者。建设与发展智能城市不仅仅为相关行业、科研机构提供他们急需的服务，同时也为其发展指明了方向。

智能城市建设与发展应以行业、企业为主体，联合大专院校、科研院所等知识密集型组织，建立产学研一体化的技术创新体系，以满足智能城市建设与发展的创新需求。

（3）咨询机构

在新公共管理领域中，政府决策已经转变为科学决策的模式，各种咨询机构、智囊团在政府决策过程中发挥着巨大的作用。智能城市建设与发展过程中应大量引入咨询机构，为项目确立、评审、建设、监督和验收提供有益的技术保障，其职能包括对方案的制订，技术的支持、评估，对关键决策的审查，对项目进度、质量的监督等。

智能城市建设与发展机构之间应该协调配合，共享资源，统一协作，真正做到网络互联互通、功能整合、信息资源共享，减少重复建设，这样才能保证项目的合理规划和稳步实施，在领导小组的统一领导下，积极、高效地完成项目目标。

（四）促进智能城市发展的文化保障

智能城市的文化建设主要涵盖六个方面：一是培育具有现代素质的市民。市民要不断增强城市意识、开放意识、法制意识和现代生活环境意识，促进一个城市形成良好的社会风气和精神风貌。二是建设具有个性的城市形象文化。城市形象文化主要包括城市现代化的基础设施和时尚的外观形象，要讲究城市的整体和谐和审美情趣，有文化个性和艺术感。三是挖掘城市的历史文化资源。历史文化是一个城市文化个性的生动体现。四是形成若干个著名的高等院校、科研机构或艺术团体。教育是文化的基础，科技是文化的精华，艺术团体是文化的结晶，这三者是衡量一个城市文化水平高低的关键性指标。五是推进城市的文化产业繁荣发展。文化产业既可以有力地促进经济发展，也可以极大地提高一个城市的文化品位。六是开展丰富多彩的群众文化活动。群众文化是城市文化的重要组成部分，也是建设智能城市必不可少的一个重要内容。

鉴于此，智能城市文化建设与发展是一项长期的、复杂的、艰巨的大工程，需要政府、企业和市民的共同努力，有计划、有步骤地循序渐进，稳步推进。针对智能城市文化建设中存在的问题，建议以政府为主导不断完善智能城市文化保障体系，以企业为中心强化智能城市文化建设，以市民为主体进一步提升智能城市人员文化素养。

1.以政府为主导完善智能城市文化保障体系

政府作为主导部门，在智能城市发展过程中应积极探索制定智能城市发展的相关法规，并落实智能城市发展政策，把智能城市理念融入机关、社区文化建设中，创新智能城市宣传教育形式。

（1）探索制定智能城市发展的相关法规

智能城市的发展离不开法律法规的保护，在法律的约束下，领导机构和建设与发展等各部门才会更加积极主动地去实施，进而促进智能城市的快速发展。政府在探索相关法规的过程中应以某城市为试点，逐个实施、稳步推进，从而带动其他智能城市的建设与发展。

（2）探索落实智能城市发展策略

文化是制度之母，但文化落地需要制度的保证以及政策工具的推动，各城市领导部门应非常重视智能城市发展策略的创新。智能城市建设与发展需要科学的发展规划作为指导。

（3）将智能城市理念融入机关、社区文化建设

在智能城市文化氛围形成过程中，政府机关发挥了示范和导向作用，政府应带动市民共同参与智能城市建设与发展，通过开展宣传周、智能城市文化进社区等活动，探索将智能城市理念融于机关文化、社区文化等文化中的有效途径。

（4）创新智能城市文化宣传教育形式

政府应带动各部门积极创新智能城市文化宣传教育形式，利用电视、报刊、广播、互联网等平台，普及、传播智能城市文化理念。同时也可以借助企业员工培训，将智能城市文化理念加入到培训内容之中，从而扩大宣传范围、加强宣传力度。

2.以企业为中心强化智能城市文化建设

智能城市文化建设固然需要政府带动，但在具体实施过程中企业具有重要的作用，企业为将智能城市文化理念落实的主体，因此企业内部应多开展智能城市文化理念的知识培训，进而把智能城市文化理念融入企业生产、营销过程中。

（1）企业开展智能城市文化理念知识培训

企业作为一个城市的主体，应将智能城市文化建设纳入到员工培训手册，并在企业内部尽量多地开展不同形式的宣传活动，使智能城市文化理念能够浸入人心，并成为固化知识融入企业文化中。

（2）将智能城市文化理念融入企业生产和营销活动中

将智能城市文化理念融入企业生产和营销过程中，使得企业在生产及营销战略中加入信息化、科学化理念，推动高科技的引入，有利于经济发展和社会进步，进而推动智能城市文化建设的改善。

3.以市民为主体提升智能城市人员文化素养

市民是城市的主体，培育具有现代素质的市民是智能城市的特色要求。市民要不断增强城市意识、开放意识、法制意识和现代生活环境意识，促进一个城市形成良好的社会风气和精神风貌，以文化建设保障智能城市有序快速地进行。

智能城市人才保障是提升城市整体文化素养的关键因素，培养智能型人才，从而带动市民文化素养的提高，能够高效、快速地推进智能城市的发展，因此智能城市发展过程中应重视人才的引进与培养。可通过以下两种渠道进行人才保障。

第一，畅通人才引进绿色通道。

完善智能城市建设人才、智力和项目相结合的柔性引进机制，充分发挥物质和荣誉的双

重激励作用,创建培养人才、吸引人才、用好人才、留住人才的良好环境。大力培养、引进和高水平使用一批复合型高层次信息专业技术人才、高技能人才、物联网科技人才和网络设施与商业应用经营管理人才。

第二,促进校企联合,建立各类智能人才教育培训基地。

加强企业与大专院校适用人才的联合培养,提供教育、培训和执业资格考试等服务。进一步强化海外人才的引进工作,促进国际间的人才交流与合作,为智能城市建设提供坚实的智力支持和人才保障。

引进和培养人才的同时,也应对城市市民进行培训教育,通过进一步加强智能城市文化理念的基础教育、着力推动智能城市家庭教育发展及充分发挥社区智能文化的引领作用等途径推动智能城市文化建设。

(1)进一步加强智能文化理念的基础教育。

虽然引进人才、培育智能型人才有助于智能文化建设,但对于市民而言,基础教育仍然是必要的,基础教育仍有很多地方需要健全和完善。由于短板效应,整体城市人员素质的提高取决于受教育水平低的一类人,因此加强市民智能文化理念的基础教育即从根本做起,逐步带动老一代的市民,进而推动智能文化的建设。

(2)着力推动智能城市家庭教育发展。

智能城市的文化建设离不开社会、家庭的配合,智能文化建设体系包括学校、家庭和社会教育三个部分,学校、家庭、社会三管齐下的有效配合,可以使智能城市文化理念深入市民的内心,因此从家庭等小范围推进文化发展是必要的。

(3)充分发挥社区智能文化的引领作用。

社区是市民文化知识传承和创新的主要场所,也是智能文化发展的主要来源,要充分发挥社区在智能城市文化传播和知识创新中的引领作用,为智能城市建设和发展提供智力、先进文化、智能型人才供给等保障。

第六章　海洋经济发展战略

建设海洋强国,中国亟待加强海洋研究,普及海洋文化和开拓海洋视野,但首先还是从发展海洋经济入手,通过规划引导、政策促进、技术支撑、制度激励,动员各地区、各方面积极参与,同时处理好海洋资源开发、海洋生态保护与海洋权益维护之间的关系,坚定走由海洋大国到海洋强国之路。

中国是海洋大国。但传统上,中国却是个典型的"内陆型"国家。随着人口的增加和资源危机的加剧,随着全球化进程的不断加快与全面深化,开发海洋资源,维护海洋权益,实现从传统的内陆型大国向现代海洋强国的重大转变,已经成为中国在 21 世纪发展战略的重要内容。

第一节　海洋经济与海洋产业现状

海洋是人类生存和可持续发展的战略性资源基地,是缓解当今世界面临的人口膨胀、资源短缺与环境恶化的重要场所。21 世纪是海洋世纪,沿海国家普遍以新的目光关注海洋,许多国家都在调整国家政策,制定海洋发展战略和规划,加大海洋开发的力度,纷纷把本国的管辖海域作为"蓝色国土"加以开发利用和保护,同时积极参与国际海底和大洋资源的开发。所以,开发利用海洋已成为国际性大趋势,世界范围内的"海洋热"正在到来。

中国是一个发展中的海洋大国,有着 18000 千米的大陆岸线、14000 千米的岛屿岸线,6500 多个 500 平方米以上的岛屿和近 437 万平方千米的海域面积。作为一个经济社会快速发展的大国,中国必须正视这一新趋势,直面其中的严峻挑战和风险。继党的十六大提出"实施海洋开发"、十七大提出"发展海洋产业"之后,党的十八大明确提出,要"提高海洋资源开发能力,发展海洋经济,保护海洋生态环境,坚决维护国家海洋权益,建设海洋强国"。

2013年政府工作报告关于"加快转变经济发展方式,促进经济持续健康发展"的部署中,提出要"加强海洋综合管理,发展海洋经济,提高海洋资源开发能力,保护海洋生态环境,维护国家海洋权益"。

一、海洋经济与海洋产业

(一)海洋经济

海洋经济(Marine Economy),理论上是指为开发海洋资源和依赖海洋空间而进行的各种经济活动,包括直接和间接为开发海洋资源及空间的相关生产活动以及与生产相关的服务活动。按照我国《海洋及相关产业分类》等文献的解释,海洋经济是开发、利用和保护海洋的各类产业活动,以及与之相关联活动的总和。传统上,为开发海洋资源和依赖海洋空间而进行的各种经济活动,有如下五个方面在全球范围内发展比较成熟:(1)直接从海洋获取产品的生产和服务;(2)直接从海洋获取产品的一次加工生产和服务;(3)直接应用于海洋和海洋开发活动的产品的生产和服务;(4)利用海水或海洋空间作为生产过程的基本要素所进行的生产和服务;(5)与海洋密切相关的海洋科研、教育、社会服务和管理。

(二)海洋产业:从传统到现代

海洋产业(Marine Industries),理论上是指为开发、利用和保护海洋所进行的具有一定投入—产出规模的生产与服务活动。按照我国《海洋及相关产业分类》等文献的解释,海洋产业就是开发、利用和保护海洋所进行的生产和服务活动,包括海洋渔业、海洋油气业、海洋矿业、海洋盐业、海洋化工业、海洋生物医药业、海洋电力业、海水利用业、海洋船舶工业、海洋工程建筑业、海洋交通运输业、滨海旅游业等主要海洋产业,以及海洋科研教育管理服务业等。

与陆地经济活动相比,海洋开发属于新兴领域。人类利用海洋资源和空间所进行的各类生产和服务活动已经形成了现代海洋产业。传统海洋产业主要包括:海洋渔业、海洋交通运输业和海洋盐业这三大类。由于现代科学技术的发展,人类认识海洋、开发海洋的能力不断提高,开发海洋的范围扩大,发现新资源、开发新领域的经济活动形成了一系列新兴海洋产业,这包括:(1)海水养殖业;(2)海洋油气开采工业;(3)海洋娱乐和旅游业等。还有一些前沿科技为主导的海洋产业在一些国家已经初具规模,这包括:(1)海水淡化和海水综合利用;(2)海洋能利用;(3)海洋药物开发;(4)海洋空间新型利用;(5)深海采矿等。随着海洋高新技术的不断进步,人类对海洋的开发、利用和保护活动将不断深入及扩大,包括海洋信息服务、海洋生态环保等将会成为新的产业。

(三) 中国海洋产业分类

按照当前海洋管理部门的分类,我国海洋产业包括海洋产业和与海洋相关产业两大门类。其中与海洋相关产业是指以各种投入产出为联系纽带,与主要海洋产业构成技术经济联系的上下游产业,涉及海洋农林业、海洋设备制造业、涉海产品及材料制造业、涉海建筑与安装业、海洋批发与零售业、涉海服务业等。海洋产业主要包括:

1.海洋渔业

包括海水养殖、海洋捕捞、海洋渔业服务业和海洋水产品加工等活动。

2.海洋油气业

指在海洋中勘探、开采、输送、加工原油和天然气的生产活动。

3.海洋矿业

包括海滨砂矿、海滨土砂石、海滨地热、煤矿开采和深海采矿等采选活动。

4.海洋盐业

指利用海水生产以氯化钠为主要成分的盐产品的活动,包括采盐和盐加工。

5.海洋化工业

包括海盐化工、海水化工、海藻化工及海洋石油化工的化工产品生产活动。

6.海洋生物医药业

指以海洋生物为原料或提取有效成分,进行海洋药品与海洋保健品的生产加工及制造活动。

7.海洋电力业

指在沿海地区利用海洋能、海洋风能进行的电力生产活动,不包括沿海地区的火力发电和核力发电。

8.海水利用业

指对海水的直接利用和海水淡化活动,包括利用海水进行淡水生产和将海水应用于工业冷却用水和城市生活用水、消防用水等活动,不包括海水化学资源综合利用活动。

9.海洋船舶工业

指以金属或非金属为主要材料,制造海洋船舶、海上固定及浮动装置的活动,以及对海洋船舶的修理及拆卸活动。

10.海洋工程建筑业

指在海上、海底和海岸所进行的用于海洋生产、交通、娱乐、防护等用途的建筑工程施工及其准备活动,包括海港建筑、滨海电站建筑、海岸堤坝建筑、海洋隧道桥梁建筑、海上油气田陆地终端及处理设施建造、海底线路管道和设备安装,不包括各部门、各地区的房屋建筑及房屋装修工程。

11.海洋交通运输业

指以船舶为主要工具从事海洋运输以及为海洋运输提供服务的活动,包括远洋旅客运输、沿海旅客运输、远洋货物运输、沿海货物运输、水上运输辅助活动、管道运输业、装卸搬运及其他运输服务活动。

12.滨海旅游业

指以海岸带、海岛及海洋各种自然景观、人文景观为依托的旅游经营、服务活动。主要包括海洋观光游览、休闲娱乐、度假住宿、体育运动等活动。

二、全球海洋争夺日益激烈

(一)"21世纪是海洋世纪"

2001年5月,联合国缔约国文件提出"21世纪是海洋世纪",指出在今后50年内,国际海洋形势将发生较大的变化。海洋将成为国际竞争的主要领域。发达国家的目光将从外太空转向海洋,国际海洋竞争日趋激烈。美国指出海洋是地球上"最后的开辟疆域",未来50年要从外层空间转向海洋;加拿大提出发展海洋产业,提高贡献,扩大就业,占领国际市场;日本利用科技加速海洋开发和提高国际竞争能力;英国把发展海洋科学作为迎接跨世纪的一次革命;澳大利亚在今后10~15年要强化海洋基础知识普及,加强海洋资源可持续利用与开发。国际海洋竞争将主要表现在以下方面:发现、开发利用海洋新能源;勘探开发新的海洋矿产资源;获取更多、更广的海洋食品;加速海洋新药物资源的开发利用;实现更安全、更便捷的海上航线与运输方式。

海洋是高新技术发展前沿领域。自20世纪80年代以来,美、日、英、法、德等国家分别制订了海洋科技发展规划,提出优先发展海洋高技术的战略决策,希望在21世纪世界海洋政治、经济和军事等各方面的竞争中占据有利地位,同时也期望在海洋领域找到国民经济的新的增长点。目前,国际上海洋高技术发展有以下五个重点领域:海洋生物技术,海洋生态系统模拟技术,海洋油气资源高效勘探开发技术,海洋环境观测和监测技术,海底勘测和深潜技术。总之,海洋科学研究、海洋高技术开发已上升到各国最高层次的决策范畴,并进行了战略性规划安排。

第二次世界大战后,世界人口快速增长,陆地生态环境恶化,资源紧缺,引发海洋资源的大发现,驱动着人类向海洋空间拓展。据统计,人类在地球主要捕鱼水域的总捕鱼量,在1950—1990年期间急速上升,由每年3000万吨升至1.3亿万吨。1994年11月16日《联合国海洋法公约》的生效,改变了领海之外即公海的传统格局,全世界30%多的海洋(约1.094亿平方千米)被划为沿岸国家的管辖海域,在"毗连区""专属经济区""大陆架""用于国际航行的海峡""群岛水域",分别享有不同层次的主权权利,如专有权、管辖权和管理权。这五种类型的海域,既不同于内海水、领海,也有别于公海。

(二)海洋是未来经济发展的重要支点

世界经济、社会、文化最发达的区域,集中在离海岸线60千米以内的沿海,其人口占全球一半以上。世界贸易总值70%以上来自海运。全世界旅游收入的1/3依赖海洋。目前,全世界每天有3600人移向沿海地区。联合国《21世纪议程》估计,到2020年全世界沿海地区的人口将达到人口总数的75%。

海洋有丰富的生物、矿产等资源,是支持人类持续发展的宝贵财富。海洋给人类提供食物的能力估计等于全球农产品产量的1000倍,海水淡化是可持续开发淡水资源的重要手段,海洋能总可用量在30亿千瓦以上。海洋石油和天然气预测储量有1.4万亿吨。占地球表面积49%的国际海底区域,蕴藏丰富的多金属结核、富钴铁锰结壳、热液硫化物等陆地战略性替代矿产。在水深大于300米的大陆边缘海底与永久冻土带沉积物中,有天然气水合物矿产资源,估计资源量相当于全球已知煤、石油和天然气总储量的两倍多。新兴海洋产业的形成,将使海洋经济成为21世纪世界经济发展的新支柱。

(三)海洋将成为未来高技术争夺的重要领域

海洋已经成为各国战略争夺的"内太空"。能源安全、经济安全的突出,高新技术在军事上的运用,赋予了海洋安全、海洋战略地位以新的内容。传统的控制海洋通道就能控制世界的战略思想虽未过时,但争夺的重点逐渐转向立体海洋,特别是尚未认识的"内太空"——水深500米以上的深海区。

当代人类面临的全球变暖、气候变化、生命起源、人类起源等重大科学问题的解决,有赖于海洋科学研究的进展。目前已形成"海洋大科学"的研究,其潜在的巨大科学、经济利益和可利用性已日益引起人们的重视。"未来文明的出路在海洋。"开发利用和保护海洋,势必成为21世纪人类社会追求进步和跨越的主要方向。

三、中国海洋经济与产业发展现状

中国建设海洋强国的战略内容主要包括:提高海洋资源开发能力,发展海洋经济,保护海洋生态环境,坚决维护国家海洋权益。

(一) 海洋经济已成为拉动中国经济增长的重要引擎

"十一五"期间,中国海洋经济年均增速为 13.5%,高于同期国民经济增长速度。预计到 2015 年,海洋生产总值占中国国内生产总值的比重将达到或超过 10%。根据最新统计,2012 年全国海洋生产总值为 50087 亿元,比上年增长 7.9%,海洋生产总值占国内生产总值的 9.6%。其中,海洋产业增加值为 29397 亿元,海洋相关产业增加值为 20690 亿元。海洋第一产业增加值是 2683 亿元,第二产业增加值是 22982 亿元,第三产业增加值是 24422 亿元,海洋第一、第二、第三产业增加值占海洋生产总值的比重分别为 5.3%、45.9% 和 48.8%。

(二) 在各海洋产业中,滨海旅游、海洋交通运输和海洋渔业占主导地位

2012 年,我国主要海洋产业增加值为 20575 亿元,比上年增长 6.2%;海洋科研教育管理服务业增加值为 8822 亿元,比上年增长 7.3%。

滨海旅游业继续保持健康发展态势,产业规模持续增大。我国滨海旅游业占主要海洋产业的比值超过 1/3,显示出我国海洋产业中旅游服务业非常广阔的发展前景。2012 年滨海旅游业增加值达 6972 亿元,比上年增长 9.5%。

海洋交通运输业占比较大,但增速放缓。海洋交通运输业占主导海洋产业比重达 23.3%,增速放缓与国内外宏观经济环境影响有关。2012 年增加值为 4802 亿元,比上年增长 6.5%。

海洋渔业继续保持稳定增长态势。海水养殖生产形势良好,海洋捕捞总体稳定,远洋渔业综合实力逐步增强。全年实现增加值 3652 亿元,比上年增长 6.4%。

海洋油气业波动较大。受国际油价波动、国内经济增速减缓、油气生产调整和产能控制等多重因素影响,海洋油气业增速呈现负增长。全年实现增加值 1570 亿元,比上年减少 8.7%。

海洋矿业继续保持增长态势。海砂开采管理力度不断加强,产业秩序得到进一步规范。2012 年实现增加值 61 亿元,比上年增长 17.9%。

海洋盐业增速呈现负增长。全年实现增加值 74 亿元,比上年减少 7.3%。

海洋化工业发展呈高速态势。全年实现增加值 784 亿元,比上年增长 17.4%,是全国经

济增长速度的 2 倍。

海洋生物医药业发展势头良好。国家对海洋生物医药业政策扶持和投入力度逐步加大,海洋生物医药业全年实现增加值 172 亿元,比上年增长 13.8%。

海洋电力业发展势头良好。大规模海上风电场建成投产,海洋电力业全年实现增加值 70 亿元,比上年增长 14.3%。

海水利用产业发展环境逐步趋好。产业化进程逐步加快,海水利用业呈现稳步发展态势,全年实现增加值 11 亿元,比上年增长 4.0%。

海洋船舶工业积极推进转型升级,加快调整产品结构。受全球航运市场持续低迷的影响,交船难、接单难、盈利难等问题依然突出,该产业全年实现增加值 1331 亿元,比上年减少 1.1%。从 2010 年起,我国已经跃居世界第一造船大国。未来我国还要培育拥有核心竞争力的大型船舶企业。

海洋工程建筑业继续保持平稳增长。新开工项目和在建工程稳步推进,全年实现增加值 1075 亿元,比上年增长 12.7%。

(三)海洋经济的区域结构严重依赖于沿海陆地发展状况,并呈"北高南低"格局

我国海洋经济尚未形成独立发展能力,区域结构基本按照陆地沿海经济发展状况呈环渤海、长三角和珠三角分布。其中:

2012 年环渤海地区海洋生产总值 18078 亿元,占全国海洋生产总值的比重为 36.1%,比上年提高了 0.5 个百分点。

长江三角洲地区海洋生产总值 15440 亿元,占全国海洋生产总值的比重为 30.8%,比上年回落了 1.0 个百分点。

珠江三角洲地区海洋生产总值 10028 亿元,占全国海洋生产总值的比重为 20.0%,比上年回落了 0.3 个百分点。

第二节　海洋中国的挑战与机遇

各国对海洋资源的研究、开发和对海洋空间的争夺早就进行了。联合国 2001 年缔约国文件指出,21 世纪将是海洋世纪。这意味着,各国针对海洋权益的争夺将更加激烈。我国在

开发海洋资源和空间、发展海洋经济、建设海洋强国的过程中,既面临着严峻的挑战,也遇到难得的机遇。

一、面临挑战

中国在建设海洋强国方面,主要面临三方面挑战:一是围绕海洋的地缘政治形势复杂;二是近海生态环境问题严重;三是经略海洋、开发利用海洋和保护海洋的综合能力不足。

(一)围绕海洋的地缘政治形势复杂

中国既有维护中国管辖海域范围内岛屿主权、海域管辖权、资源开发权等海洋权益的艰巨任务,又有维护在国家管辖范围以外海域的正当海洋利益的迫切需求。

1.国家海洋权益

国家海洋权益包括两方面含义:一是国家在海洋上可行使的各项权利;二是可获得的和需要维护的利益。依据相关法律法规,中国的海洋权益有着十分丰富的内涵,既包括在中国管辖海域范围内的权益,也包括中国在公海、国际海底区域和南北极等国家管辖范围以外的权益。

在中国管辖海域范围内,中国拥有的海洋权益包括:

在内海和12海里领海内拥有排他性的主权;在中国领海以外宽度为12海里的毗连区拥有对海关、财政、出入境管理、卫生以及安全的管制权。

在宽度不超过200海里的专属经济区和大陆架,拥有勘探和开发、养护和管理海床上覆水域和海床及其底土的自然资源(包括生物和非生物资源)为目的的主权权利,以及在该区内从事经济性开发和勘探,如利用海水、海流和风力生产能等其他活动的主权权利。

拥有对人工岛屿、设施和结构的建造及使用,海洋科学研究,海洋环境的保护和保全的管辖权。

中国可以根据《公约》主张200海里以外的大陆架权利,经联合国大陆架界限委员会确认后,享有与200海里内大陆架相同的权利。

中国对在中国版图上标注的"南海断续线"内的岛屿及其附近海域拥有主权,并享有该线内依据《公约》产生的专属经济区和大陆架权益,以及该线内相应的历史性权利。

在中国管辖海域范围以外,中国拥有的海洋权益包括:

在公海享有广泛的海洋权益。

在国际海底"区域"拥有对海底矿产资源的开发权。

在南北极地区拥有开展科学研究、经济开发等和平利用的权利。

在中国管辖范围以外其他海域无害通过权、过境通行权、群岛海道通过权、捕捞可捕量剩余部分等权利。

2.海洋地缘政治问题复杂

所谓海洋地缘政治,是指能够促成和阻碍中国成为一个海洋国家的地缘政治环境。中国的东海、南海和印度洋,都面临着巨大的地缘政治上的挑战。

南海问题是历史性老问题,最近这几年之所以凸显出来,有美国在背后后支持的原因。2010年7月,美国国务卿希拉里在越南宣布美国对南海问题的观点,提出南海问题和美国国家利益的相关性。紧接着,在冷战期间互为敌人的越南和美国也似乎在一夜之间就成为盟友,美国的航母开始访问越南。尽管没有明说,但此举显然是针对中国的。这是奥巴马政府重回亚洲最引人注目的、最直接而具体的举动。在这之前,美国也有很多外交和经济方面的举动,但并没有引起我们的注意,航母一来我们就开始注意到这个问题,触动了我们的神经。

南海是中国的核心国家利益。南海对于中国不仅仅关系到国家主权,而且还是生命线。一旦失去了南海,中国会不可避免地成为一个内陆国家。因为东海已经有非常牢固和高度制度化的"美日韩同盟",没有任何一方可以加以改变且仍有强化倾向。

对中国来说,成为海洋国家的希望在于南海,南海方面可能比东海和印度洋还要重要,甚至将成为决定未来中国走向全球的生命线。当前美国等国在南海航道的安全与稳定问题上一直把持着话语权。无论是作为一个出口导向型经济体,还是作为一个高度依赖资源进口的大国,中国的经济能否持续增长某种程度上取决于南海航道的安全性。

东海方面长期存在所谓的第一岛链、第二岛链问题。所谓的第一岛链、第二岛链问题,因钓鱼岛问题中日关系迅速恶化,当然其中仍有美国地缘政治战略作为影子。它表明我国要解决甚至控制东海问题的难度。就国际关系的本质来说,中国作为大国的这个事实,就表明了美日韩同盟存在下去的理由。这意味着,第一,中国很难通过东边成为海洋国家;第二,日韩等国可以利用美日韩联盟来增进本身的利益,损害中国的利益。例如日本可以在东海问题上增加其谈判能力,日本决定把钓鱼岛等具有争议性的水域进行国有化,就是适度利用美日联盟以造成有利于自己的局面。

中国基于和平、发展、合作而推动的海洋强国的战略不仅将造福自身,必定还要惠及周边地区乃至全球。中国的海洋强国战略并不以对抗为出发点,但不得不在以主权为底线的基础上,依靠经济社会及文化实力的提升作为保障。这可能需要一个相当漫长的过程,周边国家尤其是世界大国如何接受中国这一必然趋势,成为今后引发各种复杂矛盾的最主要因素。

（二）近海生态恶化和环境污染问题严重

海域管理和环境保护仍存在一些问题。海域管理的法律法规、制度与任务要求不相适应，海域监管能力薄弱；海岸和近岸海域开发密度高、强度大，可供开发的海岸线和近岸海域后备资源不足；工业和城镇建设围填海规模增长较快，海岸人工化趋势明显，部分围填海区域利用粗放；陆地与海洋开发衔接不够，沿海局部地区开发布局与海洋资源环境承载能力不相适应；近岸部分海域污染依然严重，滨海湿地退化形势严峻，海洋生态服务功能退化，赤潮、绿潮等海洋生态灾害频发，溢油、化学危险品泄漏等重大海洋污染事故时有发生。

根据国家海洋局的《中国海洋环境深度报告》，中国海洋可持续发展面临四大危机：一是近海环境呈复合污染态势，危害加重，防控难度加大；二是近海生态系统大面积退化，且正处于剧烈演变阶段，是保护和建设的关键时期；三是海洋生态环境灾害频发，海洋开发潜在环境风险高；四是沿海一级经济区环境债务沉重，次级沿海新兴经济区发展可能面临新的危机和挑战。

2013 年 3 月 20 日，国家海洋局发布《2012 年中国海洋环境状况公报》显示，我国海洋环境质量状况总体较好，但近岸海域水体污染、生态受损、灾害多发环境问题依然突出，蓬莱 19-3 油田溢油事故和大连新港"7·16"油污事件对邻近海域生态环境造成的污染损害依然存在，日本福岛核泄漏事故尚未对我国管辖海域造成影响。

1.近岸水体污染

在我国管辖海域，符合第一类海水水质标准的海域面积约占我国管辖海域面积的 94%；近岸以外海域水质总体良好并保持稳定；沉积物质量状况总体良好，96% 以上站位符合第一类海洋沉积物质量标准。部分近岸海域污染依然严重，未达到第一类海水水质标准的海域面积为 17 万平方千米，高于 2007-2011 年 15.0 万平方千米的平均水平。海水水质为劣四类的近岸海域面积约为 6.8 万平方千米，较上年增加了 2.4 万平方千米。近岸约 1.9 万平方千米的海域呈重度富营养化状态。

2.海洋生态面临威胁

我国海洋生物多样性状况基本稳定，但部分近岸生态系统健康状况不佳。2012 年，海洋生物多样性状况监测结果显示，海洋浮游生物和底栖生物主要类群基本保持稳定，符合其自然分布规律，海草、红树等群落结构保持基本稳定。国家级海洋保护区环境质量总体良好，主要保护对象或保护目标基本保持稳定。长江口、苏北浅滩等典型海洋生态系统和关键生态区域生物多样性水平呈下降趋势，变化情况值得关注。有 81% 实时监测的近岸河口、海湾等典型海洋生态系统处于亚健康和不健康状态。栖息地生境丧失、富营养化严重、生物群落结构异常是造成典型生态系统健康状况不佳的主要原因。

3.陆源排污对海洋环境影响显著

江河污染物入海量持续上升,72条主要江河携带入海的污染物总量约1705万吨,较上年有所增加。辽河口、黄河口、长江口和珠江口等主要河口区环境状况受到明显影响。监测的435个入海排污口达标排放次数占监测总次数的51%,与上年基本持平。入海排污口邻近海域环境质量状况总体依然较差,排污口邻近海域75%的水质、30%的沉积物质量不能满足海洋功能区的环境质量要求。

4.海洋环境突发事件风险加剧

2012年我国海洋赤潮灾害多发,全海域共发现赤潮73次,累计面积达7971平方千米。赤潮发现次数为近五年最多,但累计面积较近五年平均值减少2585平方千米。赤潮多发区仍集中于东海近岸海域。黄海绿潮发生规模为近五年最小。渤海滨海平原地区海水入侵和土壤盐渍化依然严重。我国砂质海岸和粉砂淤泥质海岸侵蚀严重。

(三)综合力量不足

1.体制机制

长期以来,中国的海洋管理特别是海洋执法力量分散,重复检查、效率不高。海洋管理职能分散在海洋、渔政、海事、公安边防、海关、国土,甚至包括石化、石油企业等行业和部门。尤其是,海上执法力量分散的问题持续多年,在维护海洋权益、营造产业环境、保护海洋生态和发展海洋经济中存在诸多不适应的问题。

2.产业落后

一是在海洋渔业方面,中国沿海渔业捕捞和养殖无论是装备、技术还是产业组织化程度都不高,具有世界水平的发达的远洋捕捞业还没有培育出来。二是深海勘探和油气开采技术落后,除了在渤海、东海一些浅海大陆架上进行海洋油气开采之外,在广袤的南海尚无油井。而南海毗邻国家已经通过与国际先进技术合作非法攫取海底资源。三是海洋旅游业的产业组织化程度不高,本来可以根据自身禀赋开发具有既适合内地广大居民又在国内外享有较高声誉的旅游项目,这方面与国际上海洋旅游先进国家和地区相比相差较大。

3.人才和技术相对不足

尽管我国在海洋科技和海洋人才培养方面有一定积累,但人才队伍和海洋科技水平整体实力不足,与国际先进水平差距仍较大。尤其在人才培养方面,多年来海洋方面科研院所培养的人才绝大部分并未流向海洋行业,海洋类专业毕业生往往"回头是岸";无论从中国对海洋客货运输需求衡量,还是从劳动者总体规模衡量,中国海员队伍的数量和质量上的潜力还远远没有发挥出来。明朝初期中国人郑和率领的巨大舰队可以下西洋,如果稍微朝着相当于当年那样水平的中外对比格局迈进,中国的海洋科技和人员数量及质量就会产生巨大的改观。

4.全社会海洋意识和观念薄弱

中国作为传统上的"内陆型"国家固然与其自然禀赋和政治文化历史有关,但恰恰因此,从近代以来在人类工业化、全球化快速发展进程中,中国深受其害。至今普通中国人关于国土空间的想象、关于资源空间的想象、关于主权范围的想象,总是或隐或显地"忘掉"400多万平方千米的海洋和更大的外海。即使在一些沿海地区,政府机构的设置、管辖权的行使以及公职人员的行为方式上,如何有效、及时、充分地面向海洋似乎较弱。这些从日常生活到文化作品以及信息传播内容上均有体现:基于内陆、基于黄土地的知识总被视为"根本",似乎海洋这个人类进化史意义上的发源地显得远不重要。这样就在一定程度上局限了中国人的视野。

二、战略机遇

目前,全球已经有二十多个国家发布了自己的海洋发展战略。中国要进一步对外开放、融入世界,必须加强海洋建设。在这方面中国面临难得的战略机遇。

(一) 综合国力

中国经济总量已为世界第二。贸易吞吐、资源使用和市场影响力为中国拓展海洋空间、利用海洋资源既产生了需求,也提供了条件。中国已经越来越重视海洋开发和海洋保护工作,已经加入了各种关于海洋权益的国际条约。随着综合国力的不断提高,在全球关于海洋权益划分的规则制定上,中国不可能一直做旁观者,必然需要也有能力发出自己的声音。

(二) 重点产业

造船业在制造能力和现实规模上中国已稳居世界第一。海洋养殖和水产品加工从业人数中国都有一定的规模,到2010年,我国涉海就业人员超过3300万;海水产品产量2798万吨,比2002年增加26%;沿海港口150多个,年货物吞吐量56.45亿吨,比2002年增加228%,其中吞吐量位居世界前十位的港口有8个;海洋油气年产量超过5000万吨油当量,占全国油气年产量的近20%。包括海洋信息服务、海洋交通秩序的维护,中国近年来在世界上已经展现出一定的地位。只要保持这种发展势头,中国在海洋产业中的地位必然会快速提升并占据优势。

（三）技术积累

1."蛟龙号"载人深潜试验取得重大突破

海试最大深度达到 7062 米,创造了同类作业型载人潜水器的世界新纪录,使我国具备了在 99.8% 的海底深处进行科学考察和资源勘查能力。党中央、国务院专门发文予以表彰,授予海试团队"载人深潜英雄集体"荣誉称号,授予 7 名潜航员"载人深潜英雄"荣誉称号。

2.大洋资源调查取得新进展

海洋资源调查范围涉及太平洋、印度洋和大西洋,涵盖多金属硫化物、富钴结壳、深海生物基因、深海环境调查等多项任务,其中,在南大西洋水深近 3000 米处获取了 1.2 吨多金属热硫化物样品,是迄今为止单次获得多金属硫化物样品量最多的一次。中国大洋协会第一个向国际海底管理局提交了位于西太平洋的富钴结壳矿区申请,这是我国在国际海底区域申请的第三块资源矿区。

3.极地科考取得新成果

第 5 次北极科考首次穿越北极航道进入大西洋,到达冰岛并完成了合作科考项目,实现了两国总理达成的共识。南北极环境考察与评估专项全面铺开,现场考察、综合评估和战略研究已经取得初步成果。南极科考稳步开展,新建南极科学考察站前期工作已顺利启动。南极活动管理条例已经进入国务院立法程序,在南极条约体系中发言权和影响力逐步上升。

4.海洋调查能力提高

我国近海资源环境综合调查与评价专项工作历时 8 年,2012 年完成,基本摸清了我国近海家底,更新了我国海岸线、海岛等一大批海洋资源环境基础数据。数字海洋服务工程和海洋资料整合目前正稳步推进。这些对我国权益维护、海洋开发、海洋管理、防灾减灾、环境保护及科技创新等各领域的发展需求提供了有力的支撑。

（四）体制改革

2013 年国务院机构改革和职能转变的热点之一是重新组建国家海洋局,成为中国海洋事业发展史上具有里程碑意义的一件大事。它意味着海洋工作在党和国家全局中的战略地位上升到一个前所未有的高度,标志着我国的海洋管理体制和工作机制发生了历史性的转折。

建立海警机制国外已很成熟,美国、日本以及马来西亚等国也建立了海警。中国只能根据自身的需要加强海警建设,否则在南海等海域政策过多的退缩、过弱的维权,反而让相关国家得寸进尺,徒然增加海洋纠纷。

2013 年 3 月 10 日,国务院在关于机构改革和职能转变方案的说明中指出,重新组建国家海洋局,具体内容是整合原国家海洋局及其中国海监、公安部边防海警、农业部中国渔政、海关总署海上缉私警察的队伍和职责。重新组建国家海洋局,以中国海警局的名义开展工作,是为了维护国家海洋权益,推进海上统一执法、提高执法效能。

三、坚决维护海洋权益的进展

(一)钓鱼岛维权上打出组合拳

2012 年,中国公布了钓鱼岛及其附属岛屿等 71 个岛屿的名称。从 2012 年 9 月开始,中国海监针对日方对钓鱼岛所谓的"国有化",不间断地在钓鱼岛领海开展维权巡航执法。中国海监飞机飞抵钓鱼岛领空进行海空立体巡航执法。中国公布了钓鱼岛地理坐标,命名部分地理实体,公布钓鱼岛及其附属岛屿领海基点基线,播发钓鱼岛海区海洋环境预报,举办钓鱼岛问题座谈会,发布钓鱼岛白皮书、宣传册及地名册,公布钓鱼岛及其附属岛屿图件等,初步实现了我国在钓鱼岛海域的常态化存在。

(二)在黄岩岛维权上赢得主动权

菲律宾海军非法登检我国在黄岩岛海域正常作业的渔船,海监编队及时赶赴阻止菲方企图抓扣我国渔民的侵权行为,保护了我国渔民的人身和财产安全。

(三)有力反制越南公布海洋法的侵权行为

2012 年 6 月,越南国会公然通过《越南海洋法》,将我国西沙、南沙群岛纳入其主权范围,中央审时度势,及时做出成立三沙市、公布南海油气区块等重大决策。中国海监加大了南海管辖海域的维权执法力度,中国海监第十支队、三沙海监支队和三沙海洋环境监测中心站相应建立。

(四)编制了我国东海部分海域 200 海里以外大陆架划界案

2012 年 12 月 12 日中国将该方案正式提交至联合国,向国际社会重申了我国东海大陆架延伸至冲绳海槽的一贯主张。与外交部积极配合,坚决挫败日本利用冲之鸟礁攫取管辖海域的非法图谋。

第三节　海洋战略与规划布局

2012 年可以说是"海洋中国"的重要开局之年。在这一年内,国务院出台了《国家海洋事业发展"十二五"规划》《全国海洋经济发展"十二五"规划》《全国海洋功能区划(2011—2020 年)》《全国海岛保护规划》《陆海观测卫星发展规划(2011—2020 年)》,以及 11 个省级海洋功能区划。

一、海洋功能区划

海洋功能是合理开发利用海洋资源、有效保护海洋生态环境的法定依据,也是我国建设海洋强国、实现海洋战略的总体规划,分为全国性海洋功能区划和地方各级海洋功能区划。

(一)全国海洋功能区划

2012 年 3 月 3 日,国务院批准了《全国海洋功能区划(2011～—2020 年)》(以下简称《区划》)。《区划》确定了农渔业区、港口航运区、工业与城镇用海区、矿产与能源区、旅游休闲娱乐区、海洋保护区、特殊利用区和保留区等八大类海洋基本功能区。

本次区划将我国管辖海域划分为渤海、黄海、东海、南海和台湾以东海域共五大海区,29 个重点海域。

(二)地方海洋功能区划

沿海省级海洋功能区划一般是对全国海洋功能区规划的承接和细化。与全国规划不同,地方规划主要内容是规定各省建设用围填海规模、海水养殖功能区面积、保留区面积、海洋保护区面积、大陆自然岸线保有率、整治修复海岸线长度等主要目标。

2012 年 10 月 10 日,国务院批准了辽宁省、河北省、天津市、山东省、江苏省、浙江省、福建省、广西壮族自治区等八个省级海洋功能区划(2011—2020 年)。2012 年 11 月 1 日,国务院批准了广东省、海南省、上海市等三个省级海洋功能区划(2011—2020 年)。国务院批复文件明确要求各省认真落实本省海洋功能区划提出的各项任务和措施,不断完善海域管理的体制机制,严格执行项目用海预审、审批制度和围填海计划,健全海域使用权市场机制;坚持陆海统筹方针,切实加强海洋环境保护;地方海域使用金收入要支持海域海岸带开展综合整治修复。

二、各类海洋规划的实施

(一) 创新示范推广

2012年,国家海洋局联合财政部下发了《关于推进海洋经济创新发展区域示范的通知》,与国家开发银行签署战略合作协议,支持山东青岛、浙江宁波、福建厦门、广东深圳省市开展海洋经济创新发展区域示范。

2012年国家批准区域建设用海规划23个,农业围垦用海规划2个,全年报国务院批准项目用海32个,完成了香港惰性拆建物料新处置区选划工作,积极回应澳门惰性拆建物料内地海域处置需求,优先保障了国家重点基础设施、产业政策鼓励发展和民生项目用海需求。

(二) 促进科技支撑

贯彻落实国务院办公厅《关于加快发展海水淡化产业的意见》,积极促进海水淡化产业的发展。海洋可再生能源工作在专项资金支持下取得可喜进展,建立了海洋工程科技奖励制度。利用公益专项重点支持了山东、福建、浙江、广东等省的科技创新、成果转化、产业发展。推动海洋经济创新发展区域示范立项,创建江苏、福建、大连三个国家科技兴海产业示范基地。辽宁、天津、广东、广西等各省市还因地制宜,广开渠道,组织各类资金支持科技兴海与产业发展。海洋卫星业务应用得到进一步拓展,地面应用系统建设取得全面进展。

(三) 各项用海管海政策

1.控制海域开发规模,科学合理确定围填海计划指标

仅2012年一年新增确权面积达254301.83公顷(征收海域使用金96.8亿元)。建立了海域使用权价值评估体系,完善海域使用权市场化出让制度,推进河北、浙江、江苏、广东开展凭海域使用权直接进入基本建设程序的试点,以提高海域使用权的物权地位。全面推进海域动态监视监测管理系统业务化运行。

2.海岛保护利用取得重大进展

浙江、广东、广西、福建省级海岛保护规划已批准实施。全国海域、海岛地名普查任务全部完成,《中国海域海岛标准名录》已经发布。国务院已批准开展第二次海岛资源综合调查。海岛监视监测系统省级联网运行,完成了辽宁、上海、浙江、河北等前期整治项目。建立了区域用岛和海域海岛衔接等管理制度,山东、福建、广东、海南等地的项目用岛已获批准。

3.海洋防灾减灾有效开展

国务院出台《海洋观测预报管理条例》,制定了《警戒潮位核定管理办法》等6个规章制度,妥善应对了"苏拉""达维"等16次台风风暴潮、海浪灾害,圆满完成2011—2012冬季的海冰灾害应对工作。对海上地震可能引发的海啸进行了监测和预警。辽宁、山东、江苏、浙江、福建、广东、海南沿海7个"海+渔"部门开展了海洋渔业生产安全环境保障服务系统的建设工作;河北、江苏、福建等省开展了海洋灾害风险区划试点工作;辽宁、上海、福建、广西、海南等省市开展了100个岸段的警戒潮位核定工作,广东岸基观测站点建设项目被列为省级重点项目,山东、浙江、广东等省开展了海洋灾情调查工作,国家与地方海洋防灾减灾体系初步构建完成。

(四)海洋生态环境保护

1.形成海洋生态环境保护的制度框架

山东、浙江、福建、广东等首批国家级海洋生态文明示范区的申报创建工作完成,2012年建立了15个国家级海洋保护区(海洋公园),增加保护区面积751平方千米。印发《关于建立渤海海洋生态红线制度的若干意见》,在渤海率先建立实施海洋生态红线制度。各省环保工作有新突破,福建省政府下达了沿海区市"十二五"海洋环境保护责任目标并组织了年度考核。

2.海洋生态修复

为打造海洋生态安全新格局,中央财政全年投入近20亿元用于海岸带、海域和海岛的综合整治和修复,并依法设立了中央海岛保护专项资金。制定完善了《海洋环境污染损害修复管理暂行办法》《海岛保护专项资金管理办法》。确定了21个海洋生态修复项目,70个海岛整治修复与保护项目。渤海及北戴河等重点区域综合整治取得明显成效。广东地方财政投入7亿元开展湛江湾等整治修复。

3.海洋污染防控

从监测、审批和执法三个层面,严密监测各类污染源,严格评审和审批各类用海项目。2012年严肃查处海上环境违法案件176起。加强海洋环境监测监督,实行定期巡航监测,定期发布通报,海洋行政执法行动发挥了积极作用,有效维护了我国管辖海域的海洋生态安全。

(五)海洋基础设施与装备能力

1.中国海监基础支撑条件改善

省级维权海监执法船、执法快艇顺利开工建造并陆续交付使用。中国海监维权执法基地启动维修改造。维权执法指挥系统建设顺利推进,已购置 1.6 万平方米的中国海监指挥中心业务楼。

2.海洋科考船规模进一步扩大

多部门联合的国家海洋调查船队正式组建,各领域 19 艘船舶加入船队。大洋资源综合调查船、"蛟龙"号工作母船、2 艘 4000 吨级海洋综合科考船、极地破冰船的新建工作进展顺利。

3.海洋观测预报基础能力提高

完成了 54 个海洋台站升级改造,新增 24 套 X 波段测波雷、11 套应急机动监测平台、4 套海上油气平台以及江苏苏北 6 个浅滩观测站,业务化海洋观测领域逐步由近海向深海大洋延伸,岸基和离岸海洋观测能力进一步增强。海洋二号卫星完成在轨交付并进入业务化运行。海啸监测地震台网和海啸预警业务平台建设工作顺利推进。

三、建设海洋强国的近期目标

建设海洋强国是一项长期、艰巨的历史任务,必须统筹规划、分步推进。到 2020 年中国全面建成小康社会之际,建设海洋强国方面应立足实现如下目标:

(一) 增强海域管理在宏观调控中的作用

海域管理的法律、经济、行政和技术等手段不断完善,海洋功能区划的整体控制作用明显增强,海域使用权市场机制逐步健全,海域的国家所有权和海域使用权人的合法权益得到有效保障。

(二) 改善海洋生态环境,扩大海洋保护区面积

主要污染物排海总量得到初步控制,重点污染海域环境质量得到改善,局部海域海洋生态恶化趋势得到遏制,部分受损海洋生态系统得到初步修复。至 2020 年,海洋保护区总面积达到我国管辖海域面积的 5%以上,近岸海域海洋保护区面积占到 11%以上。

(三) 维持渔业用海基本稳定,加强水生生物资源养护

渔民生产生活和现代化渔业发展用海需求得到有力保障,重要渔业水域、水生野生动植物和水产种质资源保护区得到有效保护。至 2020 年,水域生态环境逐步得到修复,渔业资源衰退和濒危物种数目增加的趋势得到基本遏制,捕捞能力和捕捞产量与渔业资源可承受能力大体相适应,海水养殖用海的功能区面积不少于 260 万公顷。

(四)合理控制围填海规模

严格实施围填海年度计划制度,遏制围填海增长过快的趋势。围填海控制面积符合国民经济宏观调控总体要求和海洋生态环境承载能力。

(五)保留海域后备空间资源

划定专门的保留区,并实施严格的阶段性开发限制,为未来发展预留一定数量的近岸海域。全国近岸海域保留区面积比例不低于 10%。严格控制占用海岸线的开发利用活动,至2020 年,大陆自然岸线保有率不低于 35%。

(六)开展海域海岸带整治修复

重点对由于开发利用造成的自然景观受损严重、生态功能退化、防灾能力减弱,以及利用效率低下的海域海岸带进行整治修复。至 2020 年,完成整治和修复海岸线长度不少于2000 千米。

人类开发利用海洋,创造出多种海洋部门、产业和社会系统。一些海洋民族形成"船上社会",如渔民社会、海商社会、海盗社会等,其社会组织制度、行为方式与陆地社会组织有明显的差别。远航既是一种体能、生理的挑战,又是一种心灵的磨砺,海洋因素渗透在他们的物质生活与精神生活当中,成为生命的一部分。西欧各国当年通过海洋扩张创立资本主义世界体系,也创造了这种海洋文明。它不一定与陆地文明对立,也不一定高于陆地文明的先进形态,但它所具有的开放、交流、互动特征,使这样的民族国家在近现代经济社会以及科学文化各方面表现出了更为强大的生命力。中国作为在长期历史传统中形成的内陆型国家,在国家现代化推进到 21 世纪的今天,对此必须有清醒的认识。

第四节 海洋经济发展战略理论

一、海洋开发战略位理论

海洋资源开发与经济发展的目标导向战略,是一个复杂的、有层次的战略体系。海洋经济要全面、健康、协调、可持续发展,必须在目标导向的层面上进行科学的战略选择。改变传统的海洋开发单一定位的战略研究,弥补海洋开发战略系统性研究的不足,通过"战略位"理论和"战略整合"主张,解决海洋经济发展中目标导向层面上的战略选择问题。

(一)海洋开发战略位理论的学术背景

海洋资源开发与经济发展的目标导向战略,是一个复杂的、有层次的战略体系。海洋经济要全面、健康、协调、可持续发展,必须在目标导向的层面上进行科学的战略选择。我国学术界在对海洋开发战略的研究上多数是单一定位的研究,虽然学术贡献很大,但缺乏整体性、综合性的研究,导致海洋资源开发战略的选择缺乏统筹理念和宏观总体思考,实践中也就客观存在着战略误导。

通过对国内海洋开发与经济发展战略研究成果的梳理,明显地看出:

第一,理论界的研究,基本上定位在海洋资源的开发与利用方面,未能重视开放的国际竞争大环境,缺乏从全球海洋视角来定位海域综合发展战略的研究。第二,很多研究具有离散的特点,可以分为资源开发战略研究、产业(行业)发展战略研究、区域发展战略研究,缺乏思维张力,忽视多维空间和整体设计,未能对海洋资源与经济的集成战略进行深入、系统研究。而实际上,海洋开发既是资源经济又是产业经济,还是区域经济要有"三位一体"的海洋开发整体研究。第三,近年来对巨变环境来临后海洋资源开发的趋势和创新发展的研究才刚刚起步,缺乏比较系统的有针对性的研究。

随着经济全球化、信息化的发展和国际市场竞争环境的巨变,经济发展外部环境变革和内部变化对海洋经济发展提出了挑战。海洋开发的国际化趋势和国内需求要求必须深入研究海洋资源开发与经济发展的战略理论。有远见的战略家和理论家开始关注巨变环境下海洋资源开发与经济发展的科学战略选择。因此,学术界与时俱进,弥补以往研究中定位的偏差和综合性、系统性研究的不足,探索开放的经济社会环境下海洋经济发展的战略创新思路和战略对策,特别是选择科学的战略思路和实现模式显得特别重要。做到这一点,关键是要明确战略选择的基本理论,深化对海洋开发战略的结构体系的认识。

(二)海洋开发战略位理论的意义与作用

海洋开发战略是指导海洋经济活动的,海洋资源开发的经济活动具有水体资源经济、海洋产业经济、区域海洋经济三重属性,并存在着不同分支系统(或属性)的占位差异。因此,海洋开发战略也就是一个体现海洋经济不同占位差异的战略体系。

海洋经济位理论是研究海洋开发战略位理论的基石,是构建海洋经济战略思路和理论的前提。编者把不同功能和属性的海洋经济分系统的占位,定义为海洋经济位。海洋经济作为开发利用海洋的各类产业及其相关经济活动的综合,是多维、多变量、多层次、多因素、纵横交错的立体网络系统,是整个社会经济系统的重要分支系统。海洋经济各系统是相异性与相似性的统一。其作为综合性经济的特征就是相似性的表现。海洋经济系统的分系统的相异性主要是表明其在海洋经济大系统中的位置。因为作为大系统是由各经济系统及其相互关系构成的整体,作为大系统中的各经济系统是由特定功能组成的不同经济客体。正是由于这些分支系统有特定的功能,且表明了其在大系统中的位置,所以具有相异性。按照社会经济活动的纵横结构规律和经济科学的分类要求,理论界以及编者在《现代经济学学科的演变与发展》一书中就已经提出,所谓海洋经济活动,是全人类以海洋及其资源为劳动对象,通过一定形式的劳动支出来获取产品和效益的经济活动。现在,编者仍然认为,海洋经济是既含有特定属性(相异性),又全面反映本质属性(全息性)的综合性、整体性经济。海洋经济就是指对海洋及其空间范围内的一切海洋资源进行开发和再开发的产业活动或过程。海洋经济是包括海洋产品的生产、交换、分配和消费环节在内的再生产过程。由此可以看出,海洋经济既是区域空间经济和部门经济,又是资源经济,是海洋空间范围内由开发海洋资源而形成的海洋产业部门的经济活动的总称。海洋经济本质上是开发利用海洋资源的活动以及相关的经济活动,即为了满足人们对海洋资源产品的需要而进行的再生产过程。

以上分析说明,海洋经济客观上存在着"位"差,水体资源经济位、产业经济位、区域(空间)经济位构成海洋经济基本位。水体资源经济位的经济活动,主要表现为资源的经济问题;产业经济位的经济活动,主要表现为产业部门的经济问题;区域(空间)位的经济活动,主要表现为海洋区域空间的经济问题。海洋经济位理论对于认识海洋经济战略具有基础作用。

人类指导海洋经济的发展必然表现在战略思维与战略指导上。在以往的海洋经济发展中,由于海洋经济位的客观存在,必然反映在海洋经济的战略上。不同的海洋经济位,一定产生不同的海洋经济战略位。战略位是经济位在目标导向上的必然反映。

由于海洋经济是相对于陆地经济提出的,海洋经济的内涵是非常丰富的,因此界定海洋经济及其战略不仅要反映其与海洋有关的特有本质属性,而且要全面反映其本质属性,海洋经济既然是以海洋为对象,应当是包括海洋空间、海洋产业、海洋资源在内的复合经济。海洋开发战略也就出现了海洋资源、海洋产业和海洋区域发展等不同战略。海洋经济开发与管理中相继选择与实施的发展战略集中表现为这三种战略。举例说明,就海洋渔业来说,传统的渔业捕捞战略属于资源开发战略。海洋工业中,海洋化工发展战略则属于产业发展战略,区位空间选择的海洋经济区战略就属于区域综合战略。海洋经济创新发展的目标导向战略系统,是一个复杂的、有层次的战略体系。

为了研究问题方便,编者把海洋开发战略导向的不同占位,称为海洋战略位。海洋战略位是在海洋经济位基础上认识海洋开发重点和方向的宏观导向的相异性的称谓。海洋经济战略位理论是甄别海洋经济发展的理论,也是梳理、整合海洋开发的战略体系的理论方法。

二、集成创新战略论

蓝色经济具有资源、产业与经济区三位一体的内涵,是一种海洋资源开发、产业集聚与临海区位一体化发展的经济发展模式或产业发展方式,是海洋水体资源经济、海洋产业经济、海洋区域经济的复合体。蓝色经济作为海陆一体化考察的复杂系统,存在着资源位、产业位和区域位,其发展的规律是一个体系。海洋经济位理论对于认识海洋经济运行,指导海洋开发具有基础作用。海洋资源开发的经济活动具有的三重属性和站位差异,决定了蓝色经济具有三重价值:资源生态价值、科技经济价值和社会功能价值。蓝色产业作为新兴战略性产业,是具有高科技含量、高附加值与高成长性的产业,具有价值放大优势。因此,顺应蓝色革命和全球经济一体化的大趋势,整体统筹、创新发展三位一体的蓝色经济,强化海洋经济位的集成合理和动态协调以及可持续,实现海洋经济位集成创新发展,提升集成价值,是科学的选择。在资源开发上,统筹海洋资源经济、涉海经济、临海经济、海外经济的发展;在区位发展上,统筹海洋区、海岸带、港口、沿海产业园区和城市带的发展;在三位一体上,整体统筹,改观单一发展方式,努力提升发展的集成绩效。

(一) 海洋经济集成战略的思路与主要观点

从全球视角观察,中国是海陆兼备的国家,300 多万平方千米的管辖海域是拓展经济空间、培育新经济增长点的重要国土资源。转变"纯陆地思维",把这一国土的开发利用放在开放的国际大环境来考察,提高到更高的开发位置,确定科学的战略指导开发,是我国现代化建设中的长远性、全局性、战略性课题。

进入海洋科技日新月异、资源环境价值逐渐增大、发展竞争日益激烈、权益争夺异常加剧的海洋世纪,战略创新需求日益迫切。中国的海洋经济发展在经历了以直接开发海洋资源的产业发展阶段以后,跨入了激烈国际竞争背景下以高新技术为支撑的海陆一体的以经济发展、社会进步、生态环境不断改善为基本内容的系统整体协调发展的创新发展阶段。应对新的挑战,仅仅依靠海洋经济的单项突破已不能解决加快发展与科学发展中的问题,只有树立集成创新理念,走集成创新之路,才能提高海洋经济的系统的、综合的、有效的创新能力和竞争能力,获取更大的规模发展。因此,构建全新的、高位阶的宏观创新战略,实施宏观战略指导迫在眉睫。

构建海洋经济集成创新战略具有重要战略意义:(1)集成创新战略是实现海洋经济创新

最优化,促进海洋开发事业健康发展的科学选择;(2)集成创新战略是应对环境变革,兴海强国实现民族复兴的重大战略对策;(3)集成战略可为国家指导海洋经济发展与确保海洋安全提供有力的理论指导与政策支撑。

1.基本思路

海洋经济作为海洋水体资源经济、海洋产业经济、海洋区域经济三位一体的综合性经济,其发展有自身的客观规律,具有技术要求高、风险性大、产业关联度高、圈层显示度大、区域性强、综合性浓的特点。由海洋资源的聚合特性与海洋经济发展的复杂性决定,海洋经济战略创新是一个需要多个创新主体协调统一的过程。为了兴海强国,应在深入研究集成创新的机理、机制与实现模式的前提下,尽快制定和实施海洋经济集成创新战略,全面指导海洋开发与保护,提升海洋经济的成长品位,谋求长远发展的活力和后劲,实现创新发展的集成最优化。

海洋经济集成创新战略的理论模型,由三位[海洋资源、海洋产业(科技)、海洋区域经济]三维(海洋经济战略目标导向、海洋生产力、海洋生产关系)构成。海洋经济创新是一项系统工程,包括海洋资源开发、科技进步、产业发展、区域协调等内容。创新是全方位的,其体系涉及海洋生产力、生产关系和上层建筑诸方面,创新具有系统性、动态性、协同性的特征。集成创新要求各项创新要素的全方位优化、合理搭配和有效协同,本质是创新系统的整合和创新过程的协同。创新整体优化和协同是海洋资源开发与经济发展的客观规律交叉集成综合作用的结果,体现了海洋经济的全面、协调与可持续发展。实施海洋经济集成创新战略的目标是有效地解决创新中的局部与整体的矛盾、因果关系中的矛盾和过程中的生克矛盾,规避创新风险,形成集成绩效,提高综合竞争力,实现海洋经济发展的最经济、最持续与最大社会福利的集成最优状态。

2.主要观点

(1)海洋经济位和战略位论

海洋经济是复杂的系统,从不同分支系统的占位观察,存在着资源位、产业位和区域位。按照历史发展和开发进程来看,还客观存在着资源开发战略、产业促进战略和海洋区建设战略的战略位。海洋经济发展战略是由资源位、产业位和区域位战略构成的体系。从我国沿海处于工业化中期这一实际来看,农业时代、工业时代和知识时代并存,决定了三位战略的并存和组合。在海洋经济创新发展的新阶段,必须构建新的集成战略思路。

(2)海洋开发战略集成观

海洋是资源聚合体,海洋经济是综合性经济,传统单一的海洋资源开发战略导致资源掠夺式经营,生态环境恶化;传统单一的海洋产业战略,引起了海洋产业结构的畸形;传统分割的区域战略导致整体效应下降。传统战略存在着割裂和离散的弊端。要认真研究多种战略的整合,从多视角和多层面,运用多种方法和手段,来对待各项战略创新资源要素,促进要素、功能及优势之间的相互匹配,改变各自为战的局面,用科学的新的"三位一体"国家集成战略来指导各产业和各海洋区的海洋经济活动。

(3)海洋经济集成创新论与集成绩效观

集成创新是指海洋经济创新系统的整合和创新过程的协同。创新发展不仅提出海洋产值的增长目标,重要的是提出集成绩效即集成经济性这一竞争力目标。集成经济性是海洋经济创新发展集成绩效的衡量标准,是海洋经济综合竞争力的体现。集成经济性是指由战略集成创新所带来的所有效益的组合,包括规模经济性、范围经济性、生态经济性、环境经济性、外部经济性、速度经济性、循环经济性。各类经济性也有占位的差异。海洋经济树立科学创新观,实施全球视角下的以集成经济性为目标的集成创新,除要确立集成绩效创造为核心的创新发展模式,追求合作共赢的价值取向以外,还需要进行最优化管理,努力使创新达到集成最优化状态。

(4)海洋开发规律集成观

从海洋资源开发的规律体系整体看,已经突破了按海洋自然规律或海洋经济规律办事的局限,扩展到统筹人与自然的和谐发展,统筹人与社会的和谐发展,统筹海域与陆域的发展,统筹海洋开发的国内区域合作和国际合作与竞争。经济规律与自然规律交叉集成、科技规律与经济规律交叉集成、海洋规律与陆地规律交叉集成、国内发展与国际经济交叉集成,成为海洋资源开发与海洋经济发展的众多规律的相互联系特征。要对海洋开发与经济发展规律体系做深入研究,拓展规律体系的内涵与外延,将海洋资源开发这种物物转换关系深化为人与人的关系,涵盖人与自然的关系、人与社会的关系。

(5)战略实施的集成管理论

要做到全球海洋空间定位思考与整体优化行动。要把海洋国土的开发利用放在开放的国际大环境来考察,转变"纯陆地思维",突破单项战略指导的做法,提高海洋开发战略指导的层次。要在海洋集成创新战略导向下,实施全球视角下的以实现集成经济性、提高国际竞争力为目标的海洋开发战略行动,按海洋经济圈层进行资源、产业、沿海城市战略规划整合,把海洋经济与涉海经济、沿海经济、海外经济结合起来,实行海陆综合国土整治,制订长期集成战略规划,优化区域结构,实现产业对接,建立健全区域间、产业间的竞争与协作长效机制,建立与完善政府服务支撑体系和构筑支撑平台,创新发展海洋经济,把我国海洋经济由目前的中等发展水平提升到先进水平,努力建设创新型海洋经济强国。

(二)海洋经济集成创新战略的理论基础

依据海洋经济发展的时代特点与巨变环境,中国发展海洋经济,应当做出集成创新兴海强国的战略选择,切实强化战略集成指导,积极调整创新发展模式,努力追求集成绩效的目标,有针对性地实施系统集成的战略管理对策。

1.集成创新的理论渊源

将集成的概念应用于创新管理领域,实现集成与创新的合成,并科学地揭示出其内涵、特征,是近些年创新研究和管理研究中的大事,是理论发展史上的重大突破。

同任何理论都有其继承关系一样,集成创新理论的提出也是创新方式演变及其理论探索的必然结果。创新理论和集成理论的发展为集成创新的出现奠定了理论基础。集成创新论的提出,是集成论和创新论发展的一次飞跃。

如前所述,熊彼特关于"生产要素新组合"的创新概念已经含有将离散的要素进行集成的含义。随着经济的发展和理论探索的深化,在创新进化论的推动下,集成创新的概念也就逐步地水到渠成,日益明晰。20世纪70年代,美国学者纳尔逊(R.Nelson)和温特(S.Winter)创立了创新进化论,推动了技术创新和制度创新的融合,进而推动了更大范围内的综合性创新研究,创新管理的集成化研究趋势明显增强。从"五代创新模式"演变中可以明显看出这一历程。

劳斯韦尔(Rothwell)在1992年对实践中的创新模式和方式进行了划代。他认为,创新方式已经经历了五代:20世纪60年代以前是"技术推动"创新模式;60年代至70年代早期是"需求推动"模式;70年代至80年代,综合以上两种模式出现了第三代"交互(耦合)作用"模式;80年代至90年代初,一体化(集成)创新模式提出;紧接着,系统集成和网络模式出现。

2.集成创新的提出及突破

限于文献检索的制约,我们不能确定集成创新理论第一人。但从集成创新的机理来看,将系统论、协同论运用于创新管理领域的理论就已经具有集成创新的基本含义。

(1)中国学者对集成创新的研究

1997年,中国人民大学李宝山教授等,对"集成管理创新"进行了研究。1998年又出版了《集成管理——高科技时代的管理创新》一书,对集成创新做了进一步的阐述,强调集成创新是创新要素的一种创造性的融合过程,并从哲学角度揭示了集成创新的对象、过程与动力等机理。

有的专家,在1998年研究国家创新体系时,认为"创新系统各要素间相互作用的集成体系"构成国家创新体系。1999年,又有专家对"创新行为的融合与协同"进行了研究。

2000年,江辉和陈劲教授提出集成创新是技术集成加知识集成加组织集成的概念,分析了企业利用何种集成手段才能达到快速形成创新机制的目的,同时设计了企业集成创新的评价指标体系。该年,浙江大学许庆瑞教授提出基于核心能力的组合创新概念,核心是产品与工艺创新,外围是体制、文化与组织创新。

集成创新的提法一经出现,便得到了科技部的肯定,并很快进入我国的科学技术决策和科技创新的实践。原科技部部长徐冠华提出,要"加强相关技术的配套集成与创新"。原中国科学院院长路甬祥提出:"当今时代更需要的是面向战略需求的技术集成创新。"科技部在科技发展"十五"规划中提出了集成创新的思路,其核心是加速人才培养,推动体制创新,促进创新资源的高效、合理分配,强化协同创新,形成创新的强大合力。至此,集成创新理论和思路开始走向应用,并日益成为企业、地区、政府部门或重大建设工程的思想指导和智力支持。

(2)外国学者对集成创新的研究

1985年,德鲁克在《创新与企业家精神》一书中指出,创新既然是生产要素的重新组合,就不仅指科技,也指管理、营销等。美国的新经济本质上是创新型经济。这种创新型经济既包含技术创新,也包含观念创新,还包含制度、行为、组织等运行模式的创新。这些论述已经具有了创新是综合性、集成性的思想。

罗森伯格(Rosenberg)和克莱茵(S.Kline)于1986年提出了创新链环模型,显示出创新是多种因素交互作用的过程,表明了创新过程的动态化、集成化和综合化。1987年,弗里曼(Freeman)在首次研究国家创新系统时认为,技术创新及其对应的组织创新、制度创新在国家框架内的集成是国家创新概念的重要组成部分。

1997年,玖·笛德(Joe Tidd)、约翰·本珊特(John Bessant)和凯思·帕维特(Keith Pavitt)在《创新管理——技术、市场与组织变革的集成》一书中将市场、技术及组织变革管理进行整合,建立了完整统一的理论框架,分析了创新管理的集成方法。

亚斯笛(Iansiti)1998年在《技术集成:动态世界的关键决策》一书中将集成概念应用于创新管理领域,认为技术集成管理将更加有能力应付不连续的技术创新。在技术高速发展、市场日趋复杂的高科技领域,对技术和市场变化的快速反应、积极适应、主动影响已成为企业生存发展的必需能力。技术集成的实践正是构建这一能力的基石。

1999年,在英特尔工作的米勒(Miller)等人揭示了发达国家一些公司的"融合创新"特征,即将不同学科的知识进行集成而实现创新。这种全新的机制确保了不连续和跨越创新的实现。

学者们认识到了集成创新是应对实践挑战的新的创新模式。很多学者注重各种案例的分析与总结,将集成创新的研究进一步引向深入。伯斯特(Best)在《新的竞争优势——美国工业的复兴》一书中通过对美国工业的分析,认为美国工业新的竞争优势所在是建立起将基础研究与市场需求紧密联系在一起的网络集成创新制造系统,这样,既能促进自身能力的快速发展,也能推动区域整体创新能力的提升。总之,集成创新已被普遍认为是知识经济时代,企业或区域创新发展的动力和路径选择。

3.集成创新的理论体系

对集成创新的理论体系与模式的研究,首先是由李正风等提出的,他们认为,创新行为是一个交互作用的复杂网络,因此对创新的研究需要确立一种"系统范式"。在对系统范式的研究中有代表性的观点是张华胜、薛澜提出的。他们在《技术创新管理新范式:集成创新》一文中,从界定集成创新的概念入手,围绕集成创新体系的建构,具体分析了集成什么、如何集成、遵循何种原理、采用什么方法集成等集成创新的重大问题。他们认为,创新要素的融合是集成的本质内容,集成的原动力有两类:一类是系统按某种主导战略联结;另一类是按某种机制设置,演化成一种新的系统建构,以产生新的能力和效率。

张华胜、薛澜在分析集成要素、集成对象、集成平台、集成支撑技术、集成创新的网络组织等关键要件的前提下,提出了集成创新的理论框架。

其基本理论是:"由于创新要素由不同的主体所掌握,因此集成首先是对占有不同创新要素的主体的集成。构成集成创新的主体包括单个人、群体以及共享特定知识和解决问题模式的组织等。对主体的集成在形式上表现为由创新主体所构成的某种组织形式。决定集成共同体大小的因素是创新复杂性程度的高低。集成共同体并非简单地捏合在一起,而是需要一个集成平台,使之受到约束,并按照一定的方向演进。平台反映了不同主体在物理上、等级上、关系上、流程上相互联系的机制或系统,从本质上看集成平台应被视为一种组织方式以及环境安排,包括硬件环境,也包括软件环境。对平台,需要一定的系统能力和组织结构对其提供支持。平台的形成使一体化集成组织拥有了核心能力,即异质的构成技术创新能力的知识和技能,包括系统整合能力和在某一领域进行研究开发的能力。但除此以外,组织还需要互补性资源以支持其核心能力拓展其功能。同时一体化组织还需要通过学习积累知识和扩展能力。这使得集成的范围大大扩展,超出一个组织外,而形成一个集成化网络。这一范围再进一步扩大,在组织形式可能形成一个市场网络(market network)或全球性虚拟性组织(global virtual organization),从地理结构上看会形成一个区域性网络(local innovation system),甚至是国家创新体系(national innovation system)。"

(三) 海洋经济集成创新的理论框架模型

1.海洋经济集成创新战略的内涵

本研究认为,从海洋经济的创新系统和集成创新的基本含义来看,海洋经济集成创新是指:在海洋开发环境下,海洋经济发展中,以海洋资源为对象的海洋直接产业和海洋间接产业在目标导向战略创新的指导下,技术创新和制度创新等所有创新要素(系统)整合、匹配、协同,形成有机创新系统,共同促进海洋经济技术进步和产业升级,提升海洋经济系统整体功能和竞争力的过程。由于其目标导向是全局性的整体规划和宏观导向,因此,海洋经济集成创新是一项全新的战略。

这一概念揭示了海洋经济创新的本质:创新系统的整合和创新过程的协同。一是从创新系统来看,指的是海洋经济创新要素(系统)创造性地融合、互补,形成有机系统,促使系统整体功能增强,以产生规模效应和群聚效应;二是从创新过程来看,指的是若干创新要素匹配、协同、协调的创新过程,以达到系统整体演化的最优化。

可以看出,海洋经济集成创新战略强调的是,在创新要素复杂、分离的条件下,注重创新的系统性、群体性,创新要素要实现匹配、整合,创新过程要协同、协调,形成一种创新资源优势互补、创造性融合的有机整体,实施科学的宏观指导,形成 $1+1>2$ 的整体创新发展集成效果。

2.海洋经济集成创新的理论模型

由于海洋经济既是水体资源经济、海洋产业经济,又是区域海洋经济,因此制定海洋经济发展战略就有侧重。侧重点不同,就产生不同的战略,即资源开发战略、海洋产业战略和海陆一体化发展战略。我们把这种侧重点的不同称为战略位的差别。

以上战略三位是海洋经济创新发展的客观历史过程,也是海洋经济创新发展的三大主导战略趋向。由于战略主导着创新要素的连接和整合,因此,战略位不同,创新要素的连接和整合就有不同的特点,也就产生不同的创新效果。

郑贵斌把由三位和三维构成的海洋经济集成创新研究范式称为海洋经济集成创新理论模型(模式或框架)。(以下研究中有时使用三维三位的提法,是由于分析顺序的原因在表述时使用的,其本质是一致的。)

该框架模型由三维三位构成,突出体现了海洋经济集成创新的目标导向→实施→保障的一体化特性。它将海洋经济集成创新行为导向、技术、制度统一纳入一个框架体系中,提供了在这一框架内研究海洋经济集成创新立体复杂结构的可能性,克服了长期以来科学研究"单打一""重局部""重平面""重静态"的弊病,弥补了战略研究、技术研究和制度研究中的不足和缺陷,克服了脱离时代背景的孤立研究弊端。

核心创新维界定了海洋经济集成创新系统的主要内容,体现了集成创新的目的性,主要是由海洋经济的技术、产品、产业和配套条件等创新单元来构成,它们是海洋生产力形成的基本要素系统。

保障创新维是由保障创新的四种集成方式——组织集成、管理集成、制度集成、文化集成这些单元创新系统构成的,它们是形成海洋生产关系的"软"环境系统。

目标导向创新维确定了海洋经济发展中的战略三位。战略位是在海洋开发与管理的广阔空间中,行为主体所选择的,主导海洋经济实践的目标导向行为或策略。由于行为主体认识水平和技术、管理能力的局限,战略位是有差异的,其差异,即位差,称为战略位位势。提升战略表明目标导向创新的提升,可以更好地指导海洋经济的创新实践。目标导向创新维描述了海洋经济创新的行为动因和行动结果,不同的战略位可以产生不同的创新内容和效果。如在资源战略位中,有海洋资源开发技术、海洋资源产品、海洋资源产业和海洋资源开发条件等核心创新的集成;有海洋资源开发组织、海洋资源开发制度建设、海洋资源开发管理和文化发展的创新等保障创新的集成。海洋产业发展战略位和海洋区域经济战略位亦如此。每种战略位都有 8 种创新状态,其中核心创新维有 4 种,保障创新维有 4 种。由于战略位位势的差异,该模型在横位联系上一共包含着海洋经济集成创新的 24 种联系状态。

该模型同时也存在着纵位联系,不同位势之间的创新单元纵向联结会形成一系列创新联系状态。如果纵向联结中形成交叉互动集成,那就会形成更多的创新联系状态。所有这些状态,构成集成创新的立体结构整体。

需要说明的是,这一模型是参照创新进化论提出的技术创新和制度创新的融合理论,由各种创新单元系统进行本质归类提出的,它更多的是建立一种分析结构。其适用范围和可操作性有较严格的思维限定和假设条件,用于具体的操作指导和量化研究必须进一步掺入附加因素和条件。

三、可持续发展论

随着海洋开发不断向广度和深度拓展,保护海洋环境,维护生态平衡,实现海洋资源的永续利用,促进海洋经济可持续发展,成为全社会关注的焦点。在发展海洋经济中坚持可持续发展方针,实行开发与保护并重,是实施蓝色战略的应有之义。

(一) 可持续发展是海洋经济发展的必然趋势

1.可持续发展是一种新的发展观

所谓可持续发展,是指既能满足当代人的需要,又不对子孙后代满足其需要的能力构成危害的,经济、社会、环境等相互协调的发展。它是人类总结自身发展历程,重新审视自己的经济社会行为提出的一种新的发展观。它在自然观方面主张人与自然和谐相处,在经济观方面主张保护地球上的自然系统以持续发展,在社会观方面主张代际间公平分配。可持续发展作为发展观,已日益成为国际社会的共识。

2.可持续发展是开发海洋资源的自身需要和必然选择

众所周知,人类自诞生之日起,就与自然环境相互作用、相互影响,构成一个相辅相成的系统整体。

人类发明技术,从事经济活动,满足自身的需要,必须依赖于自然界和遵循它的规律。自然界的每一部分包括海洋,其生物和它的非生物环境相互联系和相互作用,彼此之间进行着连续的能量和物质交换,从而形成一种生态系统,并且随着反馈机制的作用,谋求着动态的平衡。人类的多方面需要,都是以对自然界的需要为基础的。人的需要的每一次扩张和经济活动的每一次发展,都是伴随着人与自然的联系的深入和拓展实现的。这不仅因为自然界是生活资料的源泉,而且因为它是人的全面发展的源泉。人类活动要使自然界服务于自身,必须按照自然界固有的运动规律办事,正确处理人与自然的关系,以更好地促进经济发展和满足社会的需要。也就是说,人类开发自然资源必须走可持续发展之路。

理论界自20世纪70年代中期开始讨论可持续发展观,到20世纪90年代中期达成上述共识,在世界范围内得到普遍认同和巨大反响,从一个侧面透视出人类走可持续发展之路的历史必然性。

理论界认为,可以把有史以来人类开发自然资源,促进经济发展分为三个阶段或三种模式。

第一个发展阶段或发展模式是人类的科技活动、经济活动同自然资源在较低水平上的相适应。在这个阶段或模式中,人类进行生产活动所使用的动力主要是驯化的牲畜的体力和人类自身的体力,使用的技术手段主要是以杠杆原理或其他简单机械原理为主的器具。人类对自然的利用能力和控制能力还很弱小。相反,人类处于自然的束缚与限制中。经济增长速度缓慢,人口的自然增长率极低下。人类的活动特别是经济活动对环境的污染和资源的利用在总体上处于自然环境自身的承载能力和调节范围之内。

第二个发展阶段或发展模式是人类的科技活动、经济活动与自然环境的不相协调。人类凭借日益进步的科学技术来利用自然和征服自然,自然成为人类的奴仆,自然环境遭到严重污染,资源日渐枯竭。在这一模式中,人类使用社会化大生产或工业化的方法来获得各种生产资料和生活资料,人们利用科学技术不断开辟新能量、新材料、新产品和新的消费领域,却很少顾及它们对环境的不良影响。在这一阶段,人口发展居于高出生率、低死亡率的类型,人口自然增长率迅速上升;经济增长不断翻番,各种污染增加型产业把大量的工业废气、废液、废渣排向大自然;农业投入大量的化肥、农药、地膜污染土地和水资源;森林不断被砍伐和破坏,土地沙化严重,等等。这一阶段对环境的破坏是全球性的,它以二氧化碳排放过量而产生的全球温室效应、全球气候异常、臭氧空洞以及动植物物种大量灭绝为主要特征。

第三个发展阶段或发展模式是人类自觉地使科技活动、经济活动和自然环境协调一致。人类使用能够控制其污染程度或少污染、无污染的核能、水力、太阳能、风能、地热等为能源和动力;人口发展属于低出生率、低死亡率类型,人口增长率为零或极低;各种污染型工业逐渐衰退或代之以无污染的新兴工业;人类利用科学技术有效地治理和消除各种工业与生活"三废";人类需求合理,经济增长稳定。这种模式是人类未来的理想模式。

相对于上述三个经济发展模式有三种发展理论或发展观。

第一种发展理论或发展观是"反增长论"或"零增长论"。这种发展观以早期的罗马俱乐部为代表。它认为,人口增长和经济发展需要耗费更多的自然资源和向自然资源排放更多的废弃物。但是地球上的资源例如可耕地、淡水、金属、矿物燃料、森林、海洋等的存量是有限的,地球的自净能力和容污能力也是有限的,人类必须使人口和经济增长率降低为零,亦即维持在简单再生产的水平,人类才可以避免悲剧式的结局。

第二种发展理论或发展观被称为"经济发展决定论"和"科技万能论"。这种观点认为,人类社会的一切问题以及环境问题都可能通过经济发展来解决,从而主张"经济增长第一"。持"经济发展决定论"的学者大都反对罗马俱乐部1992年提出的"增长的极限"的报告,他们反其道而行之,提出"没有极限的增长"的理论。美国学者朱利安·林肯·西蒙于1981年发表《最后的资源》一书,批评《增长的极限》所表现出的悲观主义,认为自然资源是无限的,人类的生态环境是日益好转的,人口和粮食问题在未来社会均可顺利解决,经济发展和技术进步可以解决一切。持这种观点的学者还主张,发展中国家的首要任务是发展经济,环境质量是第二位的。经济发展了,人们富裕了,再去治理环境,即所谓"先污染、后治理"。

第三种发展理论或发展观是"协调发展论"或"可持续发展论"。这种理论认为,经济增长与环境保护应该协调一致,这是从经济、社会、科技、环境相互影响相互作用的大系统整体视角提出的理论。这种发展观认为,经济发展与环境保护是对立的统一。一方面,经济发展与环境保护存在着相互排斥的一面,经济发展意味着耗费更多的自然资源和排放更多的废弃物。另一方面,经济与环境保护又有相互促进的一面,只有经济发展了,治理环境、保护环境才有足够的资金和物质条件;而环境质量的提高,生物与景观多样性的保持又是经济得以持续发展的物质前提和保障。把经济发展和环境保护联系起来的纽带之一是科学技术。科学技术既是经济增长的必需条件,也是环境保护的基本手段。协调发展理论强调经济效益、环境效益和社会效益的统一与和谐。它要求人们既要注重眼前利益,又要兼顾长远利益;既要注意局部利益,又要考虑整体利益;既要照顾社会中不同利益集团的要求,又要兼顾人类根本利益。可持续发展理论是当今条件下国际社会所能接受的发展观。

(二)海洋开发集成战略的提出与意义

海洋资源开发的经济活动具有水体资源经济、海洋产业经济、区域海洋经济三重属性,并存在着不同分支系统(或属性)的占位差异。跨入 21 世纪以来,国内学术界对海洋资源开发与经济发展战略的研究取得了一些成果,但对海洋资源与经济系统的创新发展缺乏整合和总体思考。学术研究中的不足或弱点主要是:

1.研究基本上定位在海洋资源的开发与利用方面,缺乏从全球海洋视角来定位海域的综合发展战略的研究。

2.很多研究具有离散的特点,忽视多维空间和整体设计,未能对海洋资源与经济的集成战略进行深入、系统研究,而实际上,海洋开发既是资源经济又是产业经济,还是区域经济,要有"三位一体"的海洋开发整体研究。

3.近年来对巨变环境来临后海洋资源开发未来趋势和创新发展的研究才刚刚起步,缺乏比较系统的有针对性的研究。因此,在学术界以往研究的基础上,突破薄弱环节,弥补以往研究中定位的偏差和综合性、系统性研究的不足,强化集成分析与研究,探索新的经济社会环境下海洋资源开发与经济发展的集成创新、科学发展的整体思路、战略选择和实现模式,特别是运用最新发展起来的集成创新理论与系统创新观对海洋经济转型与发展进行系统化、整体化战略研究,探讨海洋开发的集成创新发展战略是摆在理论界面前的一项现实性、紧迫性很强的任务。

强化海洋资源开发与经济发展的集成战略研究,具有重要的理论意义:

第一,从发展环境与变革趋势上研究海洋开发的集成创新战略,有利于改变理论界存在的"重单项研究、轻综合研究""重平面研究、轻立体研究""重静态研究、轻动态研究"倾向,能够为形成具有中国特色的海洋开发管理理论与方法提供研究基础。第二,弥补以往研究中定位的偏差和综合性、系统性研究的不足,探索开放的经济社会环境下海洋经济发展的战略创新思路和战略对策,提出海洋经济集成创新战略,并做深入的研究,可以开辟海洋经济研究的新领域,极大地丰富中国海洋经济研究的内容。

强化海洋资源开发与经济发展的集成战略研究,同时还具有重要实践意义:第一,应对海洋开发面临的巨变环境,预测海洋开发的集成趋势及其规律,寻求管理创新之路,可以更好地为海洋企业、沿海各地和国家政府提供有针对性、有价值、系统性的对策思路,提供战略选择的理论与方法,有助于提高政府和企业的管理水平以及海洋区域经济发展的绩效,协调各海洋经济区的合作与竞争关系,促进生态、经济与社会效益的统一,实现海洋经济的可持续发展。第二,应对海洋资源开发与经济发展面临的巨变环境,提出海洋开发新的战略思路,既对涉及海洋开发与管理全局的重大问题有决定意义,又对区域性和产业性局部问题和日常管理有牵动、指导和规范的作用,有助于抓住机遇,转变发展方式,科学开发海洋资源,提高海洋经济综合竞争力,维护我国的海洋权益,兴海强国。

(三)用海洋开发的集成战略指导海洋经济可持续发展

随着经济信息化和全球化的进展,海洋经济在经历了以直接开发海洋资源的产业发展阶段以后,跨入了以高新技术为支撑的海陆一体的以经济发展、社会进步、生态环境不断改善为基本内容的系统整体协调发展阶段。要使海洋经济继续保持高于国民经济的增长速度,实现更健康的可持续发展,必须认清海洋经济"三位一体"的特点,遵循其发展规律,积极促进集成创新发展。

1.把握海洋资源开发集成发展趋势

第一,海洋作为独特的自然地理单元,其可持续发展是一个客观存在的发展系统。发展海洋经济,满足人们不断增长的物质、文化需求,都是以海洋资源的开发和利用为原始基础的,没有海洋资源的供给保证,一切发展都是空谈。

第二,随着科学技术和新兴产业的发展,海洋资源利用的数量有减少、依赖程度有降低的趋势。随着高技术产业的发展,在集约型的生产方式和节约型的消费方式下,在生产中少投入多产出、在消费中多利用少排放的发展模式逐步推广,从而要求海洋经济持续、稳定、协调地发展。经济发展同时兼顾数量增长和质量提高两部分。经济数量的增长是有限度的,而依靠科学技术进步去提高经济、社会和生态效益才是可持续的经济发展。所以,相对于过去的以过多耗费资源为主要特点的粗放增长而言,在海洋经济创新发展当中,减少海洋资源利用的数量,降低依赖程度是一种趋势。

第三,海洋资源与经济、社会、环境的相互协调越来越重要。海洋资源的作用是在经济、社会、环境和资源相互协调的基础上,既能满足当代人的需求而又不对满足后代人需求能力构成危害的发展。就其自然观而言,海洋经济发展主张人地关系的协调,保护资源与环境,实现人与自然的和谐共处。海洋资源的永续利用和生态环境的保护是保障社会经济可持续发展的物质基础。因此,海洋资源与经济集成创新发展是一个融经济发展、社会进步与环境保护、资源合理利用等内涵为一体的新型发展模式,谋求社会、经济和环境的协调发展,维持新的平衡。这其中资源和生态是基础,经济发展是条件,社会发展是目的。这几方面的协调与全面发展是海洋资源开发利用所应当也必然引致的结果。

2.强化集成创新发展的战略导向

传统海洋经济的发展,主要是外延式、粗放式发展。扭转这种增长方式,实现集成创新发展是科学的选择。海洋经济既是水体资源经济、海洋产业经济,又是区域海洋经济的三重性,要求海洋经济必须整合这三大系统,实现以人为本的全面、协调、配套、集成创新发展。这一思路是对传统思路的挑战。以往的思路,往往难以避免目标的单一化,多为单目标和单项突破,很难形成集聚效应。主要指标以产值增长为主,注重增长,忽视发展。在实施创新举措时,也往往配套不够。促进海洋经济大发展、上台阶,必须树立集成创新意识,实施集成创新。在经济转型期,海洋经济必须积极调整创新模式,转变粗放增长方式,强化海洋经济创新发展的合力和动态协调以及可持续,努力走集成创新求发展求绩效之路。在世界各国和我国各地发展海洋经济的创新活动中有着许多这样的实例。要认真总结推广先进经验,带动海洋经济全面协调发展。

3.实施海洋经济集成优化管理

在海洋经济集成战略指导下,还需要进行最优化管理,努力使海洋资源开发和经济发展达到最优化状态。经济学界的木桶原理,清楚地说明了整体效应往往受到某一方面的严重制约而不能实现整体优化的情况。海洋经济的集成经济性,也必须杜绝由单块或多块木板短小而导致的整体不优的结果,推动局部靠拢整体。因此,一方面,要对各系统的创新发展实施优化管理。只要综合协调影响发展的各要素,使各项创新度保持在最合理的范围,就能促进创新在高水平的状态下发展。这是海洋经济"三位一体"发展所要求的系统整合。另一方面,还要求发展过程协同。海洋开发各系统占位的创新联动要协调,利益要兼容,切实降低创新成本。实施集成战略取决于创新要素或各个系统占位的优化。必然要求:(1)加强海洋经济创新主体建设,增强集成意识,加强创新管理。(2)提高创新前瞻能力和创新管理水平,建立快速反应机制。集成创新是一项系统工程,需要多方面的配合,由于创新环境的不确定性,创新主体很难准确把握未来发展情况,因此,必须提高综合管理水平。(3)加强国内外海洋经济环境和有关战略与政策研究,明晰大势和走向,必须进行细致的创新环境研究,对战略创新需求有更好的理解,走自主创新之路,使创新瞄准和满足这些需求,真正有效地促进海洋经济的可持续发展。

第七章 全球化背景下我国的对外经济战略

改革开放四十多年来,我国已经形成全方位、宽领域、多层次的对外开放格局。无论是依据贸易依存度、外资占国内经济的比重等可以定量的指标,还是考察技术进步、经济波动、宏观经济政策等不易定量因素,都可以得出结论:一方面,中国已经是一个高度开放的经济体,深深融入世界经济体系,外部经济环境的方方面面变化都可能通过某种渠道对国内经济产生不同程度的影响;另一方面,世界经济也离不开中国,无论是全球产业分工体系、经济增长波动,还是全球宏观经济平衡、国际金融货币稳定,都必须考虑中国因素。新世纪初国际金融危机和主权债务危机的爆发,是全球经济格局变化的一个重要转折点。如果说此前我国尚处于以被动顺应现行国际规则、接受外部影响为主的阶段,那么此后,外部世界将应更多理解和接受中国的行事方式,更有必要在互动中争取对我国有利的外部经济环境和促进形成更为公平、公正的国际经济新秩序。

第一节 现有国际经济体系及适应情况

一、现有国际经济体系

(一) 现有国际经济体系基本特征

"二战"后由西方国家主导而逐步形成的现有国际经济体系是建立在各国国民经济基础之上,通过贸易自由化、投资自由化、金融自由化等紧密联系起来的开放竞争体系。这一体系奉行的原则源于西方经典经济学思想,即:自由竞争必然带来效率的提高,要素自由流动导致报酬的上升;各国彼此开放是实现自由竞争、要素自由流动的必然途径和必要条件。随着西方资本主义市场经济向全球扩张和社会主义国家传统计划经济失效转而实行改革,在冷战结束后,上述思想逐步为绝大多数国家接受。

由西方国家主导的现有国际经济体系并没有将其倡导的理论贯彻到底。主权独立的各国国民经济仍然是构建国际经济体系的基本单元,国际经济组织在国际经济治理中只能发挥有限的作用,跨国公司虽然"穿越"国界但未必能主宰各国经济,尤其是大国经济。在贸易和投资自由化方面,虽然在 WTO 规则和各种多边、双边协议下取得了巨大进展,但各个主权国家仍然从维护和扩展本国利益出发,依据本国的竞争地位采取各种合理合规或不合理合规的限制措施。在要素流动方面,资本要素的自由流动进展最大,一般技术要素可伴随贸易、投资自由化而流动,而最为本质性的劳动力基本不能自由流动。在彼此开放方面,各国已普遍认可开放的基本原则,在保持经济主权独立和保留对外部经济冲击做出有效反应权力的前提下,主动推进本国经济国际化,谋求最大限度分享经济全球化的收益。

(二)现有国际经济制度体系的构成和原则

1.构成

国际经济制度体系由政府间国际组织(IGOs)、国际非政府组织(INGOs)、国际机制和惯例(Conventions)共同构成。一是联合国系统的主要经济组织,如世界贸易组织、国际货币基金组织、世界银行、世界知识产权组织、联合国贸发会议、联合国亚太经社理事会、国际劳工组织、联合国粮农组织、世界粮食计划署、国际电信联盟等。二是一些重要的区域性国际经济组织,如欧盟、东盟、亚洲开发银行、上海合作组织、大湄公河次区域经济合作组织等。三是一些重要的国际经济对话和协商平台,如 G20、亚太经合组织、世界经济论坛、博鳌论坛、亚欧会议等。四是各种双边的自由贸易协定、投资保护协定、货币互换协定等。上述不同类型组织在国际经济制度体系中的分量并非等量齐观。总的来看,联合国系统的组织在国际经济治理中发挥的作用较大,但随着时间推移,这些组织越来越不能适应变化了的国际经济格局,权力结构固化以及机构官僚化、程序烦琐化使得这些组织越来越难以应对复杂局面。平台性质的国际经济组织,其所发挥的作用低于早先人们的预期。尤其是在本次国际金融危机主权债务危机背景下,主权国家基于本国利益的国家博弈更能主导解决重大经济问题。区域性尤其是双边协定的分量有所上升,区域集团、具体领域的某些双边安排可望发挥更大作用。

2.原则

自愿互利是各国经济主权向国际经济组织让渡的基本原则。对于那些具有较强约束力的正式政府间国际机构,各经济体都是在权衡利弊基础上决定是简单参与、积极投入,还是退出某些国际经济制度安排。当然,在区域和双边层面,主要大国间的竞争以及"避免成为局外人"的考虑,也经常迫使一些经济体被动参与某些国际组织。对于那些缺乏执行能力、仅以影响国际舆论为目的的国际对话平台,各国普遍积极参与,借以掌握话语权,主动设置国际议题。

在国际经济组织内部,经济实力虽然是决定参与国在权力结构中地位的重要因素,但越是在联合国的多边框架中,"二战"后形成的传统政治和经济权力结构有很强的惯性,权力结构变动明显慢于经济实力的消长。如,世界银行行长长期由美国人出任,而国际货币基金组织则主要由欧洲控制。在平台性质的国际经济组织中,各国意识形态、文化传统,甚至语言因素,都对话语权产生重要影响,发达国家在这些平台中事实上大多居于主导地位。

(三) 我国与现有国际经济体系的关联

1.联合国系统的全球性经济组织

中国在改革开放的进程中,陆续加入了全球主要国际经济组织。虽然布雷顿森林体系土崩瓦解后,关贸总协定为世贸组织所代替,但是联合国系统的相关国际组织,仍然在全球多边经济制度方面发挥着基础性作用。中国参加了联合国系统的主要经济组织。主要有:世贸组织、国际货币基金组织、世界银行、世界知识产权组织、联合国贸发会议、联合国亚太经社会、国际劳工组织、联合国粮农组织、世界粮食计划署、国际电信联盟。

毋庸讳言,在上述组织中,中国的实际地位与不断增强的经济实力很不相称。中国试图通过传统途径在上述机构中获得更大发言权难度较大。如,在国际货币组织份额的重新分配中,美国不可能放弃其否决权;欧洲国家占据的比例明显过大,愿意让出的有限份额又要在金砖四国中进行分配。即便中国大量对该组织投入股资,继续支持欧洲人担任总裁,换取的让步也非常有限。更为重要的是,这些组织自身存在诸多问题。如,WTO 冗长的议事规则经常使得某些重要的贸易争议裁决失去实际意义,当最终裁决走完法律程序,原有的矛盾可能已经随着市场环境的变化不复存在;世界银行在全球资本配置中占据的份额微不足道,其对发展中国家的援助往往附加种种苛刻条件,影响力每况愈下。此外,某些国际机构官僚主义严重,根本无力应付世界经济不断出现的新挑战。

2.区域性组织和其他双边安排

在区域层面上,中国早就开始尝试着与本区域内国家建立较为深入的经济合作关系。但是由于亚太国家在政治领域存在一些悬而未决的问题、经济发展水平参差不齐,因此,在可预见的未来,该地区还不大可能出现像欧盟、北美自由贸易区那样层次上的经济合作组织。从目前来看,中国与东盟以及上海合作组织国家的在经济领域中的合作关系可能更具有发展前景,主要原因是中国与上述国家具有较强的经济互补性,政治领域的潜在矛盾受到美国因素的牵制较小,随着中国经济实力的不断上升,中国所能提供的市场不容忽视。

在双边层面上,中国已经与主要的经贸伙伴国签订了较为完善的贸易协定、投资保护协定(投资保险安排)、避免双重征税协定。中国与一些国家和地区建立自由贸易区的前期准备工作也已经提到了议事日程。东盟、澳大利亚、智利、韩国、日本、海湾阿拉伯国家合作委员会,都明确提出将考虑与中国建立自贸区的问题。尤其值得关注的是,随着我国金融实力上升,外汇储备不断积累,基于货币互换的双边金融合作、对外直接间接投资开始成为近年来的亮点,随着人民币国际化程度不断提高,以此为基础的双边和区域合作可有望有所突破。

3.国际对话平台

各种形式的国际对话平台虽然主要是发表言论的场所,但是其潜在的影响力不容忽视。一些重要的国际经济制度安排,都是首先通过这类平台进行讨论,而后各方达成共识,最后通过政府间协议加以落实。鉴于以下两方面原因,中国对国际对话平台的参与仍有待改进:其一,从现有各种国际经济论坛的发展状况来看,由民间机构组织参与的非官方论坛几乎与正式的官方论坛发挥同等重要的作用。而中国各类非政府组织的发展相对落后,大部分组织缺乏参加国际相关活动的能力。其二,由于中国融入世界经济的时间较短,国内研究储备不足,在有关论坛中,中国表述自身观点的能力不够强。因此在很多情况下,中国参加各种国际论坛的收益,较多地体现为获取信息,而非影响议题设定和发出影响力、号召力强的中国声音。近年来,中国对各种国际经济论坛的重视程度明显提高,在海南举办的博鳌亚洲论坛、夏季达沃斯等正逐步成为重要的国际会议组织。

二、我国与现有国际经济制度环境的适应情况

(一)外部环境的分析判断

总体来看,未来10年我国仍处于大有作为的战略机遇期。但由于国际金融危机后世界经济大调整及不同板块此消彼长带来的一系列深刻变化,我国与主要发达国家力量对比及景气周期差异等原因,我国面临的外部环境趋于复杂严峻,各种可预见和不可预见的风险和挑战明显增多。

1.世界经济可能进入复杂严峻的较长时段低速调整期

危机后的世界经济中长期趋势可能远比预期复杂和困难。欧美发达国家债务危机持续发酵,去杠杆化将导致消费需求减缓,难以摆脱增长乏力局面。新兴经济体虽然发展前景广

阔，但目前也出现经济增长减速现象，并未真正实现与发达国家脱钩。世界经济总体进入低速调整期，全球经济不得不进行发展模式、结构和动力机制等的新一轮调整。由于短期内难以在重大技术创新和产业化方面有所突破，世界经济中期内缺乏新增长点，加上热点地区的动荡冲击，类似20世纪70—80年代滞胀的复杂局面有可能重现，我国将面临来自外需低迷和输入性通货膨胀压力等的多方面冲击。

2.经济全球化进程可能放缓进而加剧国际竞争

新兴经济体对发达国家和新兴工业化国家的替代效应逐渐显现，经济全球化收入效应带来的合作共赢和替代效应带来的利益分化交织消长，进程将趋于放缓。国际金融危机后，一方面作为全球化领导者的发达国家成本收益格局开始变化，国家贸易保护主义倾向抬头；另一方面新兴经济体之间的竞争趋于激烈。我国将在技术资本密集型产品和劳动密集型产品两方面同时面临发达国家和后起的新兴经济体的双重挑战。

3.世界经济格局尤其是我国与发达国家关系将发生转折性变化

发达经济体与新兴经济体之间"双速增长"导致新兴经济体在全球经济中的份额不断上升，2020年左右将成为全球经济增长的主导力量。经济格局变化必将引起国际政治经济关系的再调整。随着我国在世界经济版图中的地位变化，我国与世界其他国家的关系也将发生重大甚至转折性变化。尤其是处于领导地位的美国，其"重返亚洲"的再平衡明显具有遏制中国的战略意图，类似20世纪80年代日美贸易摩擦的情形也有可能在中美间重现。且因中美经济周期不同步，未来5年左右美国有可能进入新的繁荣周期，而我国因增长动力转换而处于经济增长率阶段性下降期，这种周期差异也可能增加中美经贸关系的复杂性。

（二）当前国际经济秩序的基本判断

构成目前国际经济秩序的制度基础是全球市场经济。这是"人类历史上第一次通过国际经济组织、区域一体化组织初步建立全球通行的国际市场规则和行为规范"，该秩序由"WTO为基础的多边经贸规则体系；IMF、世行主导的金融开放与援助发展的全球规则体系；以区域一体化组织建立的跨境制度规则体系"共同构成。

从理论上讲，经济全球化对经济国际化的影响必然是利大于弊。经济全球化是各国经济国际化的结果，是各国经济国际化在全球的总体表现；经济全球化客观上要求世界各国进一步提高本国经济国际化的程度。具体到我国的情况看，与上两轮经济全球化浪潮不同，冷战结束后的新一轮经济全球化浪潮为我国经济的国际化提供了一个总体上比较有利的外部环境。

目前，我国经济国际化面临的国际政治经济环境，在很大程度上已不再是霍布斯主义的丛林。各国无论是被动卷入还是主动参与全球化,主权独立国家尤其是大国,可以按照自己对利弊得失的权衡,在一定程度上控制本国经济国际化的步伐。虽然现有国际政治经济秩序有诸多不合理之处,但毕竟形成了一整套公开透明的议事规则,解决各类矛盾至少是有章可循。经济领域相互依赖加深的基本趋势,客观上要求各国经济往来尽可能地建立在公平合理的基础之上。经济全球化为我国经济国际化提供了更广阔的市场空间,扩大了资本、技术等稀缺要素来源。只要各方面条件允许,国际国内市场、资本、技术、劳动力等要素资源,可以迅速组合形成新的生产力,在较短时期内迅速提高我国的经济国际化水平。我国不是本轮全球化的主导国家,在一些情况下我们可以采取"搭便车"的策略,将全球化进程中不可避免的诸多政治经济矛盾由主导国家承担更多的国际责任。这与邓小平关于中国在国际政治舞台要"韬光养晦,有所作为"的定位是一致的。

但是,由于我们是本轮经济全球化后来的、非主导的参与者,因此,由西方国家主导的全球化必然对我国经济的国际化产生某些负面影响。

首先,我国经济的国际化是在融入现有国际经济体系、遵守现行国际规则的条件下推进的,我们很少能够按照本国的国家利益,左右经济全球化的发展方向。全球化的主导国家并没有充分汲取前两轮经济全球化中断的历史教训,不仅加强了原有的等级关系,而且还不断产生出新的等级关系(比如"市场化国家""非市场化国家")。任何国家从全球化中获得好处的前提,就是首先接受这种不平等的国际经济秩序。

其次,我国无论是政府,还是企业、团体,都难以完全主导经济国际化的内容及顺序。政府对经济开放领域的各项管制措施,不可避免地对贸易、投资、金融自由化的范围、程度有所限制。如关税和非关税壁垒、外资准入领域和条件、汇率制度政策等是主权国家维护本国经济安全、保持国内宏观经济平衡的必要手段。然而,这些手段的实际运用不仅要受到我国融入国际经济体系所做承诺的约束,还须较多地顾及国际反响,尤其是与我国经贸关系密切国家的反响。因此,在西方国家主导经济全球化的背景下,我国经济国际化的内容和顺序,并非完全取决于我国的意愿和国内条件,很大程度上是国际博弈的结果。

最后,虽然我国通过经济国际化加快发展,分享了可观的全球化利益,但全球化的主导国家仍然是最大赢家。这些国家一方面通过跨国公司控制全球产业价值链高端获取巨大的经济利益;另一方面通过对国际金融领域的控制,以表面上最合理、最文明的方式攫取发展中国家创造的财富。各类国际投机性资本流动的复杂性与破坏性也应引起我们高度重视,这类资本流动可能以毁坏别国经济为代价来获取暴利。此外,经济国际化也是导致国内区域发展和收入分配差距扩大的重要因素,不同区域之间的经济差距在很大程度上与其参与经济全球化的条件、能力、先后相关。

(三) 我国与国际经济环境相容的主要方面

改革开放路线确定以来,虽然其间经历过某些曲折,但中国积极主动融入世界经济体系,按照国际规则国际惯例办事的基本方针没有改变,所取得成效有目共睹。可以说,没有对外开放,中国经济增长不可能如此之快,国内改革的推进不会如此顺利。

1.国际贸易

现有国际经济体系为中国开展商品服务贸易提供了基本条件。我国主动顺应国际贸易格局的调整趋势,大力发展各种形式的对外贸易,出口长期保持20%以上的增速,成为拉动国内经济增长的重要力量。伴随出口总量扩张出口结构不断优化,附加值不断提高,一方面传统低成本劳动力比较优势得以充分发挥,另一方面逐步培育新的比较优势。在出口迅速增长的同时,进口也快速增长,大量国内短缺的技术装备、中间产品,以及能矿资源产品得以输入,支撑国内工业化城镇化迅速推进。

由于中国坚持基本按照国际贸易规则行事,中国对外贸易在世界市场份额的大幅度上升,并没有受到外部世界的强烈抵制。无论是在全球还是在双边层面上,外部世界一直基本接受中国的经常项目顺差,没有以此为借口强制实施贸易平衡措施。虽然个别商品贸易纠纷不断,中国多年来一直是WTO成员中被起诉最多的国家,但这些商品贸易占中国总出口的比重非常有限,由于贸易争端严重影响中国出口事例仅是个案。进口方面,迄今为止,能矿资源的输入没有受到严重制约。西方国家早期工业化过程中,需要通过武力手段才能实现的商品输出与原料输入,如今可以通过市场途径得以实现。

2.国际投资

由于我国长期实行积极利用外资政策,地方政府更是竞相以优惠政策招商引资,而中央政府始终注重通过外资准入政策引导外资的产业分布、区域分布,总的来看,外资对中国经济增长起到了明显的积极作用。一度被广泛关注的"外资是否影响产业安全""利用外资还是为外资所利用""区域发展水平差距"等问题,其症结在国内各地方政府之间的竞争,与外资本身并无太多关联。国外资本、技术、市场与我国劳动力优势结合后,释放出巨大的生产制造能力,有效提高了我国在全球分工格局中的地位,极大缓解了国内就业矛盾,推动了开放地区的市场化、工业化和城镇化进程。未来我国外资政策的核心不是"放与收",而是如何提高利用外资的质量和水平,使利用外资与国内产业升级、技术进步、促进区域经济协调发展更好地结合起来。

3.国际金融

布雷顿森林体系解体以来,国际金融领域至今尚无一个成文的、规制性的制度安排。现行国际金融体系的基本特征是开放竞争:美元的储备货币地位并非国际法授予,包括人民币在内的各种货币都有可能通过竞争扩大市场份额,在一定程度上通过区域化、国际化提高其在国际金融中的地位;虽然浮动汇率制越来越流行,但国际货币体系并不排斥固定汇率制以及汇率干预,各国对汇率制度的选择具有较为完整的自主权;对资本项目开放,无论是 IMF还是 WTO 都没有严格的要求,各国可以根据自身的实际情况自主确定开放项目、顺序和进度;在国内金融市场开放中,本国的金融审慎监管在一定程度上可以避免外资金融机构市场份额极度膨胀,进而威胁金融稳定。这样的国际金融制度环境下,我国可以相对灵活地确定资本项目开放进程;根据国内其他相关改革进程,渐进实施汇率形成机制改革;发挥自身优势,有序推进人民币的区域化国际化。在此过程中,我国被动实施金融改革和让步的压力主要来自于个别国家,由于从内部情况看确有实施某些改革的必要,因此很难说外部金融改革压力构成威胁国内稳定的因素。

4.国际合作及其他

随着国际经济格局的变动,传统发达经济体主导国际合作的能力已经大大下降。近年来,多边合作框架基本稳定,各种区域及双边合作蓬勃发展,对许多经济体而言,后者发挥的作用远远超过前者。鉴于全球多边框架下进一步推出有实质性含义的新制度性内容难度极大,因此,只要不存在根本性矛盾,多边体系并不排斥双边和区域安排。这样的格局与我国目前阶段推进对外合作的重点,不存在冲突。我国可以在相对稳定的全球框架下,一方面继续采取类似增加在 IMF 投票权的方式,追求在多边机构中权力份额的边际提高;另一方面,积极主动在双边区域合作领域寻求大的突破。

推进宏观政策的国际协调存在相当大的困难,在可预见的未来难有突破。金融危机和主权债务危机以来,主要国家纷纷意识到再采取以邻为壑的政策最终将伤害到自身,政策出台相对谨慎,一种经济领域相互"摧毁"能力在某种程度上弥补了国际协调机制缺失的缺陷。

(四) 矛盾与冲突的领域

本质上说,目前国际经济体系依据的是自由市场原则;主要体现以美国为首的发达国家的利益,组织结构、议程安排、规则秩序等,更多反映发达国家的意志。这一体系并不是为接受中国成为全球第二大乃至第一大经济体准备的,中国是在选择接受并融入现有国际经济制度体系的情况下尽可能趋利避害来分享经济全球化的收益,对这些组织本身进行全面改造,还是我们力所不能及的事情。

矛盾与冲突主要体现在以下几方面:

第一,贸易领域的歧视和盘剥依然存在。从 1992 年开始算起,中国构建社会主义市场经济体制已近 20 年,很多领域的市场化和对外开放程度甚至已经超过许多发达国家,但即便如此,一些国家仍然不承认中国是市场经济国家,继续在多方面采取歧视性措施,并且在高技术产品、军工产品出口方面对中国实施严格限制。在能矿产品进口方面,相比实际需求的上升,大宗商品交易的金融化才是这些商品国际市场价格大幅度上升的主要原因。而输出能矿资源的发展中国家并没有从国际价格上升中获得主要收益,操纵市场的西方大跨国公司和投机资本是最大的获利者。在中国具有竞争优势的商品出口方面,一些跨国公司通过他们对全球产业分工价值链高端的控制,获得高额利润,而中国通常只能获得微薄的加工费。

第二,中国与外部世界的资本循环在流入与流出之间存在明显利差。以美国为首的发达经济体之所以能够在一定程度上接受中国持续高额双顺差的局面,背后主要原因在于,中国通过实际生产环节积累起来的外汇资产,又重新通过金融投资渠道回流发达经济体。在此过程中,发达经济体投资中国的资产收益率远远高于中国外汇储备对发达国家主权债务的投资收益,发达国家就此实现了"体内损失、体外补"。主权债务危机爆发以来,美国国债收益率持续走低,而外国对华直接投资的收益水平却没有明显变化,利差进一步扩大。不仅如此,随着债务危机的发展深化,各种债务硬性违约和通胀贬值等软性违约的发生在所难免,我国通过生产环节积累起来的财富面临通过金融渠道付诸东流的风险。

第三,中国对外自主直接资本输出受到诸多限制。加强自主对外资本输出,是抑制进口能矿产品价格大幅波动、避免外汇资产实际价值损失、平衡国际收支、改变中外经济关系的重要途径。有关国家恰恰是在这方面对我国实施诸多不合理的限制。发达经济体的策略是:制订新的规则,限制主权财富基金的对外投资活动;通过本国外国投资审查委员会限制来自中国企业的跨国并购;制造所谓"新殖民主义"舆论抹黑中国对外投资行为;通过多种手段干预中国对外投资对象国家内政,使中国对外投资项目流产等。发展中国家目前与我国大都没有签订投资保护协定,已经发生和可能发生的投资存在较大风险。

第四,国际金融组织权力结构调整进程过于迟缓。按照目前 IMF 等机构投票权调整的节奏,在可预见的未来,我国几乎不可能获得与出资份额相对应的投票权。发达国家的企图是,不断要求中国承担更多的义务,如购买 IMF 债券,加入欧洲 EFSF 援助计划,但不在权力结构上做出实质性让步。在美国和欧洲的主权债务危机期间,发达国家凭借其在国际金融中的资产存量优势,利用我国虽然外汇储备规模庞大但资产结构调整困难的弱点,不进行实质性的财政经济改革,依旧主要通过提高债务上限、债务重组等方式暂时避免违约,使我国持有外币资产的实际购买力蒙受损失。

第五,在应对全球气候变化的国际谈判中,发达国家力图回避他们应当承担的历史责任,多方施加压力企图迫使我国承担超过本发展阶段的责任。与此同时,又对风能设备、太阳能光伏组件等节能环保产品贸易设置新的贸易壁垒,阻碍中国这些产品出口。

第二节 国际经济秩序发展趋势和共赢战略对策

一、国际经济秩序发展趋势

在现有国际经济制度体系下形成的国际经济秩序,其依据是自由市场经济原则,主要体现了以美国为首的发达国家的利益。自由市场经济原则要求消除所有商品、要素自由流动的障碍和扭曲市场价格的做法。这对早已实现工业化,在经济上、技术上占有绝对优势的发达国家无疑是既"公平、公正"又最有利于它们利益最大化的制度秩序。但当发展中国家尤其新兴市场经济国家奋起直追、后发优势显现出来之时,发达国家为维护其既得利益,不仅往往以双重标准来为其保护主义措施正名,还凭借其在相关国际经济组织中的控制权,改变游戏规则。由于联合国系统的各主要国际经济组织都诞生在半个多世纪之前,这些组织中的权力结构反映了当时的世界经济格局。现在世界经济格局正发生很大变化,新兴国家在这些机构中的地位、表决权与这些国家在全球经济中的分量明显不相称。一些机构官僚气息浓厚,在重大国际经济问题上固执僵化的保守主义立场,使其所作所为遭到许多国家质疑。

但未来国际经济秩序的演变充满了不确定性,任何重大问题都会有两个以上截然相反的观点。保守主义者强调要稳定世界经济且只需要一个稳定者;自由主义者则通过阐述政府在主权国家内部管理经济的无能,强调世界经济并不需要一个世界政府。在很多情况下,国际经济秩序的发展最终可能还是取决于国际政治秩序的演化。从目前来看,国际经济秩序在以下几个方面发展趋势值得关注。

第一,从世贸组织有关谈判的进展来看,未来五至十年,一般制成品的自由贸易将达到一个新水平;服务贸易、农产品贸易的自由化将稳步推进。国际投资尤其是直接投资的自由化趋势不可逆转,世界各国尤其是发展中国家吸引外资的政策竞争仍将维持在一个较高的水平上。非经济因素对重要资源性产品国际贸易的影响将进一步上升。主要货币之间的全面货币合作遥遥无期;主要国家财政政策、货币政策国际协调更是纸上谈兵。资本跨国流动将更为自由,投资移民以及某些有特殊技能人员和高端产业人才跨国流动的自由度可能增大,而普通劳动力的国际流动仍将受到严格限制。

第二，在国际经济秩序的演变过程中，以国家为单位参与国际经济秩序构建的观念将受到较多的挑战。这不仅仅是因为各国的利益差异使得"国际投票权"难以再分配，更为重要的是国际经济的走势早已远远超出了单个国家的控制力（无论是 20 世纪 70 年代的美元危机，还是 90 年代的东亚金融危机，本质上不属于国家间事务，而是市场力量与政府管制之间的对决）。欧洲债务危机持续发酵，欧元区发展前景仍充满变数。但可以预料，未来的国际经济秩序如果必须由政治性机构出面构建的话，这种机构很可能是建立在紧密经济联系基础上的区域性联盟。

第三，相对于政治利益而言，各国的经济利益更加实在、更是根本。简单地以发达国家、发展中国家划分市场，越来越丧失对国际经济关系中各种错综复杂矛盾分歧的解释力。美日欧之间就货币政策、农产品贸易问题的争议，亚洲新兴工业化国家对 1997 年金融危机的复杂态度，以及某些资源匮乏的发展中国家对中国、印度经济高速增长拉高国际能矿产品市场价格的指责，等等，都说明经济发展水平仅是决定一国经济立场的重要因素之一。在一些情况下，各国的资源禀赋特点以及总体经济规模（而非人均水平）可能更加重要。

第四，联合国系统的国际经济组织虽然对构建全球经济新秩序仍然较为重要，但总体上说，未来这些组织所能发挥的作用下降不可避免。这些机构越来越难以在行动的有效性、协调性、合法性之间找到平衡点，它们只能与主权国家合作共事，而不能凌驾于主权国家之上。

第五，在经济全球化出现曲折的情况下，许多国家都在积极探索区域以及双边合作的新途径。在区域层次上，区域合作的主导权问题仍然是各方博弈的焦点。虽然迄今为止欧盟的运行比较顺畅，但世界其他区域似乎很难复制欧盟模式。次区域以及双边合作引起了各国的极大关注，在未来两到三年内，将有一大批自由贸易区诞生。

第六，中国、印度经济的快速增长将极大地改变世界经济版图，未来的国际经济秩序不可避免对这一事实有所反映。

二、我国在国际经济秩序变化中的角色

中国是一个有着独特历史文化传统的国家，在东亚曾经长期是首位的政治经济大国。世界经济，至少是东亚经济，在工业革命之前的相当长时期内是以中国为中心运转的。当下中国距离她历史上鼎盛时期的地位，尚存在非常大的差距。这不仅仅表现在中国的经济、科技实力还有很大差距，更在于中国的制度、文化和价值观对世界各国的影响力、号召力还不足。国内外理论界对于中国模式、中国道路的解读和评议众说纷纭，已经取得的历史性成就举世瞩目，谁也否认不了，未来前景还有待继续由历史来检验和证明。

这就决定了我们还是要在现有国际经济制度基本框架内，凭借实实在在的经济竞争力，

影响外部环境向着更有利于我国和平发展的方向变化。在由接受现行国际规则可能带来的收益与成本之间权衡利弊,做出就利避害的恰当选择。

我们的诉求是有限的——在不断发展变化的世界经济格局中,努力争取与我国不断增强的经济实力相称的经济权力;我国的手段是平和的——在尊重市场经济基本原则与国际规范的前提下,推动某些具体规则、决策程序逐步改进政策,而非推倒重来;我们的目标是包容性的——推动构建更为公平、公正的国际经济新秩序,既是为给国内的发展改革创造良好外部环境,也是为促进全球各国合作共赢、共同发展。

三、谋求互利共赢战略对策与战略路径

当前,我国处于工业化城镇化加快发展阶段,对外经济关系出现某种失衡,如果在一定阶段总体上有利于我国推进工业化、城镇化和绝大多数人口提高生活水平,有利于营造和维系良好的外部环境,则在一定程度上是可以接受的。必须注意到,未来十年,国际资本以金融手段对存量财富的争夺,其重要性可能大于对新财富创造的比拼。我国如果在这场新的较量中应对不当,此前数十年间中国经济积累的财富可能迅速流失。因此,应采取以下对策。

(一)国际贸易领域

从国际比较看,中国经济市场化已经达到了发展中国家较高的水平,对外开放度甚至超过了一些发达国家。眼下是某些发达国家试图走回头路。近年来,我国对外贸易领域所发生的国际纠纷,大都是我们按照市场化、全球化的要求彻底放开的领域(彩电、服装、鞋等),遭遇有关国家的不公正待遇。我们在市场化、国际化方面的进展,并没有得到完整的回报。着眼于未来,充分利用现有国际经济体系和规则,据理力争,维护我国在全球化进程中应该分享的利益和权利。未来若干年内,我国能矿产品进口需求仍将继续增加,非常有必要倡议消除垄断,推进这一领域贸易的市场化和自由化。从本质上看,包括欧佩克、酝酿中的天然气欧佩克、铁矿石长期协议价谈判机制在内的安排,都含有垄断性,应考虑多种方式有所突破。一是通过与有关国家签署长期双边贸易协议,利用管道运输资产专用性特点,锁定供货关系;二是根据经济周期导致的市场价格波动,逆周期操作并建立充足的储备;三是将资本输出与建立境外能源原料供应基地更紧密地结合起来,通过直接投资、优惠贷款、合作开发等方式获得长期、稳定的进口资源,减少价格波动风险。

(二) 国际直接投资领域

积极利用外资,推动国际直接投资自由化是一项长期政策。应稳定现有外资政策基本框架,利用国内区域间要素成本差异,引导外资存量在境内梯度转移,尽可能延长劳动力成本相对较低这一比较优势的生命周期,在巩固制造业大国地位的前提下,促进产业转型升级。在增量外资方面,重点从"量"向"质"转变,引导制造业外商投资结构升级,积极稳妥承接国际服务业转移,提高服务业对外开放水平。建立健全基于国民待遇的利用外资法律法规体系,促进内外资企业公平竞争,更有效地维护国家经济安全。

扩大对外直接投资是实施"走出去"战略的主要抓手。应逐步放宽对外投资的限制,进一步下放审批权限,鼓励金融机构多渠道为境外投资项目提供融资及相关金融服务。结合对外直接投资的行业地域特点,制订分行业、分国别的境外投资规划。调整外交工作要更好地配合"走出去"战略,为我国扩大对外直接投资提供相关服务,有效降低在投资对象国的政治风险,切实维护在外企业、人员生命财产安全。

(三) 国际金融领域

加快国内金融改革,争取"十二五"期间,在利率汇率市场化、资本项目开放等方面取得实质性突破,为我国金融国际地位的提升创造基本条件。支持以 SDR 为样板,在倡议创设包含主要经济体货币在内的超主权储备货币的同时,积极稳妥推进人民币区域化国际化,采取货币互换协议等方式支持外币尤其是中小货币与人民币挂钩。与 IMF、世界银行等机构开展广泛深入合作,把握时机,通过多种渠道将官方外汇储备资产注入相关机构,改变其股权结构以扩大我国在此类全球性金融机构中的话语权、投票权。推进各种类型的对外直接间接融资,有效整合对外政府融资、对外直接投资与能矿资源产品贸易。建立一到两家具有较大国际影响力的官方国际开发性金融机构。加快建设上海国际金融中心,支持香港国际金融中心持续发展。支持全球主要金融中心开展人民币离岸业务。在入世承诺范围内,开放国内金融市场。继续通过实施审慎金融监管,有效监管境内外资金融机构的业务活动。

(四) 国际合作领域

在全球多边机制中,继续维护联合国系统有关机构的重要地位,通过增加在国际货币基金组织、世界银行中所占股份,扩大国际援助规模等方式,在有关机构中相应获得更多的话语权和影响力。区域性合作应该成为中国推动构建国际经济新秩序的重点。亚太地区目前区域性经济合作组织发展较为滞后。因此,一方面应采取更为进取的态度,不排斥任何新的倡议;另一方面,要坚持我国在相关机制中拥有与经济实力相称的地位,如果某些国家"搭好架子、再邀请中国参加"(如 TPP),应权衡利弊得失慎重选择。除多边合作体制外,积极拓展各种双边经贸合作关系。应结合实施"走出去"战略,寻求与经济互补性强的国家建立自贸区。进一步发挥各种国际论坛、非政府组织在构建国际经济新秩序中的积极作用。官方、半官方以及民间研究机构应该拿出更多有吸引力、号召力的"中国构想",通过各种途径与国际社会广泛交流、争取共鸣。对一些新近发展起来的行业性国际组织予以适当关注。

(五) 宏观经济政策的国际协调

在可预见的未来,全球主要经济体之间的宏观政策协调仍难以取得实质性的进展,我国应围绕本国对外经济失衡的焦点问题,根据现实需要,自主确定解决进程。综合采取多种经济政策工具,争取到"十二五"末,自主实现经常项目收支基本平衡,允许资本项目收支出现一定程度的逆差。到"十三五"末,将官方持有的外汇储备降至相对适度的水平。明确主张主要经济体遵守类似马约的赤字率债务负担率等财政纪律,主要国际货币发行国遵守货币纪律和货币政策规则,防范发达国家通过软违约方式掠夺我国存量财富的风险。以发达国家债务危机为契机,要求债务国向债权国家提供更为多元化的投资渠道和更为宽松的贸易投资环境,建立基于实际购买力或实际资产的债务抵押担保机制。在国际货币体系中,大幅提升财政货币稳健国家在国际货币体系中的地位,既有助于打破少数发达国家在国际金融组织中的垄断地位,又可避免新兴经济体之间的无序竞争。

目前的外部经济环境总体上有利于我国经济发展和改革,在主要领域不存在尖锐的、不可承受的矛盾冲突,不需要采取特别的举措、在短期内追求重大制度变革。同时也要看到现有国际经济制度体系是以美国为首的发达国家为主导形成的,在诸多方面有着显而易见的不合理性,更非为中国这样规模庞大的经济体和平崛起而准备的。中国与外部世界矛盾的核心在于,原来的主导国家并不愿意按照它们标榜的自由、开放、竞争原则,顺应相对经济实力的消长变化,让渡既得权利。因此,未来相当长时期内,我国应采取的战略是,在现有国际经济制度基本框架内,强调平等、互利、开放、竞争的基本原则,凭借自身经济实力增长,逐步增强在各领域的话语权和影响力。

国际贸易领域的目标是,充分发挥我国在不同阶段的动态比较优势,确保商品服务继续能够以合理的价格"出得去、进得来";国际投资领域的目标是,在继续优化外资流入政策的同时,为中国资本输出创造良好的环境;国际金融领域的目标是,构建更加符合国际经济金融实力对比实际状况的国际货币体系,在实现人民币区域化的基础上推进本币国际化;国际合作领域的目标是,维护现有全球合作格局,谋求全球共同应对全人类共同面临的重大问题和挑战,重点在区域、双边合作中求得突破;在宏观经济政策的国际协调方面的目标是,尊重各国经济主权,在充分考虑发展水平、发展阶段和制度体制差异的前提下,通过积极的对话和协商,争取在推动解决全球经济重大失衡问题上实现有限的国际协调行动,尽可能防止和减少以邻为壑、损人利己的单边主义做法。

第三节　我国对外贸易的发展与挑战

我国经济的成长之路是一条开放之路,也是一条融入全球化进程的发展道路。自 1978 年以来,我国不断扩大对外开放,谱写了开放型经济的壮丽篇章。

一、我国对外贸易的发展

自 2001 年入世以来,我国顺应全球产业分工不断深化的大趋势,充分发挥比较优势,积极承接国际产业转移,大力发展对外贸易、促进双向投资,开放型经济实现了迅猛发展。

(一) 贸易规模快速扩大

10 年来,我国出口规模增长 4.9 倍,进口增长 4.7 倍。2010 年,中国货物进出口总额达到 29740 亿美元,比 1978 年增长了 143 倍,年均增长 16.8%。其中,出口总额 15778 亿美元,年均增长 17.2%;进口总额 13962 亿美元,年均增长 16.4%。我国出口总额和进口总额占世界货物出口和进口的比重分别提高到 10.4%和 9.1%,成为世界第一大出口国和第二大进口国。实际使用外资稳居发展中国家之首,2010 年突破 1000 亿美元。对外投资合作步伐加快,截至 2010 年末对外直接投资存量超过 3000 亿美元。开放型经济的跨越式发展,有效拉动了国民经济持续快速增长,国内生产总值从 2001 年的 11 万亿元人民币增至 2010 年的近 40 万亿元人民币,年均增长超过 10%,世界排名由第 6 位跃升至第 2 位,综合国力显著提升。

(二) 贸易结构发生了根本性变化

我国出口商品结构在 20 世纪 80 年代实现了由初级产品为主向工业制成品为主的转变,到 90 年代实现了由轻纺产品为主向机电产品为主的转变,进入新世纪以来,以电子和信息技术为代表的高新技术产品出口比重不断扩大。外贸经营主体除了国有企业外,还包括外商投资企业、民营企业等,后两者的进出口总额目前均已超过国有企业。20 世纪 80 年代至 21 世纪初,我国加工贸易蓬勃发展,占据外贸的半壁江山。在我国外贸发展中,外商投资企业和加工贸易发挥了十分重要的作用。

(三)形成全方位和多元化进出口市场格局

改革开放后,我国全方位发展对外贸易,与世界上绝大多数国家和地区建立了贸易关系。贸易伙伴已经由 1978 年的几十个国家和地区发展到目前的 231 个国家和地区。欧盟、美国、东盟、日本、金砖国家等成为中国主要贸易伙伴。新世纪以来,我国与新兴市场和发展中国家的贸易持续较快增长。2005 年至 2010 年,我国与东盟货物贸易占中国货物贸易比重由 9.2%提高到 9.8%,与其他金砖国家货物贸易所占比重由 4.9%提高到 6.9%,与拉丁美洲和非洲货物贸易所占比重分别由 3.5%和 2.8%提高到 6.2%和 4.3%。

(四)我国对外贸易发展对世界的贡献

我国对外贸易的发展不仅推动了综合国力的提升,提高了 14 亿多人的生活水平,也使我国经济成为世界经济的一部分,促进了经济全球化向有利于世界各国和地区共同繁荣的方向发展。

改革开放和积极参与经济全球化,使我国成为世界上增长最快的经济体之一。最近十多年来,我国与其他新兴经济体一起,成为推动世界经济增长日益重要的力量。根据世界银行的数据,2010 年中国国内生产总值比 2001 年增长 4.6 万亿美元,占同期世界经济总值增量的 14.7%。我国国内生产总值占世界经济总值的比重增加至 9.3%。世界贸易组织的数据显示,2000—2009 年,我国出口量和进口量年均增长速度分别为 17%和 15%,远远高于同期世界贸易总量 3%的年均增长速度。

1.我国对外贸易在国际金融危机中率先趋稳,促进了全球经济复苏

2008 年国际金融危机爆发以后,我国政府及时采取一系列政策措施刺激经济,扩大内需,稳定进出口规模。2009 年,世界货物贸易进口量下降 12.8%,我国进口量增长 2.9%,是世界主要经济体中唯一保持增长的国家。我国因素支撑了许多受危机冲击国家的出口,刺激了全球大宗商品市场需求,提振了人们的信心,对世界经济复苏和增长起到巨大拉动作用。世界贸易组织在对中国进行第三次贸易政策审议时指出,应对金融危机期间,我国在刺激全球需求方面发挥了建设性作用,为世界经济稳定做出了重要贡献。

2.我国对外贸易的发展提高了贸易伙伴的国民福利

随着加速融入世界分工体系,我国依靠劳动力成本优势、较强的产业配套和加工制造能力、不断提高的劳动生产率,逐渐发展成为世界工业品的主要生产国和出口国,为世界各国和地区提供了物美价廉的商品,满足了国际市场多种多样的需求。我国在全球制造业环节

的规模经济优势和加工成本优势,部分地消化了上游生产要素的价格上涨,起到了抑制全球通货膨胀、提高贸易伙伴消费者实际购买力的作用。

3.我国对外贸易的发展为贸易伙伴提供了广阔市场

2001年以来,我国货物进口总额扩大了约5倍,年均增长约20%,我国迅速扩张的进口已成为世界经济增长的重要推动力,为贸易伙伴扩大出口创造了巨大市场空间。目前我国已经是日本、韩国、澳大利亚、东盟、巴西、南非等国的第一大出口市场,是欧盟的第二大出口市场,是美国和印度的第三大出口市场。我国工业化、城镇化正在快速推进,内需持续增长,不断扩大和开放的市场将为贸易伙伴提供越来越多的发展机会。

4.我国是对最不发达国家开放市场程度最大的发展中国家之一

截至2010年7月,中国已经对36个已建交最不发达国家原产的4700多个税目商品实施进口零关税,约占全部税则税目的60%。中国已承诺将继续扩大对已建交最不发达国家的给惠范围,使实施零关税商品达到全部税则税目的97%。零关税措施促进了最不发达国家对中国的出口。自2008年以来,中国一直是最不发达国家第一大出口市场。2010年,我国自最不发达国家的货物进口总额比上年增长58%,约占这些国家出口总额的1/4。

5.我国全面参与并推动了全球经济治理机制的改革

我国政府积极倡导以"均衡、普惠、共赢"作为多边贸易体制改革的目标,努力推动建立公平、公正的国际经济贸易新秩序。作为迅速成长的发展中大国,我国积极参与了二十国集团领导人峰会、金砖国家领导人会晤、多哈回合谈判等国际对话和合作机制,努力承担与自身发展水平及国力相适应的国际责任。我国不断加强与新兴国家在经济、金融、贸易和投资等领域的合作,促进国际经济秩序朝着公正、合理、共赢的方向发展。

二、我国对外贸易发展面临的挑战

(一)破解内外经济不平衡等结构性难题更加迫切

改革开放特别是加入世贸组织以来,我国充分利用国际产业转移的机会,大力发展开放型经济,成为全球具有重要影响力的最大新兴经济体和世界制造业大国。在这一过程中,我国经济增长模式也一定程度上形成了主要依靠出口和投资拉动的"路径依赖"。金融危机前,国内快速工业化扩张所积累起来的巨大生产制造能力,主要通过国际市场得到了有效释放,一定程度上掩盖了许多深层次矛盾。但金融危机爆发后,这种发展方式越来越面临不可持续的内外压力。

从国际看,我国将持续面临国际社会的"再平衡"压力。2010年,在二十国集团首尔峰会前夕,美国提出在 2015 年之前二十国集团成员将本国经常项目差额占国内生产总值的比重控制在 4% 以内(简称 4% 标准),但资源输出国例外,其后又提出了新的"参考性指南"。事实上,自 2005 年人民币汇改以来,人民币已经升值 30% 以上,今年上半年我国贸易顺差仅占国内生产总值的 1.4%。但美国仍试图转嫁责任,对人民币升值施压,对中国发展构成硬性约束。目前,国际社会围绕这个问题立场各异,我国成为这一问题博弈的中心。总体来看,与危机前相比,我国长期积累形成的产能通过国际市场释放的空间在缩小,国内经济发展的内外"再平衡"压力大大增加。

从国内来看,我国也面临着加快构建扩大内需长效机制、提高经济内生性持续发展动力的迫切需要。一方面,国内土地、淡水和能矿等资源的供需矛盾更加突出,经济增长的资源环境约束强化;经济总量和规模庞大,但总体创新能力不足,发展的质量和效益有待提升;外部失衡体现在宏观调控上,也对相关政策的效果和手段带来制约。因此,坚持以内需为主导,必然成为我国发展经济的基本立足点和长期战略方针。但另一方面,由于结构性等问题的存在,扩大内需将是一个长期渐进的过程。从国际经验来看,任何一个国家要跨越"中等收入陷阱",都需要在参与全球经济大循环中加快结构转型。只有开拓和分享全球大市场机遇,才能从中获取分工收益、增加国民收入,最终转化为对国内最终消费的带动作用,形成良性循环。同时,我国实现工业化所倚重的资源和环境也无法靠自身来承载,必须通过国际交换解决资源能源短缺的问题。这些经济发展中的客观现实与制约因素,决定了我国在相当长一个时期内离不开外部市场的支撑。在稳定外需、实现内外需平衡发展的进程中,我国将持续面临更多的外部压力。

(二) 拓展全球经贸利益遭遇更突出的保护主义压力

与刚加入世贸组织时相比,我国目前已经成为名副其实的制造业大国,国际市场份额接近 10%。随着出口竞争力的不断增强,我国在各个产品层面均遭遇较大的保护主义压力。在中低端产品领域,目前我国优势产品在国际市场的份额:手机占 70%;彩电占 48%;玩具占 41%;计算机占 40%;鞋类、箱包占 30%。以鞋类为例,目前我国鞋类出口占世界市场 60%,可以说全世界都在买中国的鞋、穿中国的鞋,但是平均单价为 2.7 美元,只有西班牙鞋价格的 1/5、意大利鞋价格的 1/12。在这些产品领域,我们和许多发展中国家都有一定的利益冲突面。我们要提升外贸发展的质量和效益,把"中国制造"变成"中国创造",提升全球产业分工链条中的地位,又将不可避免挑战发达国家的核心利益。许多企业正加大对外投资力度,通过海外并购等途径收购境外的企业、技术、人力资源等,提升自身的竞争实力。发达国家对此十分警惕和防范,通过各种手段设置障碍。

在此背景下,我国在经济、贸易、投资、金融等各个领域,均遭遇了较大的保护主义压力,并呈现出一些新的特点:一是摩擦的产品由低端向高端延伸。过去,我国遭遇的贸易摩擦主要集中在纺织、鞋类、箱包等劳动密集型产品领域。近年来,装备制造、信息产业、新能源和汽车、环保领域的中高端产品也面临很大的摩擦压力。二是摩擦的对象从发达国家到发展中国家蔓延。除美国、欧盟、日本外,印度、巴西、墨西哥等发展中国家也对我国频频发起贸易救济调查。三是保护主义的手段从贸易更多转向知识产权、环保、技术标准、投资等。例如我国企业在俄罗斯、澳大利亚和非洲等地投资遭遇障碍,一些媒体甚至将中国企业到非洲投资称之为"新殖民主义"。四是保护主义越来越多地从边境措施、具体政策向我国金融体制、管理模式甚至意识形态等宏观领域延伸。近年来我国在世贸组织的被诉案件,涉及汽车产业政策、知识产权执法、出版物市场准入、金融信息服务、补贴政策、社会责任和劳工标准等各个方面。

(三)参与全球经济治理面临新兴大国责任难题

金融危机后,全球经济治理机制正处于调整和过渡转换期,我国在世界经济发展格局中的作用和地位更加凸显,在参与全球经济治理中维护和争取自身权益的难度也显著加大。

我国在参与全球治理新议题上成为矛盾焦点。近年来,随着我国实力上升和影响力扩大,国际社会很多议题离不开中国的参与,我国如不能做出积极贡献,就会阻滞整个进程,陷入"不作为就是反对"的困境。一方面,发达国家在人民币升值、全球经济失衡、气候变化等领域把矛头指向我国,要求我国承担更多国际责任;另一方面,很多发展中国家由于贸易逆差、失业加剧、货币升值等压力,也不与我们站在同一立场上。在二十国集团中,中国在应对"参考性指南"等许多议题上面临着同盟军较少的状态。在气候变化领域,发达国家要求中国等新兴大国承担强制减排责任,得到最不发达国家及小岛国等许多发展中国家的支持,中国等少数国家成为矛盾焦点。

总体来看,我国具有双重属性:第一,既是一个发展中国家,又是一个贸易和经济大国;第二,既是一个实行市场经济、深入参与经济全球化的国家,又是一个实行社会主义制度、意识形态与西方迥异的国家。这种双重属性,使得我国在参与全球经济治理中地位独特、身份多元、利益多样,不仅需要寻求盟友维护自身利益,同时还要正视自身实力提升的现实、不回避发展中大国的责任,面临的难度很大。从长远来看,我们面临的更大挑战是,如何展现更积极的姿态,通过主动提出新议题或"中国方案",促进世界经济持续稳定复苏,推动新的全球经济治理机制向更加平衡、合理方向发展。

(四)全球自贸区格局调整中面临被边缘化风险

近年来,自贸协定在全球范围内快速发展,特别是美国通过跨太协定(跨太平洋战略经济伙伴协定TPP)深度介入亚太自贸格局,使亚太地区成为当前全球自贸发展的热点和焦点地区,对我国政治、经济等产生多方面影响。

政治上影响我国重要地缘利益。近年来,美国、欧盟强化与我国周边国家的经济联系,凸显在亚太地区的存在,促使东盟、日、韩等部分国家在政治、安全上进一步向其靠拢,在南海、钓鱼岛以及朝鲜半岛等问题上甚至形成多方联手对我之势,对我国稳定和巩固周边既有地缘战略地位形成影响,一定程度上"对冲"了我国在周边地区影响力的提升。特别是跨太协定的出现,反映出相关国家平衡"中国影响",削弱我国东亚经济一体化主导权、架空我国主张的"10+3"主渠道作用的战略意图。在中亚和南亚地区,俄罗斯、印度等邻国对我国发展疑虑甚深,对我国启动上合自贸谈判和中印自贸谈判的提议或态度消极或明确拒绝,反而推动建立将我国排除在外的自贸协定,试图主导中亚和南亚经济一体化。我国在上述两个地区的地缘利益也受到影响。

经济上减损我国海外市场机遇。与美、欧、日、韩、印等国相比,近几年我国自贸区发展已明显滞后,享受零关税等优惠市场准入条件的贸易比例较低,我国产品在主要贸易伙伴市场上的竞争力受到削弱。目前,我国已与18个国家和地区签署并实施10个自贸协定,占我国对外贸易总额的1/4,但如果不包括台港澳地区,享受零关税的贸易比例只有12%。一些周边新兴经济体国家,在对美欧日出口劳动密集型产品上已经具有零关税优势。据测算,美韩自贸协定生效后,我国对美国1/5的出口可能受到韩国产品冲击。我国对周边出口高新技术产品也将面临发达国家的激烈竞争,开拓市场的难度加大。

在未来自贸区谈判标准上处境被动。传统的自贸区协定,主要涵盖货物贸易和服务贸易两个领域,议题较为单一、内容主要集中在贸易范畴,我国目前签署的大部分自贸协定均属于这一类型。近年来,美、欧正积极推动高标准的"下一代自贸协定",不仅要求开放部门多、程度高,还力图在其重点关注的政府采购、知识产权、投资、人权、劳工、环境等领域制定和形成新的规则,造成既成事实和先例,为未来全球各种自贸区谈判树立新的"标杆"。例如,美国在跨太自贸协定谈判中提出"限制国有企业条款",要求限制政府对国企的补贴和信贷支持,其直接目标是越南,但长远目标意在中国。美、欧还推动修改世贸组织关于自贸区安排的相关条款,试图使其推广的自贸区标准在多边规则中得以体现。这些新的变化,将使我国下一步签署自贸协定面临更多压力,不易摆脱"规则接受者"的被动局面。

第四节　从贸易大国到贸易强国之路

一、贸易模式转型

自 2001 年加入 WTO 以来,我国对外贸易经历了高速增长,使我国经济的开放程度进一步提高,并跃升为全球贸易的第一大国。但它同时也无法掩盖在我国贸易增长中形成的依靠数量扩张、价格竞争、高中间品进口投入、低技术附加创造、外资加工与生产支撑以及贸易条件恶化的特征。归根溯源,它们反映了我国传统的经济增长模式,即高储蓄率支持下的资本密集型、工业主导、出口驱动的外向型经济。金融危机的严重冲击充分暴露了这种模式的弊端,我国开放发展战略迫切需要向一种内外需协调、进出口平衡与可持续发展友好型的新模式转变。

贸易模式转型并不是一蹴而就的,在国内各部门与地方也并非有统一的认识,所以必须深刻理解传统贸易模式难以维系的必然性。首先,根据日韩等国的历史经验,随着投资回报率的递减,一个国家可占据的世界市场份额将变得越来越有限,预测分析表明国际需求难以支撑未来中国的出口扩张,除非价格水平有较大的下降。其次,经济复苏乏力、主权债务危机和财政纪律整饬已经使美国和欧盟充当全球市场"最后需求者"的角色有所淡化,造成传统外部需求对我国商品供给的消化能力减弱,而同时各国为走出危机都加大了出口振兴的政策力度,从而使出口竞争变得更为激烈。再次,由于出口主要集中在制造业,其能耗水平比单位 GDP 的能耗水平更高,出口的过快增长将使国内的资源与环境负荷难以承受。最后,贸易巨额顺差意味着国内净储蓄与资源的输出,它表明居民消费被严重抑制而不能吸收产出,中国许多高质和优质的产品都销往海外市场,国民福利的增长与经济增长不相匹配。

应继续推动进口与出口、货物贸易与服务贸易相互促进、协调发展,实现由贸易大国向贸易强国转型,由"中国制造"向"中国创造"和"中国服务"跨越。发挥国内市场空间优势,积极扩大先进技术设备、关键零部件和能源原材料进口,适度扩大消费品进口。巩固传统出口竞争优势,加快培育以技术、品牌、质量、服务为核心竞争力的新优势。推动加工贸易转型升级,延长国内增值链条。大力发展服务贸易,稳定旅游、运输等传统服务出口,努力扩大技术、文化、中医药、软件和信息服务等新兴服务出口,增加国内短缺的服务进口。优化对外开放空间布局。坚持扩大开放与区域协调发展相结合,形成优势互补、分工协作、均衡发展的区域开放格局。全面提升沿海地区开放型经济发展水平,扩大服务业对外开放试点,加快从全球加工装配基地向研发、先进制造和服务基地转变。支持内陆地区发挥资源和劳动力优势,积极承接国际产业和沿海产业的转移,培育形成若干加工制造基地、服务外包基地。积极扩大沿边开放,发展面向周边的特色外向型产业群和产业基地。深度拓展内地与港澳地区更紧密的经贸关系,全面深化两岸经济合作。

目前,国际社会对我国对外开放的关注领域集中体现在:政府采购、投资准入前国民待遇、化工电子机械及环境产品的自由化以及部分服务部门等。对这些问题,我们应全面分析利弊,制定整体上于我国有利的策略。例如在服务业开放领域,稳妥扩大金融、物流、教育、医疗、体育等领域对外开放,是"十二五"规划提出的具体方向,我们可通过世贸组织和双边自贸谈判进一步扩大服务业开放水平,推进各种所有制企业公平准入,提升我国服务业的国际竞争力和发展活力。

二、贸易政策转型

加入 WTO 后中国贸易政策的演变经历了三个阶段:第一阶段(2001—2005 年),全面与切实履行入世承诺,有力推进了规则导向的经济市场化与贸易自由化,使经贸法律法规体系与政策管理的透明度显著提高;第二阶段(2006—2008 年),为促进贸易增长方式的转变,以及减少对外贸易盈余所带来的国际压力,对贸易政策进行一定的调整,主要表现为对部分出口的限制;第三阶段(2008—2012 年),为应对全球金融危机的冲击,采取稳定外需、逐步纠正对外失衡的贸易政策。

其间,我国贸易政策的主要变化趋势与特点表现为以下六点:第一,入世后的五年内遵照 WTO 协定与承诺有力而有序地实施贸易自由化改革,但 2005 年后其步伐有所放缓,它在很大程度上反映了对于深化开放的政策争论与利益集团(特别是大型国有企业)的政治压力;第二,在总体上推进贸易自由化的同时,贸易救济(反倾销、反补贴与保障措施)、危机触发的临时保护措施以及补贴有所加强;第三,在进口贸易自由化较顺利推进的同时,出口限制与壁垒自 2006 年以来却不断增加,从而引发了一些贸易争端(比如焦炭、稀土、瞥精矿等);第四,我国与贸易伙伴国之间的贸易争端及摩擦不断加剧(特别表现在 WTO 争端解决案件方面),暴露出中国在贸易政策制定与执行方面存在的问题;第五,在贸易边界壁垒(比如关税、配额及许可证等)逐步得到削减的同时,国内深层的结构性问题(即所谓"第二代贸易政策"议题,比如投资、竞争政策、政府采购、环境、劳工标准、管制改革等)日益突出,然而它们不但尚未真正提到议事日程上来,而且缺乏跨政府部门之间的立法与决策的协调统一;第六,在成为多边贸易体制积极参与者的同时,我国还积极寻求建立双边自由贸易协定(FTAs),"两条腿走路"是我国 21 世纪对外贸易政策的一个重要变化。

经过努力,我国已经基本建立起一个全面、透明、非歧视和 WTO 规则导向的贸易体制,政府对经济的直接干预与贸易扭曲大为减少,"贸易中性"在逐步增强。未来的贸易政策转型应该继续这种市场化改革的方向与势头,同时能够克服局部利益障碍与部门协调割裂,在关键政策领域取得突破性的进展。其中,贸易政策的重心应从"第一代贸易政策"(如关税、许可证等)转向"第二代贸易政策"(如投资、竞争政策、贸易便利化、放松管制、环境等);外商投资政策的重心应从"激励措施"(如税收、土地等)转向"商业便利措施"(包括经济法治、反垄断、反商业贿赂等);地方与区域发展政策的重心应从"要素和市场竞争"(如工资、价格、市场规模与潜力等)转向"资产与商业环境竞争"(如市场一体化、供应链整合、生产与服务网络等)。它以实现贸易模式转变、提升贸易竞争力为最终目标,以提高企业生产率、降低贸易成本、促进生产集聚和融入国际生产体系为中间目标,通过相关政策措施的相互配合与支撑,最终实现中国国际竞争力的可持续发展。

三、自贸区战略布局

有步骤、有重点地加快推进自贸区谈判,争取用三到五年的时间,完成以周边国家为基础,资源富集国家为重点的自贸区战略布局。重点在以下地区取得突破:

在东亚地区,继续引导区域一体化进程。目前,我们已经通过与东盟建立自贸关系,在推动东亚经济一体化进程中取得了先发优势,但这一优势正受到跨太协定和"10+6"等倡议的侵蚀。如果能主动推进和启动中韩、中日韩自贸区谈判,有利于巩固我国的既有优势和主导权,一定程度上化解我国被跨太协定排除在外的压力。

在中亚地区,不放弃谋划和相机推动上合组织自贸区。十年来,我国依托上合组织,推动与中亚国家经贸合作取得积极效果。面对俄罗斯建立"俄白哈关税同盟"和独联体欧亚自贸区的设想,须及早谋划、循序渐进,充实经贸合作内容,巩固我国在中亚地区的利益。

在海湾地区,应尽快结束与海合会的自贸谈判。海合会成员油气资源富集,占我国石油进口来源的 1/3,且在中东地区、阿拉伯世界和伊斯兰世界地位独特,在当前中东变局中凝聚力进一步加强,影响力不降反升。尽快促成达成协定,有利于我国稳定海外战略资源供应,维护我国地缘利益。

在亚太地区,在与发达国家建立自贸关系方面取得突破。澳大利亚是我国目前正在进行自贸谈判的唯一的二十国集团发达成员。澳经济上倚重我国,但政治和军事上是美国在亚太的重要盟友,还是跨太协定的主要成员。与其建立自贸关系,有助于打破美国在我国周边建立"自贸包围圈",而且对我国与其他主要发达经济体建立自贸关系具有示范意义。

四、积极参加全球治理

我国加入世贸组织时,美国的基本策略是将我国纳入其主导的多边贸易体制,从中获益并制约中国发展。但十年过去,我国通过参与多边贸易体制乘势而上,快速发展、实力增强,成为美国经济上的主要竞争对手,在多边贸易体制里也成为美国不能低估的主要成员。面对这一变化,美国对中国的多边战略尚处于调整期,一方面仍试图维持其领导地位,另一方面也通过接纳中国参与部分决策过程,迫使中国承担更多责任。

在这样的国际环境下,我国要更加积极主动地参与二十国集团等多边国际组织活动,把我国日益增长的经贸实力转化为制度性权利。特别要在气候变化、能源安全、粮食安全、贸易金融体系改革等全球性议题上,主动提出新主张、新倡议和新行动方案,增强我国在全球经贸议题设置和规则制定中的主导能力,提升我国为全球提供公共产品和履行大国责任的能力,树立我国负责任大国形象,化解"中国责任论"的舆论压力。同时,继续深化"金砖国家""基础四国"等新兴大国的合作,充实经贸合作内容,巩固和扩大发展中国家共同利益阵营。

第五节　我国对外直接投资的发展与问题

一、我国实行对外直接投资的必要性和可能性

我国当前的经济发展,迫切要求进行对外直接投资。首先,这是提升我国国际竞争力的需要。截至 2012 年底,我国的 GDP 接近 52 万亿元。按照 GDP 来看,我国当前已经是经济大国,但距离经济强国仍有不小的距离。不管是从国际经验来看,还是从我国自身的发展经验来看,都可以得出一个共同的经验:一个国家如果不实施对外开放,一定不能获得发展。我国要想获得发展,必须实施对外开放,融入国际分工。我国是实施对外开放的受益者,在新的发展阶段和国际环境下,更要与时俱进,紧跟时代的潮流,在保持以利用外资的形式被动融入国际分工的基础上,应加强和重视以对外直接投资的形式积极主动地融入国际分工,参与全球化。

其次,是国内经济转型升级的需要。我国经济正面临着严峻的转型升级。例如,目前困扰中国经济发展的两大问题:一个是环境污染问题,一个是资源缺乏问题。产生环境污染问题的原因之一就是我国部分成熟产业的技术水平低下,然而由于国外具有大量需求,导致国

内很多企业专门为出口而生产。随着我国经济总量和对外贸易量的大幅度增长,资源缺乏问题日益凸现,特别是像石油、矿产等不可再生资源缺乏已经影响到了经济的正常发展和企业的正常运作。目前,现行的利用外资政策和对外贸易政策,已经不能完全或有效地解决这些问题。通过对外直接投资,我国可以把成熟落后的产业整体转移到有需求的地区进行生产和销售,进而在一定程度上可以缓解环境污染问题,也可以为新产业的发展腾出空间;通过对外直接投资,我国企业也可以到资源丰富的国家寻求我国紧缺的资源,到技术水平发达的国家学习技术,以缓解资源瓶颈问题。

最后,是缓解贸易摩擦的需要。在我国对外贸易高速发展的同时,遭受的国际贸易摩擦的数量日益增多、程度日益加深,不仅发达国家与我国的贸易摩擦增多,而且发展中国家与我国的贸易摩擦也增多。与此同时,贸易摩擦的手段已经从关税壁垒转变为非关税壁垒,例如,技术壁垒、绿色壁垒、环境壁垒等。这些新的非关税壁垒与传统的关税壁垒相比,最显著的特点就是:一旦被实施非关税壁垒,出口商品就禁止进入实施这些手段的国家。面对贸易摩擦,一般情况下,都是通过双边谈判、双边对话和协商进行缓解,其实,也可以通过对外直接投资来缓解。有些国家生产要素和劳动力价格往往也很便宜,国际社会对其出口产品既不限制又有低关税优惠,因此,我国企业可以在这些国家设立生产加工点并进行产品原产地登记注册,把产品一部分生产留在国内,把半制成品出口到这些国家进行再加工与组装,然后再把最终产品出口到第三国,就可以绕开对我国设置的贸易壁垒。

当前我国加快对外直接投资也有了充分的可能性。首先,随着改革开放后四十多年的经济发展,我国的综合国力大大增强。目前,我国已经成为了名副其实的贸易大国,2012年贸易总量达到了3.87万亿美元,位居世界第一位。在国际上,我国的国际地位日益上升,这就成为我国企业进一步走出去的基本经济保障。截至2012年底,我国的外汇储备已达3.3万亿美元,这也为我国企业对外直接投资提供了充沛的资金保障。

其次,国内企业的竞争力也在不断上升。在我国利用外资和加工贸易发展经济的过程中,我国内资企业也获得了快速的发展,技术水平、管理能力、经营理念、发展视野等都在不断地提高,具备了一定的竞争能力,这也为我国企业进一步走出去打下了坚实的基础。目前我国一批有条件的大型企业和企业集团通过进行专业化、集约化和规模化的跨国经营,在更大范围内优化资源配置,增强了参与国际经济合作与竞争的能力,已成为具有较强国际竞争力的跨国公司。2011年美国《财富》杂志公布的世界500强名单中,我国有79家企业榜上有名。

最后,全球化逐步趋于深化。当今世界经济全球化的浪潮不断深化,中国离不开世界,世界也离不开中国。很多国家将中国经济看作全球经济板块最活跃的成分,更加重视吸引中国企业的投资。很多国家的投资促进机构专门成立中国小组,有的聘请中国人从事双向投资促进工作,服务于对华招商引资。中国促进企业对外直接投资已进入到黄金期。

二、我国对外直接投资发展现状

2000 年,我国政府提出了"走出去"战略,鼓励我国企业对外直接投资,充分利用国际、国内"两个市场、两种资源"。至今二十多年时间,我国对外直接投资获得突飞猛进的发展,取得了突出的成绩,对外直接投资表现出以下特点:

(一) 投资规模:流量增速大,存量相对较少

根据联合国贸发组织提供的《2011 年世界投资报告》,2010 年中国对外直接投资分别占全球当年流量的 5.2%,名列世界第 5 位,而对外投资存量仅占世界的 1%—6%,名列世界国家与地区第 17 位。中国对外直接投资流量大,但其存量所占世界总量的比例较小,这与中国对外直接投资起步较晚分不开。虽然中国对外直接投资在 20 世纪 90 年代末期以后才开始盛行,但发展的速度不容小觑,引起众多学者对其进行研究。

(二) 投资产业:制造业比例增大

租赁和商务服务业是中国对外投资主要流向,2010 年同比增长 47.9%,占总流量的44%。2010 年采矿业投资流量为 57.1 亿美元,同比下降 57.2%,占总流量的 8.3%。采矿业主要包括石油天然气开采业、有色金属开采业、黑色金属矿采选业,说明了以攫取自然资源为导向的对外直接投资流量下降。制造业投资流量为 46.6 亿美元,同比增长 108.2%,占总流量的 6.8%,主要包括交通运输设备制造业、有色金属冶炼及加工业、化学原料及制品制造业、专用设备制造业、纺织服装制造业、医药制造业和食品制造业等。

(三) 投资地区:亚洲占主导地位

2010 年,中国对全球 178 个国家和地区进行了对外直接投资,对外直接投资累计净额为3172.1 亿美元。从中国对各大洲投资的存量分布情况来看,2004 年以来,其投资存量占总量70%左右。其次是对拉丁美洲的投资,中国对其投资存量一直占总存量 10%以上。投资存量最少的是北美洲,从 2004—2010 年内,所占比率几乎保持在 2%水平。从 2010 年中国对欧洲的投资实现飞速增长,流量达到 67.6 亿美元,同比增长 101.6%,占流量总额的9.8%,其主要流向卢森堡、瑞典、俄罗斯、德国、匈牙利、英国、挪威等国家。对北美洲的直接投资流量增幅地较大,为 72.2%,主要流向美国、加拿大。然而对大洋洲的投资流量较上年下降 23.

8%,这主要包括对澳大利亚、西萨摩亚、新西兰的投资流量减少。

(四)投资主体:国有企业仍然占主导地位

截至 2010 年,在中国对外直接投资存量中,国有企业占 66.2%;有限责任公司位居第二,占 23.6%。相比 2004—2006 年,国有企业对外投资所占总投资比例下降不少,但仍然占据一半以上。从投资者的行业分布来看,制造业占 35.8%,是对外直接投资最为活跃的领域,主要分布在服装、鞋、帽制造业,纺织业,通信设备/计算机及其他电子设备制造业,电气机械及器材制造业等。

(五)投资形式:跨国并购是主要形式

跨国并购在我国对外直接投资中占据越来越重要的地位,和国际对外直接投资的发展趋势一致。自 2001 年中国加入 WTO 以后,随着竞争压力的逐步加剧和对外直接投资经验的逐渐积累,中国对外直接投资方式由早期成立合资公司和新设立海外子公司为主逐渐转变为跨国并购,并有进一步加强的趋势。我国企业的跨国并购交易额从 2002 年的 2 亿元,上升至 2008 年的 205 亿美元,上升了近百倍。2010 年以并购方式实现的直接投资 297 亿美元,同比增长 54.7%,占流量总额的 43.2%。并购领域涉及采矿业、制造业、电力生产和供应业、专业技术服务业、金融业等。

三、中国对外直接投资存在的主要问题

(一)投资区域结构不合理

中国对外直接投资区域结构不合理,呈现出明显的区域集中的特点。中国在亚洲和拉丁美洲的对外直接投资占总额的 80% 以上。非洲、大洋洲、欧洲和北美洲的比重不足 10%。在中国对外投资存量前 20 个国家和地区中,发达国家仅有 8 个,占 9.3%。存量前三位的中国香港、开曼群岛和英属维尔京群岛占 85.1%。可见,中国对外直接投资区域相当集中。对外直接投资区域过度集中会造成企业过度集中,企业生产经营之间竞争加剧;造成企业间的重复投资,资源利用率下降;不利于中国企业在全世界生产布局、合理分配价值链的各个环节。

(二)投资产业结构失衡

在对外投资产业结构上,中国企业投资偏重于原材料和能源等低附加值、低科技含量、

低利润率的劳动力密集型产业;缺少对信息技术和技术服务等技术密集型、高新技术产业、高层次服务业的投资,结构失衡较为严重。

中国这种对外投资产业结构符合小岛清的边际产业转移理论,可以实现中国边际产业向外转移、延长产品的生命周期、扩大海外市场。但是,如果忽视技术含量高、产品附加值高的技术密集型产业的投资,会减缓中国相关产业的升级进步,降低产业的国际竞争力。

(三)宏观管理滞后

首先,政府缺乏对企业对外直接投资的规划和指导。对于中国企业对外直接投资的区域、产业、方式等没有明确的规划,造成中国企业对外直接投资存在投机性、盲目性、无序性,在一定程度上导致了中国企业对外直接投资区域、产业过度集中的现状。

其次,目前中国对外直接投资由商务部、发改委、财政部、海关总署、外汇资产管理局、产业主管部门等共同管理,各个部门在实际操作中往往只从各自的管辖权和管理目的出发,缺乏沟通联络,导致审批内容价差重叠现象严重,内容烦琐、过程复杂、管理低下。

最后,对外直接投资法律体系不健全,到目前为止仅有 1985 年外经贸部制定的《关于在国外开设非贸易性合资经营企业的审批程序和管理办法》和 1989 年国家外汇管理局制定的《境外投资外汇管理办法》。这些法规与中国高速增长的对外直接投资相比具有滞后性、不适用性和极大的局限性。

(四)缺乏相关专业人才

对外直接投资对跨国经营人才在贸易、管理、外语、法律、财务、营销、金融等各个方面有较高的要求,但是,很多中国企业缺乏高素质的跨国经营人才,盲目对外直接投资,造成企业在海外经营时限于管理者的经营能力,做出错误的决策,企业大量亏损。

第八章　未来经济发展任务及改革创新要点

根据党的十八大、十八届三中全会、十八届四中全会等的总体战略部署,我国将在 2020 年全面建成小康社会。按照党的十九大的战略部署,"从 2020 年到 2035 年,在全面建成小康社会的基础上,再奋斗十五年,基本实现社会主义现代化"。

2021—2035 年,我国经济实力、科技实力将大幅跃升,跻身创新型国家前列;人民平等参与、平等发展权利得到充分保障,法治国家、法治政府、法治社会基本建成,各方面制度更加完善,国家治理体系和治理能力现代化基本实现;社会文明程度达到新的高度,国家文化软实力显著增强,中华文化影响更加广泛深入;人民生活更为宽裕,中等收入群体比例明显提高,城乡区域发展差距和居民生活水平差距显著缩小,基本公共服务均等化基本实现,全体人民共同富裕迈出坚实步伐;现代社会治理格局基本形成,社会充满活力又和谐有序;生态环境根本好转,美丽中国目标基本实现。

这一阶段,我们也面临一些难题或不确定因素。比如,体制改革能否最终达到预期目标、地方政府债务出现严重困难、人口结构严重恶化、深层次社会矛盾和社会风险将日益凸显、土地制度不适应市场经济要求、城镇化质量急需根本提升、国际战略机遇期或不可存续等,不容忽视。

要跨越"中等收入陷阱"并在其后进一步达成预期目标,就需要进一步从供给侧激发活力,特别是要深化并基本完成体制改革;大力推进收入分配体制改革,优化社会保障体系与福利体系;改革土地制度,建立开放和包容的城乡统一土地市场,实现乡村的振兴;实行鼓励人口生育和优化人口结构政策;构建中华文化国际化大战略。

第一节　以基本建成社会主义现代化国家为目标的奋进方略

在全面小康的同时,改革须按党的十八届三中全会要求取得决定性成果,由此形成新旧动能转换中"全要素生产率"对可持续发展的支撑力。2020年之后的约15年时间段,是跨越"中等收入陷阱"、冲过现代化"冲关期"的关键时期。为达到基本建成社会主义现代化国家的目标,须在奋斗前进之中把握好如下的方略:

第一,基于以人为本的发展理念,弘扬社会主义核心价值观,把物质文明、精神文明和政治文明合成中国大地上现代化进程中的文明配套。

在国家层面:以富强、民主、文明、和谐为价值目标;

在社会层面:以自由、平等、公正、法治为价值取向;

在个人层面:以爱国、敬业、诚信、友善为价值准则。

24个字体现的社会主义核心价值观,也是人类社会告别原始蒙昧状态之后长期文明发展积淀而成的优秀成果的概括,是中国与其他经济体以"人类命运共同体"之路共赢发展的共识体系。在基本建成现代化的进程中,应使这三个层面的价值观有效地引领社会生活、推动社会进步。

第二,在资源配置机制优化中,坚定地秉持市场应起到"决定性作用"的识见,使有效市场充分发挥作用而合理匹配有为、有限的政府作用,在法治的前提下确保所有的市场参与者在公平、公正环境中竞争;政府不应同时担任裁判员和运动员,而应着重于法律、规则的制定、执行;应很好地收集、整理、协调市场上社会中所有相关利益方的意见、诉求,确保公权当局依法回应具备透明度、确定性和可预期性;进而以提高人民生活质量为中心,使政策更好地具备人民性和包容性,激励和引导基于市场活力的有效供给插上创新的翅膀来造福人民。

第三,坚持"全面依法治国"的"法治中国"前提下,推进"质量中国""标准中国"的建设,把高质量发展落实于供给侧结构性改革支撑的供给体系全面质量管理、纳入全球标准化体系,使民生相关的食品安全、医疗卫生、教育培训、环境保护、金融服务等,都有高水平的消费者权益保障和纳税者权益的对应性。

在坚持"以创新为第一动力"的"创新中国"前提下,推进"文化中国""美丽中国"建设,在继承和弘扬中华民族古老而丰富的传统文化精华的同时,又积极吸收借鉴其他国家和民族文化因素中的优点,实现贯通古今、融汇中西的文化升华与再造,在全面开放的格局下推进与其他国家和民族"人类命运共同体"的和平共赢发展。

第二节　战略目标及思路

从总体上来说,在2021—2035年的阶段,我国应当在全面建成小康社会的基础上,打造稳固制度之桥，力争在2025年左右跨越"中等收入陷阱"，同时初步建成后工业化社会，"全体人民共同富裕迈出坚实步伐"，"基本实现社会主义现代化"。经过这一阶段，到2035年左右，我国的GDP总量将位居世界首位，人均国民收入达到高收入经济体的中等或接近中等的水平。

一、战略目标

这一阶段的目标是：形成比较完善的政治体制；理顺收入分配机制，共同富裕迈出坚实步伐；鼓励生育和优化人口结构；经济实现中速持续健康增长；土地制度基本适应市场经济要求；国际地位及影响力显著提升。

（一）完善定型的政治体制

2021—2035年，我国的主要任务或总体目标就是完善定型的政治体制。

党的十九大报告中进一步指出，新时代中国特色社会主义思想和基本方略，包括"明确全面深化改革总目标是完善和发展中国特色社会主义制度、推进国家治理体系和治理能力现代化"。

因此，在2021—2035年期间，我国要形成系统完备、科学规范、运行有效的政治制度体系。只有从制度层面改善，才能够长效激发供给侧的内在活力。

（二）理顺收入分配机制，向全体人民共同富裕迈出坚实步伐

2021—2035年，我国将进入世界高收入国家行列、高人类发展水平国家行列，在收入分配方面的主要目标是理顺机制，城乡区域发展差距和居民生活水平差距显著缩小尤其是基尼系数降低到警戒线以内，实现基本公共服务均等化，社会保障全体人口全覆盖，全体人民共同富裕迈出坚实步伐。

由于地区、城乡以及要素间利益分配差异的扩大，中国各地区之间、城乡之间以及社会各个阶层之间的收入差距也在扩大。城乡差距、地区差距以及要素间的利益分配差异既与中国的发展阶段和发展水平有关，也与中国的收入分配体制、投资体制、行政管理体制、国有资产（资源）管理体制等有关，这些攻坚式的改革涉及的利益关系更加复杂，改革的难度更大，难以立竿见影，应当在2021—2035年期间攻坚完成。

（三）鼓励生育和优化人口结构

"十三五"期间，放开计划生育管制；2021—2035年，人口的目标应当是鼓励生育和优化

人口结构。

我国要把握时机,防止反复,争取不陷入"中等收入陷阱";否则未来如果再想迈过这一陷阱,由于人口的老龄化愈发严重、人口增长进一步萎缩,将会失去机遇。这是由于人口老龄化和增长萎缩未来导致的不仅是劳动力供给的变化,还有内需消费市场的变化。

(四)经济实现中速持续健康增长

经济增长目标应保持在 4% ~ 5%。中高端制造业、第三产业、国内消费、创新成为经济增长的主导力量。第三产业增加值占 GDP 的比重接近 60%,户籍城市化率达到 60% 以上,消费成为经济增长的主导力量,且拉动力不断增强,消费对经济增长的贡献率持续处在 60% 以上,制造业完成由中低端向中高端转变,一批与我国 GDP 全球占比相适应的跨国企业出现,引领中国经济发展,并形成极强的全球影响力。

(五)土地制度基本适应市场经济要求

完善土地产权制度,构建开放和包容的城乡一体化的土地市场,让市场在土地要素资源的配置中发挥更重要的作用,使土地真正得以在农户间和城乡间自由流动和自由组合,让民众(尤其是农民)分享更多土地红利,为经济社会构筑更牢固的发展基石。

(六)国家文化软实力显著增强,国际地位及影响力显著提升

从国际规则的"跟随者"变为"制定者之一",软实力显著增强。也就是说,经由"一带一路"、亚洲基础设施投资银行(AIIB)等,中国逐渐参与和主持国际规则的制定,承担更多国际责任。

同时,伴随着经济规模增长至世界第一,软实力也应随之发展。2021—2035 年,我国软实力建设的基本目标应为:文化创意产业成为国民经济主导产业,以电影为代表的文化产品贸易和文化国际竞争力显著提升。

二、发展思路

进一步推进体制改革,建设"质量中国""法治中国""标准中国"和"文化中国",形成稳定、可持续、长期繁荣的现代国家治理体系和治理能力,国民心态平和,创新活力迸发,生态环境根本改善,基于人类命运共同体的国际向心力初步形成。

(一)国内发展与改革思路

应当以体制改革为基础,处理好政府与市场的关系,完善分配制度,提升经济发展的质

量,努力跨越"中等收入陷阱"。

1.继续深化改革,完善定型的政治体制

2020 年以前,我国发展的基本任务是要在实现全面小康时使十八届三中全会部署的配套改革取得决定性成果,但这一任务非常艰巨。2021~2035 年期间,我国的主要任务就是在力求基本实现现代化的过程中,让体制基本定型完善。只有从制度层面形成有效供给,提升全要素生产率,才能够长效激发供给侧的内在活力。

这期间应当将带有计划、行政、生产建设色彩的政府,转变成公共服务和公共管理型的政府,基本扫除阻碍经济发展、降低办事效率和产生寻租腐败的行政审批、许可、收费和垄断;理顺中央和地方各级财政的财政税收和事务关系,不仅要划分各级地方的收入,还要明确各级地方应当承担的责任,既避免中央财力分散、调控无力的情况发生,也要避免"收钱不干事"和"干事没有钱",加重基层民众和企业的负担、百姓和企业怨声载道的局面出现。从优化机构设置角度,深化大部制改革,优化省级设置,推进省管县和县乡综合体制改革,改革乡镇政权体制,精简党政和行政性事业机构和人员。从建设促进经济发展的体制架构看,重点需要建立的体制有:制定和颁布《国家政权和事业供养法》,以法律制度的形式抑制"吃皇粮"的机构和人员膨胀;确定县级主要领导政绩考核体系、方式和程序,形成以民为本、公共服务、注重实效的政府;规范法律和法规形成的民主化程序,防止政府有关部门将部门、个人权力和利益通过法律和法规合法化,形成寻租腐败、阻碍经济发展和低效率的条件和体制。

将精力放在改革这些阻碍经济发展的体制方面,可以促进经济发展、降低行政成本、提高政治管理的效率,从而大大减少腐败的制度性产生机会和条件,使中国共产党的领导和执政更加获得人民的信任和拥护。如果纯粹进行政治层面的改革,而不改革那些阻碍经济发展和具有权力寻租机会的制度漏洞,就会引发各种潜在的冲突,进而可能引起社会上的混乱。

2.完善分配体制,激发经济发展的活力

公平与效率并非替代关系,而是辩证统一的。分配体制的合理安排,将是激发效率的重要基础和动力。

从控制 GDP 中居民分配比重下降,以及提高居民收入在 GDP 结构中的比例来看,正确的思路应当是:

一是完善创业环境,以"互联网+"的思维发展劳动密集产业,特别是发展服务业,转移剩余劳动力,减少剩余和失业劳动力,并且努力改善劳动力市场供大于求的局面,推进工资集体谈判,从而从增加分配 GDP 劳动力数量和增强劳动者分配能力两个方面,提高 GDP 的劳动分配比例,进而提高居民收入对 GDP 的分配比例。

二是从资本要素分配来看,要调整其结构,即对创业投资,特别是明显增加就业的创业投资应当降低税负,清理收费,禁止乱罚款;而对涉及投资房地产出租、采矿、污染等项目的投资,应当开征新型房地产税、资源税和污染税等。

三是各级政府和行政事业性单位,用权力对 GDP 的分配,要通过人大依法确定政府全部收入占 GDP 比例,全部税收和收费要由人大讨论批准,积极清理和废除政府各部门、各行政性事业单位收费、罚款,逐步降低其在 GDP 中的分配比例。

从控制住居民间的收入分配差距继续拉大,缩小居民间收入差距,降低基尼系数水平看,正确的思路应当是:深入推进"大众创业、万众创新",以创业带动就业,增加中等收入人口,减少失业贫困的低收入人口,对各种原因所致的贫困人口托底,调节一些人群的高收入。

从控制住城乡居民收入分配差距继续拉大、争取缩小城乡收入差距方面看,正确的思路应当是:首先,最为重要的是,推进"人的城市化"而非"土地的城市化",转移农业中剩余的劳动力,以较少的劳动力去分配占比日益下降的农业生产总值。其次,是"用工业的思路发展农业",以"乡村振兴战略"推进农业的现代化,加大对"三农"的投入,对农民和农村提供应有的公共服务。

从控制住地区之间发展差距拉大、逐步消除地区间发展不平衡来看,正确的思路应当是:借力"一带一路",推动区域内开发开放、区域间和沿边等开放合作;推动中西部,以及产业衰落地区劳动力及人口向经济成长较快和需要劳动力较多的地区流动和迁移;加快行政和经济管理体制的改革,国家制定各种有效的政策,促进资本和产业向经济相对不发达地区转移;国家增加对经济不发达地区基础设施和公共服务的投入,加大一般转移支付和专项转移支付的力度,特别是对老少边穷,以及生态涵养和保护地区更应该如此。

3.提高经济社会发展的质量,基本跨越"中等收入陷阱"

2021—2035 年这 15 年将是我国能否跨越"中等收入陷阱"并且不再反复的关键之年。而打通我国经济运行的脉络,让 2020 年以前形成的改革红利与制度红利一同在这 15 年开始发挥作用,在以前我国所不擅长的领域继续引燃新增长,替代以往的增长动力,同时让国民收入分配更趋于合理,真正达成国富民强。我们的发展思路基于两大方面:一是走内涵式发展的道路。此前,我国经历了多年经济快速发展,但同时也存在经济增长效率不高、环境资源破坏严重等粗放式发展的后遗症;而要跨越"中等收入陷阱",不论是资源约束还是其他现实条件,都要求我国不能再走高消耗的发展道路,转而需要挖掘内在潜力,提高经济社会发展的质量。二是基于人口的发展考虑。由于计划生育未能及时优化改进带来的人口结构扭曲,人口老龄化严重、劳动人口萎缩,从供给和需求两端都拉低经济增长速度。人口的发展思路,除了鼓励生育,还需要考虑存量人口的人力资本之提升,以质量替代数量。

（二）国际战略方面的思路

新阶段国际战略的总体思路是，着力构建新型大国关系，经由"一带一路"倡议等战略构想，积极参与国际事务，提升国际影响力。

1.发挥与中国发展水平和国力相当的国际作用与影响力

在这一阶段，我国被国际要求承担的义务将会显著增加，但是我国需要明确量力而为的基本方针。一方面，我们需要积极主动地发挥国际作用与影响力；但另一方面，我国也需要权衡成本与收益，权衡自身国力，不可能大包大揽，同时要能够拒绝不合理的要求。

2.形成良好的中国与其他大国（包括欧洲）关系格局

中国需要在这 15 年中，在 2020 年之前努力的基础上，稳定形成良好的新型大国关系。这其中包括中国与美国、中国与欧洲、中国与俄罗斯、中国与印度等世界主要大国的关系。未来世界依旧是以大国关系网络为主而运转的，因此我国需要经营好这一对我国、对世界而言都尤为重要的关系格局。

3.形成良好的中国国际周边关系格局

中国跨越"中等收入陷阱"并防止反复的 15 年，需要保证良好的周边关系，保证安定的投资环境。因此，中国需要保证与周边国家持久安定的关系格局，避免发生战争。与周边国家的领土争端，争取能够建立相关对话谈判机制，而避免一味军备竞赛或者产生大规模军事摩擦。2017 年的中印洞朗对峙，中国采取的"兵不血刃"措施，值得称道。根据中国外交部发表的《印度边防部队在中印边界锡金段越界进入中国领土的事实和中国的立场》文件所述：2017 年 6 月 16 日，中方在洞朗地区进行道路施工时，印度边防部队于 6 月 18 日携带武器和推土机等越界进入中国境内阻扰中方施工，引发局势紧张。截至 2017 年 8 月 5 日，根据澎湃新闻不完全统计，中国官方已 67 次就印军非法越界表态发声。最终，8 月 28 日下午14 时 30 分许，印方将越界人员和设备全部撤回边界印方一侧。

4.形成中国经济与世界经济更紧密的联系

形成中国的良好国际关系的基础条件之一，即是与世界国家建立更加紧密的联系。基于《跨太平洋伙伴关系协定》（简称 TPP，因为美国的退出而于 2017 年 11 月 11 日更名为CPTPP）的竞争关系，中国推进"一带一路"倡议等重大战略构想之时，需要以更加包容的心态，坚持文化宽容，与更多国家展开双边投资、经贸合作关系，相互有更多共同利益的融入，这样才能既形成掣肘，又建立互信。

5.人民币成为国际主导货币之一

尽管一国货币成为世界主导货币之一需要漫长的过程，但人民币并无意挑战目前的货币体系或某些国家货币的霸权,而是需要自身成为与美元、欧元三足鼎立的国际主导货币之一。因此,我国力争在这15年中,通过亚投行等机制,参与构建国际金融体系,稳固国际市场份额,实现人民币国际主导货币的地位。

第三节　发展与改革战略重点

从根本上讲,新的阶段,我国发展与改革的战略重点应放在:深化并完成体制改革;大力推进收入分配体制改革,优化社会保障体系与福利体系;改革土地制度,建立开放和包容的城乡统一土地市场;彻底废除计划生育政策,实行鼓励人口生育和优化人口结构政策;构建中华文化国际化大战略。

一、进一步深化行政管理和政府机构改革

从适应社会主义市场经济的角度来看,进一步深化行政管理和政府机构改革是未来推动经济社会发展的重要内容,着力点是要转变政府职能,提高行政管理水平与效率。

(一) 继续推进并完成大部门制改革

要解决当前部门林立、行政执法重复设置、职责不清、互相推诿、行政成本很高、效率很低的局面,继续推进大部门制改革不可避免。但大部门制不能只集中在哪个部门要被撤销、哪个部门要被合并、哪个部要成立上,而应该解决三个深层次和关键性的问题。否则,今天的大部制会变成未来机构和人员的大膨胀,最后还是陷入"精简—膨胀—再精简—再膨胀"的恶性循环。

1.优化权力配置

最重要的是,行政、执法与收费罚款和部门利益相分离,政府的议事、行政、执行、执法等机构,一定是财政拨款供养,特别少量的处罚收入直接进入国库,与行政、执行、执法机构和人员的办公、工资、福利等利益绝对无关。

2.推进大部制改革

推进大部制改革可以循序渐进,比如,先行按照党的十九大报告所提出的"在省市县对职能相近的党政机关探索合并设立或合署办公",然后对中央部委推行大部制改革。

第一,真正大幅度精简机构、合并相近的职能、减少公务员数量,避免政府职能交叉、政出多门、多头管理等,从而提高行政效率,降低行政成本。比如,文化、新闻出版广电、新闻

办、教育等部门合并;农业、林业、国土资源、能源等部门合并;住建、水利、工信、国土资源等部门合并;卫生、质检、工商等部门合并;发改、商务、工信等部门合并。甚至一些政府部门直属的议事协调机构和研究机构,也应合并,比如国务院发展研究中心、国家发改委宏观经济研究院等。

第二,大部制改革不能狭义地认为是政府内部决策、执行和监督职能分立,而是要建立起人大—政府—司法等部门之间的制衡关系,特别重大的决策,由人民代表大会立法决策。决策、执行和监督职能分立改革不应当在政府内部绕圈子。

第三,推进事业单位改革,包括学校、研究机构、医院等,均应取消行政级别,不再"参公"管理和享受相关职级待遇。

第四,改革目前体制内的团体,逐步脱钩和社会化,取消行政功能和相关职级待遇。防止社团成为官员退休之后的休养之所、寻租之地等。

第五,发展智库或民间组织,转移和承接一些政府职能。决策的前期和后期评价等工作,交给智库。

第六,一些机构党政合一,避免机构臃肿、效能低下。

3.财政预算刚性化

从根本上避免大部制改革再次陷入"精简—膨胀—再精简—再膨胀"的恶性循环,最关键的是要用财政预算管住政府机构和人员的扩张冲动,而预算特别是政府行政公务方面的开支,要真正由人大仔细审查、听证、辩论、表决通过,真正形成不能随意篡改的法律,用群众监督、立法和司法等制衡机制,用更高层面上的决策和监督,把政府机构和人员膨胀的行为控制住。

(二)减少政府层次为三级

目前我国经济发展,政治稳定,政府职能调整加快,基本具备了省直管县的改革条件。从这一层级展开较有力度,对于我国行政区划和行政体制改革都具有突破性的带动和示范作用。

1.剥离政府的微观经济功能

市场经济打破了传统体制下政府管理模式,资源配置由政府主导型转向市场主导型,政府剥离了大量的微观经济管理工作而把主要职能转向宏观调控,这就为省直管县提供了可能。

2.信息化与便捷交通便利扁平化管理

随着电话、电视的普及,特别是计算机、互联网、远程通信等现代技术手段运用水平的提高,政府间传递信息流程明显缩短,信息的时效性和准确性大大增强。高铁、高速公路、国道、省道等基础设施的改善,现代交通工具的发达,使得省域与县域之间的空间距离变得越来越短。这些历史性的变化,为政府扁平化管理创造了条件,也为省直管县提供了可能。

3.三级体制是大趋势

行政层级过多,不符合国际上的政府改革发展方向。世界上绝大部分国家实行的是二级或三级制,有些国家实行的是一级制,实行四级制或以上的国家不到1/5。美国国土面积与我国相近,实行州—市二级与州—县—镇三级共存制;印度实行邦—县—区三级制;日本为都(道、府、县)—市(町、村)二级制。目前,我国已成为行政层级最多的国家,需要向扁平化过渡。

(三) 划小省级政府管理区域并实现省直管县

从政府层级改革看,要加强中央的领导,横向应划小省级行政区域,纵向应推进并完成省直管县的改革。

1.划小省级政府管理区域

在民主政治往前推进的过程中,省级行政区域太大,其经济总量、人口规模等因素过强,会对中央政权形成一定的制衡,并且省级政府下再设地、县、乡,政令畅通也受到层级的影响。因此,需要通过行政区域改革来划小省级行政区域的范围。

借鉴中国历史和国外区划的经验,今后可考虑以增设直辖市(比如大连、青岛、南京、武汉、深圳、西安、乌鲁木齐等)、分拆和重组等方式适当增加省级政府的数量,至少应有15~20个省级单位的空间。缩小省级政府的管理规模和幅度,合理界定中央与地方的事务关系,合理下放和配置权力,减少和避免地方主义,发挥中央和地方政府两方面的积极性。

2.推进并完成省直管县改革

省直管县的改革,就全国而言,由于各省在经济实力、地域面积、人口数量、社会关系等方面差别很大,面临的问题也十分复杂,因此改革不能一刀切。其类型可以有三种:一是在已经形成区域经济中心和积极构建区域经济中心的发达地区,如北京、上海、天津、重庆直辖市以及广州、深圳、西安、南京、武汉、沈阳、青岛、大连、宁波、无锡等区域经济中心城市,可重点加大推进撤县建区的力度。二是在西部面积比较大的欠发达地区,如青海、新疆、西藏、内蒙古等省、自治区,在区划没有调整的情况下,仍维持目前的行政管理格局,但可向县级单位下放一些权力,可以选择部分县进行直管。三是在上述两种情况外的大部分区域,从财政体制过渡到行政体制意义上的省直管县。从总体进度而言,2021—2035年期间完成省直管县改革。

（四）理顺中央与地方的关系

改革开放以来，经过多次改革与调整，我国的中央与地方关系不断得以完善，但是目前仍然存在着事务混乱、职责不清、上下错位、机构重叠等问题。调整和理顺中央与地方的关系，应当做到以下几个方面：

1.划分清楚中央与地方各自的事务

中央政权的事务集中在以下方面：一是维护国家主权和领土完整，包括国家安全；二是制定和运用宪法与法律，严格依照法定权限和程序行使权力；三是保持宏观经济健康发展和稳定运行；四是限制垄断，保护竞争；五是制定和完善保证市场充分竞争、有序运行的统一规范；六是推动区域协调发展和开发；七是构建和完善社会保障网；八是保护国家经济安全。

地方政府的事务范围大体包括以下方面：一是保证就业，降低失业率；二是建立和形成基层的社会保障体系；三是城市建设和管理；四是生态环境保护；五是社会治安功能。

2.根据各自的事务和职能设置机构

具体来说，应当对目前的机构设置进行如下调整：将检察院和法院，直属中央管理；国防、外交、安全、武装警察、经济稳定（包括货币、金融监管）、海关及关税、社保、全国性交通，必须实行中央直接管理，中央负责经费，中央任命人员，中央设定机构，中央派出管理，中央领导业务；中央所属企业的国有资产由中央管理；监狱、警察、教育、卫生、环保、工商、质监、食品医药监督、土地等，归地方管理，属于地方机构；交通按照网络等级分层次管理，但是各地设卡收费从长远看一定要取消。

目前所谓的工商、质监、食品医药监督、土地等的垂直管理并不是中央派出机构垂直管理，而是实行省以下垂直管理。较危险的是，一方面，如果对一些本来应当由县市管理的事务，实行所谓的条条管理，省以下垂直管理，另一方面，中央应该管理的武装、外交、安全、社保等，则在机构、人事、经费上下放给省级政府管理，实际上由省级政府代管，省级政府的权力将越来越大，这对于加强中央的权威十分不利。

3.界定各级政府的事务与支出

各级政府支出事务的界定，应当按照如下思路进行。首先，体现国家整体利益的公共支出项目、全国性公共产品和必须在全国范围内统筹安排的事务，应由中央政府负责，经费由中央财政提供；其次，由本地居民享用的地方公共产品应由地方政府负责提供；再次，对具有跨地区外部性的公共项目和工程，中央政府应在一定程度上参与；最后，调节地区间和居民间的收入分配，在很大程度上是中央政府的职责，如社会保障、社会福利项目等，应在全国范围内实行统一的标准。

4.界定各级政府的税收

中央政府收入以个人所得税、社会保障税为主,还包括关税、证券交易税、燃油税、公司所得税、海洋石油资源税等涉及国家主权、公平市场环境、影响全局利益、关系国民经济稳定、维护统一秩序、调节收入分配以及流动性较强和分布不均的税种。其收入总量应控制在全国收入比重的55%左右。省政府收入以增值税为主,还包括资源税(一部分)、公司所得税、个人所得税中的地方分享比例等税种。其收入总量应控制在全国收入比重的15%左右。县市政府以房地产税为主,还包括资源税(一部分)、契税、土地增值税、遗产税、排污税、车船牌照税等流动性较低、信息要求较细、适宜由基层掌握的税种以及其他国税、省税以外的较小税种。其收入总量应控制在全国收入比重的30%左右。

5.转移支付要科学和透明

规范我国目前的转移支付体系应从以下几个方面考虑:一是整合我国现行的混合型转移支付制度,将现行的混合型转移支付,整合成一般性转移支付和有条件的转移支付两种形式;二是以标准收支和公示作为转移支付分配的基础;三是建立地方一般性转移支付制度;四是加快政府间转移支付制度的法制化建设。

二、大力推进收入分配体制改革,优化社会保障体系与福利体系

公平分配是社会和谐发展的基础,社会保障体系是调节收入分配的重要工具,社会福利体系则是调节分配的机制。

(一) 构建公平的初次分配和再分配体系

传统观点主张初次分配讲究效率,再次分配重视公平。但是,由于制度配套跟不上,往往导致再次分配难以起到调节收入的作用,反而导致分配差距扩大,问题越来越严重。正如有学者所说:"如果不能在一次分配中达到公平与效率的统一,而寄希望于二次分配,我个人认为,这很可能会事倍功半,甚至事与愿违。"因此,我们主张,初次分配和再分配都要兼顾效率和公平,再分配更加注重公平。

在初次分配中,切实贯彻公平原则,保证劳动、资本、技术和管理等得到公平合理的回报,实现公平与效率的统一。一是健全技术要素参与分配机制,多渠道增加居民财产性收入,建立健全国有资本收益分享机制,完善公共资源占用及其收益分配机制,尤其是要通过提高就业质量,改进最低工资制度和工资谈判等,建立企业职工工资确定和正常增长机制。二是提高劳动报酬在初次分配中所占比重,应当采取一系列综合措施,包括促进就业机会公平、提高劳动者职业技能、促进中低收入职工工资合理增长、加强国有企业高管薪酬管理和

完善机关事业单位工资制度等。

再分配，更加注重公平。一是利用税收杠杆实现收入的再分配。应当通过完善个人所得税、遗产税、赠与税等，调节过高的收入，从而缩小居民个人之间的收入差距。值得注意的是这些税种首要功能是调节居民收入差距，因此，其适用范围只能限于社会保障和与民生密切相关的领域。二是通过转移支付，加大对农村，尤其是进一步加大对中西部地区特别是革命老区、民族地区、边疆地区和贫困地区的财力支持，以兼顾各个地区、各个社会阶层的利益，实现合理和公平的国民收入分配。三是通过大力推进基本公共服务均等化，实现国民收入的间接再分配。基本公共服务的分配，向农村、基层、欠发展地区倾斜，向社会弱势群体倾斜，从而更好地保障这些地方人们的基本公共服务需求。

(二)建立和健全覆盖全面的保障体系

首先，建立健全覆盖城乡居民、公平合理的社会保障体系。社会保障制度是一项重要的国民收入再分配制度。要全面建成覆盖城乡居民的社会保障体系，按照全覆盖、保基本、多层次、可持续、可转续等方针，以增强公平性、适应流动性、保证可持续性为重点，不断完善社会保险、社会救助和社会福利制度，稳步提高保障水平。

其次，要拓宽社会保障的资金来源。曹远征等学者研究认为，远期看，假如从2010年起GDP年增长率为6%，到2033年时养老金缺口将达到68.20万亿元，占当年GDP的38.70%。在宏观税负较重、人口老龄化特别严重的背景下，未来缓解养老资金压力，除了延长退休之外，应当出售国有资产补充养老资金的亏空。此外，应当全面放开计划生育管制，会扩大养老金缴费人口规模，及时弥补亏空和缓和财政、债务、金融危机。

(三)建设现代福利体系，打造幸福中国

党的十九大报告指出："坚持人人尽责、人人享有，坚守底线、突出重点、完善制度、引导预期，完善公共服务体系，保障群众基本生活，不断满足人民日益增长的美好生活需要，不断促进社会公平正义，形成有效的社会治理、良好的社会秩序，使人民获得感、幸福感、安全感更加充实、更有保障、更可持续。"正如李克强所说："人民幸福是衡量改革发展成效的标尺。"现代研究发现，经济增长和现代化的益处是，除了确保满足基本需要外，还有助于提高生活水平并增加收入，但这不一定能提高很多福祉。

凡是幸福指数靠前的国家，均是现代福利体系较为完整的国家，比如芬兰、荷兰、挪威、丹麦和冰岛。以瑞典为例，瑞典实行六大类具有强制性的、由国家统一提供的社会保障，即儿童保障、教育保障、医疗保障、失业保障、住房保障和养老保障。通过提供良好的公共服

务,瑞典有效地缩小了社会贫富差距,缓和了社会矛盾。又如丹麦,其公共部门是养老金、托儿、医疗服务、医院和学校教学等的主要资金提供者,丹麦的社会福利体系保障了人们能生活在一个相对高的生活水平上,这让丹麦人觉得很有安全感和幸福感。即便是在经济不发达的不丹,幸福指数位列亚洲第一,也在很大程度上得益于其良好的福利制度:医疗免费、洋与中学教育免费等。

对于我国而言,需要转变发展理念,不应再以 GDP 为中心,而是以国民幸福为执政的出发点和落脚点。当务之急,制定一个建设"幸福中国"的战略规划并加以实施。根据中国人口众多和处在发展过程之中,但是已经具备一定经济实力的国情,逐步地提高对城乡贫困人口的低保标准和范围,建立健全城乡医疗、养老、失业、伤残等社会保障网,时机适当之时应推行免费的医疗等,建立一个有竞争活力、财富丰裕和公平正义的现代社会主义福利国家。

三、改革土地制度,建立开放和包容的城乡统一土地市场

2021~2035 年,我国土地体制改革的内容是:所有权不变,但国有土地使用权和农村集体土地承包经营权"做实"(可以占有、使用、收益、处置),延长土地使用年限,废除非公共利益目的征地,改革政府寡头卖地机制,实现城乡土地平等入市,以税代金。

(一) 延长土地使用年限,形成有保障的土地物权

从中国目前土地的产权看,虽然有国有和集体所有形式,但是仍然存在着产权不明晰的问题。从集体土地的改革来看,提出了私有化、国有化和保持集体所有三种思路。考虑各方面的因素,土地私有化和将集体土地国有化的操作可行性都不大,还是应当顺着调整所有权和使用权关系、做实使用权的思路去改革和立法更为务实。

从农村集体土地来看,主要应在改革和立法方面落实使用权在时间上长久不变的精神。也就是说,农村和城郊集体土地,除其公共使用的部分,承包的耕地和宅基地,承包经营权或使用权永久归农户所有,并且这种使用权,除了国家在(严格限定的)公共利益时征收(用)外,在符合规划土地用途的前提下,农户可以将土地长期使用权在各种用途中转让、出租、抵押、入股和出售。

许多住宅用地,因种种原因,其出让到期后让住户再交一次出让金,实际上根本操作不了。不如改为永远,或者长期使用,可以继承但缴房地产税来解决土地使用者对国家的义务。应当改革目前土地 50~70 年出让期、一次收取 50~70 年出让金的体制。

应延长使用年限,比如城镇住宅用地可以延长到 99 年或 999 年,企业用地可以延长到 99 年或 999 年;改革一次性交出让金为缴纳房地产税(住宅、写字楼、商业大厦、宾馆等)、土

地使用税(工厂占地等)和两项合征(别墅等);自然人和法人退出土地使用时,自己剩余的土地使用年期不再交给政府有关部门,而是直接在土地市场上交易;废除目前的土地出让金体制,政府除了自己拥有的土地初次出让时按照市价收取年期土地出让金外,对自然人、法人手中的使用年期内的房产和土地若要交易,则收取交易增值税,对使用中的房产和土地收取房产税和土地使用税。改革一定要先交给政府、再由政府出让的体制。这样的好处是:第一,土地市场上形成了多个出让者,改变目前土地供应的政府垄断出让格局,有利于将土地价格稳定下来。第二,政府从土地上的收入不再是一次性将几十年的收入收上来,在一年中花掉,形成吃子孙饭的不可持续的财政;而是形成每年都有的、可持续的有关土地和房产的财政收入。第三,将一些沙漠、荒山、滩涂等延长使用年期,有利于促进社会投资者投资开发的积极性,改善我国的生态环境,提高土地的利用率。从经济学的制度设计上看,延长国有土地的使用年限,并允许手中的土地使用年限可以交易、抵押、入股、出租、出售等,可以建设一个土地产权较为明晰的所有制度和竞争较为充分的土地供给市场结构。这可能涉及有关部门的利益,但改革和立法应当以大局为重。

延长土地使用年限,实际上形成了近似完全产权,明晰产权的重要方式是,从契约制度上讲,对农民的承包地、宅基地,包括农村公用的村庄土地,以及城市和城镇中自然人和法人使用的住宅、土地,都要有政府部门登记和发放统一的长期使用权证书。一是统一层次,如由县市级人民政府(考虑行政体制改革为三级政府的趋势)发放;二是证出一门,将林地、住宅、承包耕地等方面的长期使用权证,统一由国土资源部门登记认定和颁发。改变现在的林地、土地、住房产权登记方面由林业、农业、建设和国土等多部门和县、地、副省级政府多层次登记的混乱局面。特别需要指出的是,产权登记的一层次和一部门,是形成房地产集中统一市场的基础。

(二)构建开放和包容的城乡统一的土地市场

允许不同所有制土地,允许法人和自然人使用的土地,平等地进入市场,改变目前政府一家卖地的高度寡头垄断市场,形成土地供应的多个主体。市场经济的一个重要规则是同物同价,集体所有制和国有土地应当"同权同价",不能再实行征收(用)补偿的办法。

一是非公益性用地,不再经政府征收(用),集体用地直接进入市场,由用地商到土地交易所寻找,其交易中的级差地租,以及交易增值,由政府通过税收的办法加以调节。

二是政府公益性用地,对集体土地,也要按照市价进行收购,价格太高的,可以用税收的办法加以收回。也应当允许城镇土地使用权所有者(法人)到市场挂牌交易。显然,目前与地方政府有关的这种政府一家垄断土地拍卖出让方式,应当彻底改革,并且最好利用土地法的重新修改,将其彻底纠正。如前所述,自然人和法人可提交交易所经常性挂牌,让土地市场上形成多个出让者竞争性的供给方,改变目前土地供应的政府垄断出让格局,有利于将土地价格稳定下来。

(三)开征房地产交易增值税和房地产税

改革税收和地方房地财政体制,以税代替出让金和其他收费,扭转地方政府有关房地方面的收入渠道。清理在房地产上的各种税费,废除收费,简化征收各种房地税费,改为两种税:房地产交易增值税(把土地出让金改为增值税,房产交易也征收增值税)和房地产税。即使开始税率低一些,也应该先在住宅上开征,且开征房地产税的税率由地方决定。对低端收入者的房地产税,在合理的面积范围内,政府要进行补贴,先征后补,但不能免。对其他收入超面积居住的人群进行累进征税。当然,考虑到工薪阶层的负担,开征房地产税要以适当增加其工资为前提,对企业、事业单位、社会团体、自收自支机构等的人员增加工资或补贴。在逐步理顺到三级政权和三级财政的基础上,有关土地的各种税收的大部分还是应当留给地方使用,中央财政考虑集中一小部分,用于中央财政向失地农民的转移社保支出,以及用于未来农民工进入城市及农村养老社保资金的缺口。

四、鼓励人口生育和优化人口结构

(一)调整人口政策目标

2021—2035年,人口政策应以"鼓励生育和优化人口结构"为目标,将我国生育率提升和维持在更替水平附近,另外也应最大限度有利于社会和谐、人民幸福。

(二)优化人口结构,提升人力资本水平

即使"十三五"期间放开计划生育管制,但由于为时已晚,对未来几十年的经济社会的负面影响非常严重。因此,应当通过提高劳动力市场的灵活性、流动性以及进一步加大人力资本投资,带来劳动生产率的提升。

一是打破传统户籍制度的刚性,让人们有迁徙自由;促进人口的自由流动。未来的人口自由流动,既可以由农村进城,也可以由城市进入农村;可以从小城镇进入大城市,也可以由大城市进入小城镇;可以由西部流动到东部,也可以由东部流动到西部。

二是适应人力资本提升的要求,改革僵化的教育体制。教育体制应当适应提升民众的素质,适应市场需求。教育改革,一是要让学校真正去行政化;二是学校专业设置、教学内容

和教学形式,要与市场需求接轨;三是优化基础教育、职业教育等结构,培养不同需求类别的有用之才,尤其要发展职业教育。

五、构建中华文化国际化大战略

正如党的十九大指出的,"文化是一个国家、一个民族的灵魂。文化兴国运兴,文化强民族强。没有高度的文化自信,没有文化的繁荣兴盛,就没有中华民族伟大复兴"。我国需要在"文革"浩劫之后,再次重建灿烂的中华文化,这包括重建现代的中华价值体系、中华信仰体系和中华文化体系。在 2021~2035 年这 15 年中,我国应当通过构建中华文化国际化大战略,来推动软实力的内在增强和对外自信,并且逐步感染和融入世界文明。

(一) 解放思想,调整思路

我们应当解放思想,从国家发展战略和国际大格局角度,重新思考中国文化的"走出去"战略。

一是从"跟随"与"顺应"思路,转向"引领"和"主导"思路。时移世易,变法宜矣。过去四十余年,我国主要考虑的是如何融入世界规则体系,产品出口也主要是"中国制造"或代工贸易产品。而今我国综合国力大大增强,经济结构转型升级,技术实力强盛,"中国制造"走向"中国创造"。就如发达国家所走过的道路一样,也需要从"卖产品"转向"卖生活方式",意味着文化跨国交流的重要性越来越强,经由地缘因素倡导新的世界文化规则体系成为必要。

二是思路的转变,也意味着区域竞争和市场格局的变化。如果按照美国式的文化规则参与国际文化交流,与美国的强势文化产业相竞争,我们将在相当长一段时期甚至将始终处于不利局面,因为那种策略意味着始终被他人牵着鼻子跑。所以,新时期下,我国文化"走出去"的地缘市场选择,应当尽快转向。

三是通过"一带一路"制定新的国际文化市场规则体系,避免单一的自由主义市场协议。在新自由主义的大棒下,我们国内的文化市场也将长期处于不利竞争局面。比如说,按照WTO 协议,2017 年,中美双方届时将启动新一轮电影进口配额谈判,进口片配额或将"进一步开放"甚至"全面放开"。对于中国电影市场的冲击将更大,对中国国内电影市场的影响将更为深远。

(二) 尽快出台"一带一路"文化建设战略规划

建议由文化部牵头,国家新闻出版广电总局、国家发改委、外交部等部委参加,在《文化部"一带一路"文化发展行动计划(2016—2020年)》《文化部"十三五"时期文化产业发展规划》《新闻出版广播影视"十三五"发展规划》等的基础上,尽快制定并出台《"一带一路"文化建设战略规划》,对"一带一路"文化建设的原则、框架思路、合作重点、合作机制等做出战略性的规划设计。

例如,在文化建设的原则上,按照习近平总书记在十九大报告中提出的"构建人类命运共同体",主张文化多样性、文化平等,"倡导文明宽容,尊重各国发展道路和模式的选择,加强不同文明之间的对话,求同存异、兼容并蓄、和平共处、共生共荣"。

在框架思路上,基于"文明宽容"的共识,从国内各相关省份到"一带一路"沿线国家和地区,在电影、电视、图书、教育等领域开展全方位的合作。

在合作重点上,采用类似韩国的区域攻略,充分考虑各国文化历史传统与文化资源的差异化与共识性,从文化部门和相关机构的政策沟通,到基于产业互补考虑的文化创意产业园区的建设、文化交流、教育沟通(援助办学、留学生交流等)、互办或共办各类文化节(包括电影节等)等。

在合作机制上,充分利用现有双多边合作机制,推动"一带一路"文化合作与交流机制的建设,促进区域文化合作蓬勃发展。

(三) 确立文化"走出去"的路线图

"一带一路"倡议为中国文化"走出去"提供了难逢的历史机遇,有必要在"一带一路"倡议框架之下,高度重视文化布局尤其是构建不同层级的共同体:东亚文化共同体、丝绸之路文化共同体,形成新型国际文化秩序,并根据我国实际情况采取类似韩国的区域攻略,完善文化"走出去"策略。

1.构建东亚文化共同体

冷战结束后,东亚意识随着全球化泛起而自觉,尤其是"亚洲四小龙"(韩国、新加坡、中国香港、中国台湾)的崛起,代表着儒家文化的复兴。东亚地区,基于历史文化传统、地缘接近性等因素,已经在探索不同于好莱坞的文化体系,并获得了相当的成功,并借由这种共通的基因而使得其文化产品逐渐成为东亚身份认同的主要载体。因此,以电影为例,可以以东亚电影历史碰撞和文化交融为积淀,打造东亚文化形象,对中国的大陆文化、日本的岛国文化与韩国的半岛文化这三种文化带来的电影美学诉求求同存异,打破国民性的固有思维,提升产品的市场竞争力和艺术品质,依托电影文化的深入交流,缩短东亚民众间的心理距离,共谋区域文化产业发展大局。

一是深入开放,打通电影进出口、发行放映和窗口期的绿色通道。以中国文化的进一步开放为契机,推动东亚文化产品在区域内的流通解除或适当解除配额制,比如,对对象国电影的生产、发行、放映等互相给予国产片待遇(包括所有合乎相关法律法规的进口片而不仅限于合拍片)。

二是打造统一平台,深度整合。以电影为例,应当统合东京、北京、上海、釜山、香港五大电影节的资源优势,充分发挥其交易、交流、交汇作用。对东亚电影的艺术创作探索、产业链建设发展、人才教育培养等进行整体规划,促进区域电影业质量提升。定期召开东亚电影共同体发展联席会议,共商电影合作。

三是加强原创、高新技术方面合作。开发多元合作的方式方法。拓展以电影、动漫为核心的内容产业的多元合作,联合开发优质 IP,加强电影高新技术的研发和运用。

2.构建丝绸之路文化共同体

古代的丝绸之路,不仅是商业之路,更是文化交流之路。基于历史的文化交流与合作,当今的"一带一路"建设有着深厚的基础。应当在"文明宽容"原则下,在"丝绸之路国际电影节""丝绸之路国际艺术节""海上丝绸之路国际艺术节""丝绸之路(敦煌)国家文化博览会"等平台的基础上,加快推进丝绸之路文化共同体的建设,形成"一带一路"文化交流与合作机制。

一是积极推进"文化外交"。在国际交往中,文化外交特别是电影外交,发挥着至关重要的作用。美国南加州大学的尼古拉斯·卡尔说:"电影在文化外交中所处的位置十分微妙,它是促进跨文化传播的重要手段。"就我国而言,以习近平总书记为首的中央领导同志,非常重视文化外交。例如,2014 年 7 月,习近平出访拉美,向阿根廷友人赠送的国礼中,就包括《北京青年》《老有所依》和《失恋三十三天》等多部影视作品。2014 年 9 月,习近平在印度访问之时,向印度总理莫迪赠送《玄奘之路》电影纪录片。

二是构建以电影为支点的文化交流与合作机制。如援建或合作创办电影学校,为"一带一路"国家和地区培养文艺人才;通过"互联网+",开展电影远程教育;定期或不定期举办"一带一路"电影节等形成机制。如中国曾与柬埔寨、老挝、缅甸、泰国、越南等五个国家电视台合作,历时 3 年倾力打造的 20 集大型电视纪录片《同饮一江水》,以"和平、友谊、合作、发展"为主旨,从大湄公河次区域地理、自然、经济、文化、宗教、人民生活和社会现状等各个方面切入,讲述不同国家不同经历的人们和他们的生活故事。开播以来,获得广泛好评。

三是加强"一带一路"文化传媒的交流合作。积极利用传统媒体和新媒体工具,塑造和谐友好的文化生态和舆论环境,更好地促进"一带一路"国家和地区的各项交流。

3.构建中国特色的区域文化攻略

文化的"走出去",应当按照文化接近性,对不同地缘的市场,采取不同的"走出去"

策略。

一是"深耕"。东亚、东南亚等儒家文化圈地区长期以来是中国文化产品的传统销售地区,比如电视剧,从《西游记》到《三国演义》,从《甄娘传》到《琅琊榜》,都在当地产生了良好社会效果和销售业绩;我国的电影"走出去",在欧美票房表现不佳的,在儒家文化圈的票房都相对较好。因此,我们应当首先构建东亚文化共同体,以儒家文化圈为首要的文化"走出去"战略要地,"先吃羊,后打狼"。

二是"进取"。基于历史文化的交流,"一带一路"沿线国家应当是我国文化"走出去"的"进取"之地。比如,《媳妇的美好时代》《虎妈猫爸》《父母爱情》《生活启示录》等中国当代题材电视剧,在"一带一路"沿线国家的播出,赢得了良好口碑。相对这些地区,国产电视剧的创作水平、制作水准有一定优势,同时也面临欧美日韩电视剧的竞争,应进一步加大拓展市场的力度。因此,构建丝绸之路文化共同体,既有历史文化的渊源,也有现实的文化与经济基础,"一带一路"应当成为我国文化"走出去"的进取之地。

三是"协作"。好莱坞是世界电影制作水平最高、产业运作能力最强的地方。我国文化"走出去",必然要向美国好莱坞学习。事实上,1949年之后,我国电影从学习苏联、法国新浪潮,再到现在学习美国的好莱坞,并在学习好莱坞经验的基础上,国产作品获得越来越大的成功。未来,我国应当继续坚持"中体西用",学习好莱坞经验的同时,积极与好莱坞开展文化教育合作、电影合拍等,实现共赢。面对美国市场,以合作合拍方式"借船出海",是符合实际的一种有效方式。

4.构建"文明宽容"的国际文化秩序

经由东亚文化共同体、丝绸之路文化共同体及区域攻略,逐渐参与并构建新型国际文化秩序。

与美国式自由主义原则下的文化秩序不同,我们应当充分考虑"文明宽容"原则,奉行文化多样性和文化平等,借助"一带一路",构建"文明宽容"的国际文化秩序。例如,加强"一带一路"国家和地区间的文化合作,通过建立"一带一路"文化同盟,促进区域内电影(包括人才、资本、知识产权等)、电视等文化产品的自由流通与交流,以期形成新的市场竞争力量,以抗衡其他区域电影市场的竞争压力。

(四)成立文化产品出口工作协调机构

借鉴美国电影协会(MPAA)、韩国文化内容振兴院(KOCCA)等相关经验,协调文化、广电、商务、财税、外交等各部门力量,成立中国文化"走出去"委员会,作为专门推动文化产品输出的综合协调机构。

其主要职责包括:第一,统筹国家鼓励支持文化产品和服务出口的政策设计;第二,完善文化产品和服务出口统计分析工作,包括出口产品和服务效果的监测与调研,建立科学的评估标准和机制;第三,各国文化产业与发展举措的研究与分析;第四,紧紧围绕文化企业"走出去"的需求提供服务,大力推动本国文化企业外向型发展,为文化企业"走出去"搭建平台;第五,注重内容建设和人才培养,发掘和扶持本土文化创意,等等。

中国文化"走出去"委员会,应当加快培育中华文化的海外营销市场主体,打造具有国际市场竞争力的文化产品,加大中华文化产品的海外推广营销力度,推动中华文化产品进入国际主流文化市场。

一是长远战略与近期目标相结合,国家公关与文化产业发展相结合。世界各文化产业强国无论觉醒先后,均将文化产业提升到国家战略的高度,制订长远规划,进而辅之以因时制宜的政策措施,步步推进,促进产业发展和产业升级、扩张,借以提升国家形象,增强国际影响力。

二是既要认识文化产品的经济属性,又要认识其社会属性。前者要求经济手段的撬动,后者要求社会援助的扶持。两者的有机结合便为文化产业的壮大发展进而向海外扩张创造出良好环境。政府要做的就是鼓励上述两个手段的有机结合。

三是既要尽量保持内容多样性,又要维护国内生产内容的一定份额,两者要保持一个适度平衡。这意味着两个方面的工作把控:一方面文化进出口要保持一个良好互动;另一方面尽量多地增强本土节目的竞争性和多样性,以固本强基,抵御外来文化的过度泛滥。这不仅是满足国民知情权、娱乐权和保护国家文化主权的需要,也是保证一个国家文化产业健康、持续发展的需要。目前在全世界除了美国,大部分国家文化贸易都显示出贸易逆差,国内市场也多为美国内容产品所占,而逆差过大和市场比例严重失调时,就需要政府出手援救,就必须进行资金补贴和各种相关财税政策的制定和执行。

四是强化面向全球市场的产业发展理念,充分吸收世界文化资源和各国人才。借助WTO 体系,各文化强国均已取得了向全球输出内容的主导权,且正在从资金、技术、信息、人才等要素的全球自由流动中受益。美国电影、"韩流"和日本动漫都做到了这种全球化的资源共享和文化内容的全球性输出。

(五)构筑"一带一路"与文化"走出去"风险防范与处置机制

一是加强对"一带一路"沿线国家和地区的风险研究与评估。例如,有研究称,中国还缺乏对"一带一路"沿线国家文化产业发展情况系统了解的人才;对沿线国家的文化产业发展情况了解不足,积累研究不足,就无法深刻了解沿线国家民众的文化消费习惯、喜好,也就难以开发出适应当地民众需求的文化产品。实际上，缺乏了解，必然面临巨大风险。沿线有的国家民族与宗教复杂，有的国家政局不稳定，有的国家文化市场秩序混乱、盗版等问题严重，有的国家经济处于下行等。如果缺乏足够的研究，盲目搞文化"走出去"，风险可想而知。那么，加强对"一带一路"沿线国家和地区的研究尤其是相关风险研究与评估工作，显得至关重要。

二是通过媒体宣传，电影、电视等合拍、合作，文化交流机制等多种途径，从文化心理上消除"一带一路"沿线国家和地区的文化疑虑，增强互信，形成文化共同体。实际上，不少西方国家仍对"一带一路"信心不足，这给我国文化"走出去"带来很大的困境。例如，欧洲知名的当代中国研究机构、位于德国柏林的"墨卡托中国研究中心"欧中政策研究部负责人加斯帕斯（Jan Gaspers）在《外交官杂志》撰文指出，面对中国"一带一路"倡议，以德国为首的欧洲心态纠结：一方面，欧洲希望抓住这个战略机遇促进自身发展；另一方面，担心倡议可能带来的地缘政治影响和经济可持续性。

三是建议由我国国家发改委、外交部牵头，文化部、国家新闻出版广电总局、商务部等参与，构建"一带一路"沿线国家与地区互联互通平台，协调解决中国与"一带一路"沿线国家与地区的文化贸易与文化投资协作工作。比如，德国倡议成立"欧中互联互通平台"，期待确保中国对欧"一带一路"投资符合欧盟规则和标准，并希望利用这一平台，设计新的"欧中经济走廊"。诚然，"一带一路"是多边合作机制，具体的合作规则和准则，不能是由单方面确定，包括欧盟自行确定，应当由各方协商确定，因此，构建"一带一路"沿线国家与地区互联互通平台非常必要。

第四节　构建开放型经济体重点举措

党的十九大报告指出："只有改革开放才能发展中国。"中国过去40多年的改革，之所以取得巨大成就，最重要的两个关键字，就是"放"和"开"，对外开放和对内放开。

回望过去几十年，中国以开放融入全球，成为世界第二大经济体，成为全球第一大外资流入国。如今，建设"一带一路"，开展国际产能合作等中国全方位的新一轮对外开放，将构建互利共赢、多元平衡、安全高效的开放型经济新体制，展现了中国在更高水平推动世界经济共同发展中的大国担当。

在国内，政府与市场关系尚待厘清，区域壁垒阻碍着全国统一市场的建设；国外，2015年10月5日，跨太平洋伙伴关系协定（TPP）12个谈判国（2017年11月11日，因为美国的退出,变为11国,TPP名称更为CPTPP)达成基本协议,同意进行自由贸易,并在投资及知识产权等广泛领域统一规范。这12国经济规模占全球四成。TPP对我国的对外开放,形成明显的竞争关系和压力。

我们认为,2021~2035年期间,中国应当妥善处理政府与市场的关系,基本完成国内统一市场和开放型强国的建设工作,国际经济和政治影响力、竞争力显著提升。

一、对内开放获得根本突破,形成全国通畅一体的市场体系

对内开放或对内放开,主要着眼于构建良性互动的政府—市场关系,打破各类垄断,形成全国统一的市场体系,形成公平竞争的发展环境。要把更好发挥市场在资源配置中的决定性作用作为这一阶段深化改革的重要取向,加快形成统一开放、竞争有序的市场体系,着力清除市场壁垒,提高资源配置效率。

(一)处理好政府与市场的关系

主流观点认为,政府与市场之间,互有优势、互有失灵,故建议政府失灵的地方让市场发挥作用,市场失灵的地方让政府介入调控。其实,更进一步地看,政府与市场是分工协作良性互动的关系。正如2013年11月党的十八届三中全会所指出的:"经济体制改革是全面深化改革的重点,核心问题是处理好政府和市场的关系,使市场在资源配置中起决定性作用和更好地发挥政府作用。"这里,将以往市场起"基础性"作用改为"决定性"作用,同时也强调"更好发挥政府作用",对政府和市场关系的认识达到了新境界。党的十九大报告进一步强调,"使市场在资源配置中起决定性作用","着力构建市场机制有效、微观主体有活力、宏观调控有度的经济体制"。

应当加快行政体制改革,政府负责制定市场规则、维护市场规则、确保制度的公平和公正。除非出现市场失范,政府可以进行宏观调控。但是,这里说的宏观调控,绝非微观干预。除此之外,统统交给市场。比如上海自贸区内,企业注册时间从全国平均的29天缩短到4天,从而上海自贸区服务大厅日均接待咨询近2000人次,业务办理近600件。一天的业务量就接近往年全年水平。截止到2017年6月底,上海自贸区累计新设立企业4.8万户,新设外资企业8000多户,累计实到外资154亿美元,以上海1/50的面积,创造了全市1/4的生产总值;又据商务部的统计显示,截止到2017年4月,上海、广东、福建、天津四个自贸区共设立外资企业21446家,吸收合同外资18237亿元人民币,以十万分之五的国土面积吸引了全国十分之一的外资;同时据国务院发展研究中心等第三方机构对上海自贸试验区的联合评估显示,82%的受访企业反映营商环境进步明显,95%以上的企业看好后续发展;有关问卷调

查结果显示,企业对自贸试验区政府部门服务效率、企业设立便捷度、办事透明度等都打了高分。

(二)打破区域壁垒,建立全国统一市场

我国实行改革开放40多年,市场机制的作用已经深入人心。《中共中央关于全面深化改革若干重大问题的决定》明确提出,建设统一开放、竞争有序的市场体系是使市场在资源配置中起决定性作用的基础;《中共中央、国务院关于构建开放型经济新体制的若干意见》(2015年5月5日)提出构建统筹开放型经济;党的十九大报告提出"推动形成全面开放新格局",尤其是"优化区域开放布局,加大西部开放力度"。

然而,区域壁垒严重阻碍着市场化改革的步伐。例如,目前我国制造业产品在制造环节耗时仅5%~10%,超过90%的时间耗费在流通环节;我国农产品物流环节损耗平均为30%,美日发达国家不超过3%;我国物流总费用占GDP比重是17.8%,美国为8%~9%。

要打破区域壁垒,建立全国统一市场,除了前述的处理好政府与市场的关系外,需要尽快清理和废除妨碍全国统一市场和公平竞争的各种规定和做法,严禁和惩处各类违法实行优惠政策行为,反对地方保护,反对垄断和不正当竞争。重点围绕以下三个方面进行:一是违反国家税收法律法规的区域性税收优惠政策;二是歧视外地企业、实行地方保护的财政补贴政策和各类优惠政策;三是在招投标活动中限制、排斥外地企业参与的规定。

此外,要加强区域间的合作,在区域大战略下从竞争走向合作。无论是"一带一路"倡议,还是京津冀协同发展战略,或者是长江经济带战略,涉及范围都不是一域一地,政策的部署不仅突破了行政区划限制,甚至着眼于全球市场。这就需要地方政府在区域战略中发掘营造市场环境优势,提高劳动力、土地、资金、技术等要素市场的开放水平,赢得竞争优势。

(三)打破国有企业的垄断

按照党的十九大报告的战略部署,"深化国有企业改革,发展混合所有制经济,培育具有全球竞争力的世界一流企业。全面实施市场准入负面清单制度,清理废除妨碍统一市场和公平竞争的各种规定和做法,支持民营企业发展,激发各类市场主体活力"。

由于国有企业本身是为了承担社会职责和弥补市场失灵的地方,其改革的方向是,除了极少数必要的领域之外,应当放开民间资本准入,并大力推进国有企业改革:一是应当继续推进其资本社会化的改革,二是促进竞争和反垄断的改革。

1.国有企业资本要继续社会化

大多数领域中的大型国有和国有控股企业改革的方向是从国有企业单一资本或者国有

资本占控股格局,转向资本社会化。

国有资产继续社会化的意义在于:第一,国有垄断企业应该彻底退出一些竞争性领域,将这些领域让给小型企业和社会资本,防止国有经济在这些领域中垄断,努力在这些领域建立竞争性的市场和产业组织结构。第二,继续完善现代企业制度。需要进一步完善企业的法人治理结构,将大部分企业的董事长和总经理等领导,逐步由过去的组织部门代替市场选择,改革为交由市场选择为主。社会化的公司,就是公众公司,企业领导的业绩和其他方面都要处于公众的监督之下。投资者以股票的买卖选择企业,股东大会选择董事长,董事会选择总经理,监事会、董事会和经理层之间形成制衡。

2.推进产业组织改革,降低行业集中度

除了在资本构成和企业制度方面存在国有资本还没有很好地社会化的问题外,中国国有经济目前在产业组织方面,既存在一些如电网、铁道等领域垄断程度太高的弊端,也有钢铁、炼油等领域企业和装置规模太小、集中度不高的痼疾。因此,从产业组织上讲,应该降低集中度、反垄断的行业,需要进行反垄断的改革;而应该提高集中度、获取规模经济的行业,则需要进一步合并,消除散小乱的局面。对于这些需要提高集中度的行业,解决其可能垄断带来的有关问题,关键在于将其集中的资本从国有转向社会化,形成公众性的公司,由社会来监督,并且需要设立一些第三方监督制衡的制度。

3.在市场准入方面,对国有与民营平等对待

需要推进的改革是:第一,组织专门力量,全面清理和废除不符合《中华人民共和国行政许可法》的地方性、部门性法规,打破行业、部门和地区垄断,实现民营企业与国企、外企平等的政策待遇,包括同等的市场准入政策,同等的招投标政策,同等的融资、税收、土地使用、财政贴息、政府采购政策,同等的外汇管理、进出口经营权、进出口配额、出口退税、出口信用保险费补贴、人员出入境等政策,同等的参与国资国企改革的政策。第二,尽快全面实施投资登记备案和核准管理制度。中央和地方各级政府尽快制定这方面的法规和相应的管理办法。今后除禁止类和限入类项目外,民间投资不必经政府主管部门审查,只实行登记备案或核准管理办法。

(四)民营企业(中小企业)更加积极地发挥作用

让市场起决定性作用,在推进国有企业改革的同时,要创造条件让民营企业主体化。特别是"大众创业、万众创新",关键恐怕还得是民营企业。党的十九大报告指出,"毫不动摇鼓励、支持、引导非公有制经济发展",并第一次提出"要支持民营企业发展,激发各类市场主体活力,要努力实现更高质量、更有效率、更加公平、更可持续的发展"。

从现实情况看,民营企业的作用不容忽视。第一,它是经济增长重要推动力量。据相关资料,目前中小企业对 GDP 贡献率高达 70% 以上。第二,中小企业已经成为解决就业的主要途径,吸纳了 75% 的城镇就业人口和 75% 以上的农村转移劳动力。第三,民营经济也将是国家创新驱动战略的主要承担者。有资料显示,民营企业是我国技术创新的主力军,我国 65% 的专利、75% 以上的技术创新、80% 以上的新产品开发都是由中小企业完成的。

上述数据显示,民营经济实际上已经在国民经济中发挥了越来越重要的作用。中国经济下一步的方向应是在国有资本做强做大的同时,大力发展民营经济。

二、进一步扩大对外开放

构建开放型经济,重在顶层设计。2021～2035 年,应当依托"一带一路"、自由贸易区(或者自由贸易港)等,构建多层次对外开放体系,人民币成为国际主导货币之一,中国成为国际经济规则的制定者之一,大国关系和谐稳定等。

(一) 积极参与全球治理,形成全方位开放经济体系

实施"一带一路"倡议,以政策沟通、设施联通、贸易畅通、资金融通、民心相通为主要内容,全方位推进与沿线国家合作,构建利益共同体、命运共同体和责任共同体,深化与沿线国家深层次经贸合作,带动我国沿边、内陆地区发展。

积极参与全球经济治理。推进全球经济治理体系改革,支持联合国、二十国集团等发挥全球经济治理主要平台作用,推动金砖国家合作机制发挥作用,共同提高新兴市场和发展中国家在全球经济治理领域的发言权和代表性。全面参与国际经济体系变革和规则制定,在全球性议题上,主动提出新主张、新倡议和新行动方案,增强我国在国际经贸规则和标准制定中的话语权。

形成全方位开放新格局。坚持自主开放与对等开放,加强走出去战略谋划,实施更加主动的自由贸易区(或者自由贸易港)战略,拓展开放型经济发展新空间。继续实施西部开发、东北振兴、中部崛起、东部率先的区域发展总体战略,重点实施"一带一路"倡议、京津冀协同发展战略和长江经济带战略,推动东西双向开放,促进基础设施互联互通,扩大沿边开发开放,形成全方位开放新格局。

形成国际合作竞争新优势。巩固和拓展传统优势,加快培育竞争新优势。以创新驱动为导向,以质量效益为核心,大力营造竞争有序的市场环境、透明高效的政务环境、公平正义的法治环境和合作共赢的人文环境,加速培育产业、区位、营商环境和规则标准等综合竞争优势,不断增强创新能力,全面提升在全球价值链中的地位,促进产业转型升级。

(二)深化人民币国际化

环球同业银行金融电讯协会(SWIFT)2015年1月28日公布的报告显示,人民币在2014年11月已取代加拿大元和澳元成为国际结算中第五大支付货币。

2021年,随着人民币国际化程度的进一步发展,2021—2035年期间,必将形成人民币、美元、欧元三足鼎立,日元、印度卢比等为补充的国际货币体系。

首先,随着"一带一路"倡议的推进,基于亚投行的作用,且"一带一路"沿线国家建成命运共同体,最终将形成一个人民币货币区,从而中国将争得国际货币体系的话语权。

其次,人民币将成为世界重要的储备货币。目前,国际货币基金组织储备货币包括美元、欧元、日元和英镑。随着亚投行的成立和运行,中国在IMF中的影响力日益扩大,2015年11月30日,人民币正式纳入SDR(特别提款权)一篮子货币,2016年10月1日正式生效。这是中国资本账户开放和金融改革的新起点。据环球同业银行金融电讯协会(SWIFT)的数据,截至2017年8月,人民币为国际支付第五大最活跃货币,就支付金额来看,人民币占比为1.94%,仅次于美元(40.72%)、欧元(32.91%)、英镑(7.05%)、日元(3.01%)。可以预料,2021~2035年期间,人民币在国际储备货币中的地位将与美元、欧元并驾齐驱。

最后,据中国人民银行2017年10月发布的《2017年人民币国际化报告》,人民币国际合作成效显著。截至2016年末,人民银行与36个国家和地区的中央银行或货币当局签署了双边本币互换协议,协议总规模超过3.3万亿元人民币;在23个国家和地区建立了人民币清算安排,覆盖东南亚、欧洲、中东、美洲、大洋洲和非洲等地,便利境外主体持有和使用人民币;新加坡、俄罗斯等60多个国家和地区将人民币纳入外汇储备。目前,中国进出口贸易结算的人民币份额超过了1/4,人民币是国际贸易融资的第二大货币。随着自贸区建设的推进,双边、多边关系的发展,2021—2035年期间,人民币将成为国际主要结算货币之一。

(三)开展国际安全和发展的双边和多边合作

中国的"一带一路"倡议,坚持平等对话和文明宽容,通过亚投行等多载体,构建新型大国关系,推进沿线国家和地区的深度双边和多边合作,能够赢得广泛的共鸣和共识,形成良好、稳定、和平的世界格局。

中国所倡导的新型大国关系不仅是中美之间的双边关系,而且是一组新型大国关系。其中,既有与发达国家之间的关系如中欧关系,也有与新兴国家之间的关系如中俄关系、中印关系等。这种多重的新型大国关系适应世界格局多极化的发展趋势,也使中国与其他大国之间的关系更为均衡、更为稳定。

参考文献

[1]张全红,周强.中国经济转型与创新驱动发展研究丛书——中国农村多维贫困的测度与反贫困政策研究[M].武汉:华中科技大学出版社.2018.

[2]洪崎,贾康,黄剑辉,王广宇.战略与路径迈向2049的中国以新制度供给促进创新型国家建设及经济可持续健康发展[M].北京:企业管理出版社.2018.

[3]鲁宽民,鲁君,王佳编.多维视角下的高校创新人才培养研究[M].北京:科学技术文献出版社.2014.

[4]王辉,陈光.辽西走廊遗产旅游空间多维建构与融合路径研究[M].哈尔滨:黑龙江人民出版社.2018.

[5]刘洋.理论与经验会展视角下的北京城市品牌传播[M].北京联合出版公司.2015.

[6]后小仙等.多维视角下的政府经济行为研究[M].合肥:中国科学技术大学出版社.2007.

[7]厉新建等.短论新见说旅游——旅游经济发展多维探索[M].北京:旅游教育出版社.2017.

[8]贾澎.基于金融供需视角的农业产业化发展研究以河南省为例经济学[M].北京:知识产权出版社.2014.

[9]刘同君等.农民权利发展新时代乡村振兴战略背景下的时代命题[M].南京:东南大学出版社.2019.

[10]黄承伟,张琦等.连片特困地区扶贫战略研究——以武陵山片区为例[M].北京:经济日报出版社.2016.

[11]林雄.商会经济新探——新型政商关系下商会经济理念与实践[M].广州:广东人民出版社.2016.

[12]朱坚真.中国海洋经济发展重大问题研究[M].北京:海洋出版社.2015.

[13]匡林等.多维视角下的新旅游市场观——四川入境旅游个案[M].北京:中国旅游出版

社.2007.

［14］丁惠炯.新常态视野下现代职业教育治理体系研究［M］.北京：经济日报出版社.2018.

［15］张永宏,安春香.中非发展合作的多维视阈［M］.昆明：云南大学出版社.2012.

［16］江奕延.系统科学视角下再析"修昔底德陷阱"的理论依据——中国国际关系理论建设
的新思路［M］.北京：中国政法大学出版社.2016.

［17］刘松萍.会展,经济与城市发展［M］.北京：中央编译出版社.2008.

［18］赵超阳,魏俊峰,韩力.武器装备多维透视［M］.北京：国防工业出版社.2014.

［19］蔡红,李云鹏.信息化与网络化背景下的旅游发展与旅游教育［M］.北京：中国经济出版
社.2013.

［20］李培超,刘湘溶.生态文明发展战略研究［M］.长沙：湖南师范大学出版社.2013.

［21］邓玲.我国生态文明战略的基本框架与实现形式 2013 年全国博士生学术论坛论文集
［M］.成都：四川大学出版社.2015.

［22］罗中枢.西部发展评论 2014［M］.成都：四川大学出版社.2015.

［23］王岳川,胡淼森.文化战略［M］.上海：复旦大学出版社.2010.

［24］谢永康,林崇建等.国际金融危机视角下的宁波发展方式转变［M］.杭州：浙江人民出版
社.2010.

［25］常春光,孔凡文,陈瑞三.多维一体的沈阳市生态文明城市建设体系研究［M］.沈阳：东
北大学出版社.2016.

［26］张治华.宁夏粮食生产经济效益及发展战略［M］.阳光出版社.2019.

［27］李卓.工业化中期中国经济发展战略探讨［M］.北京：科学出版社.2019.

［28］钟怀宇,余梦秋等."一带一路"背景下成渝城市群开放型经济发展的战略与对策研究
［M］.成都：四川大学出版社.2019.

［29］李军.佛山经济发展及其战略选择［M］.成都：西南财经大学出版社.2019.

［30］程博.当代区域经济协调发展理论及战略实施［M］.北京：中国纺织出版社 2019.

［31］任胜钢.长江经济带产业绿色发展战略与政策体系研究［M］.北京：中国社会科学出版
社.2019.

［32］李含琳.中西方经济发展国家核心战略研究［M］.北京：中共中央党校出版社.2019.

［33］魏礼群等.经济发展战略［M］.北京：学习出版社.2014.

［34］［美］赫希曼；曹征海,潘照东译.经济发展战略［M］.北京：经济科学出版社.1991.

［35］刘应杰.中国经济发展战略研究［M］.北京：中国言实出版社.2018.

［36］寿思华.毛泽东经济发展战略思想研究［M］.北京：线装书局.2017.

[37]李成勋.经济发展战略学[M].北京:知识产权出版社.2009.

[38]郑贵斌.蓝色经济发展战略研究[M].济南:山东人民出版社.2014.

[39]冼雪琳.世界湾区与深圳湾区经济发展战略[M].北京:北京理工大学出版社.2017.

[40]刘树杰,宋立等.面向2020年的我国经济发展战略研究[M].北京:中国计划出版社.
2015.

[41]张连波,刘锡财等.海洋经济发展战略研究[M].北京:中国言实出版社.2013.